COLD CASES

EVALUATION MODELS
WITH FOLLOW-UP
STRATEGIES FOR INVESTIGATORS

[美] 詹姆斯·M.爱德考克（James M.Adcock）
莎拉·L.斯坦（Sarah L.Stein） 著

张赛 译

冷案

评估模型与侦查员的后续调查策略

（第2版）

中国政法大学出版社

2022·北京

图书在版编目（ＣＩＰ）数据

冷案：评估模型与侦查员的后续调查策略/(美)詹姆斯·M.爱德考克，(美)莎拉·L.斯坦著；张赛译.—北京：中国政法大学出版社，2022.1
书名原文：Cold Cases: Evaluation Models with Follow-up Strategies for Investigators, Second Edition
ISBN 978-7-5764-0198-1

Ⅰ.①冷…　Ⅱ.①詹…　②莎…　③张…　Ⅲ.①刑事侦查—研究　Ⅳ.①D918

中国版本图书馆CIP数据核字(2022)第000970号

出　版　者　　中国政法大学出版社

地　　　址　　北京市海淀区西土城路 25 号

邮寄地址　　北京 100088 信箱 8034 分箱　邮编 100088

网　　　址　　http://www.cuplpress.com (网络实名：中国政法大学出版社)

电　　　话　　010-58908441(编辑室) 58908334(邮购部)

承　　　印　　固安华明印业有限公司

开　　　本　　880mm×1230mm　1/32

印　　　张　　11.75

字　　　数　　275 千字

版　　　次　　2022 年 1 月第 1 版

印　　　次　　2022 年 1 月第 1 次印刷

定　　　价　　47.00 元

致 185 000 起尚未解决的凶杀案（自 1980 年以来）的所有受害者和幸存家属，以及负责调查此类恐怖罪行的警探。

——詹姆斯·M. 爱德考克博士

给我的家人：Uni, Papa, Kristin, Christopher, DeDe 和 Hal。我全心全意地爱你们。没有你们，我不可能成功。还有 Kim 和 Molly：天堂最美丽的两个天使。

——莎拉·L. 斯坦博士

为了我们的成功和使敌人罚入地狱。

——理查德·沃尔特
新奥尔良，2008 年 7 月

作　者

　　詹姆斯·M. 爱德考克博士曾在美国陆军服役 20 年，主要作为特别刑事调查员，在越南、巴拿马、德国及美国马里兰州、加利福尼亚州、南卡罗来纳州进行刑事调查。他从一名基本的侦查人员成长为管理多达 20 名侦查员的主管特工和运营官。1976 年，他在美国武装部队病理学研究所完成了为期一年的法医学学习，除了参加大量的侦查研讨会，他还参加了在伦敦亨顿的苏格兰学院的高级侦查课程。

　　退休后不久，爱德考克博士开始作为侦查的副首席验尸官，在南卡罗来纳州哥伦比亚的里奇兰县工作，同时回到学校完成他在南卡罗来纳大学的博士学位研究。在这期间，他在佐治亚州和佛罗里达州（警察技术和管理协会，IPTM）都有资格对执法者和验尸官在他们各自的警察学术领域进行培训，而且他也在其他州广泛开展演说。

　　1997 年，他在毕业之前接受了纽黑文大学（康涅狄格州）刑事司法和法医科学项目的终身教授职位（他于 2001 年获得了博士学位，2004 年开始任期）。后来他成为侦查服务项目的主任，这个项目从 1999 年的 75 名学生发展到 2007 年的 425 名。他设计了一个先进的侦查技术课程（本科）和死亡侦查课程（研究生）。他为法医学研究生项目讲授高级侦查课程。

在 2004 年的春天，爱德考克博士在耶鲁大学法学院担任客座教授。这是耶鲁大学和纽黑文大学合作项目的一部分，旨在帮助新创建的康涅狄格州无罪委员会设计使命宣言和案件处理协议。

2008 年 8 月，他接受了位于马里兰州巴尔的摩的寇平州立大学的一个教职，在刑事司法学院教授和设计本科生和研究生的法医学相关课程。学年结束时，他已经在法医学侦查方向成功地设计了五门本科生课程和七门研究生课程，二者都由马里兰州高等教育系统颁发了合格证书。

在线教授刑事司法课程的同时，爱德考克博士忙于设计"侦查的执法指南"系列丛书，并且为警察部门、律师和家庭提供死亡案件咨询。

学术界之外，爱德考克博士是纽黑文大学李昌钰法医科学研究所的一名研究员，在那里他设计了一种冷案研讨会，讲授死亡侦查课程，并管理侦查过程。在两年的时间里，他监督法医学研究生对来自全国各地警察部门的冷案的评估。他一直是美国法医科学学术委员会（AAFS）非常活跃的一员，2006 年到 2008 年担任董事会成员，2008 年到 2009 年担任副总裁。他也是 AAFS 伦理委员会的成员。可以通过 jmadcock@ jma-foren-sics. com 联系爱德考克博士。

莎拉·L. 斯坦博士获得了南密西西比大学刑事司法学的博士学位。在 2007 年，她获得了纽黑文大学的法医学硕士学位和计算机取证资格。在 2004 年，斯坦博士被美国华盛顿大学录取，在恋童癖的受害者研究方向获得文学学士学位，这是一个由刑事司法学、心理学和社会学课程组成的自我设计专业。

斯坦博士在纽黑文大学期间担任了两年的冷案评估团队成员，在那里她审查来自康涅狄格州警察局和田纳西州一个地方警察局的众多尚未解决的谋杀案件。离开纽黑文大学后，她被康涅狄格州警察局聘为为期6个月的冷案分析师。

在评估儿童诱拐和冷案侦查方面，斯坦博士有着与家庭和执法机构一起工作的丰富经验。她继续在评估冷案和儿童诱拐侦查方面的工作，并且希望帮助促进培训进行有效儿童诱拐侦查的执法官员。

丛书序

　　尽管有关警察及与其相关的学科的文献数量正在成倍增长，但是其对日常警务的影响仍然有限。与警察相关的研究和实践仍然呈分离状态，尽管这两个领域的合作正在增长。一个主要原因是这两个领域使用不同的语言。研究成果发表在难以接触到的期刊并以难以理解的方式呈现。警察从业者倾向于不与研究者混合，并且对他们的工作保密。因此，两者之间几乎没有对话，而且几乎没有试图互相学习，不同大洲的研究者和从业者之间的全球范围内的对话当然更为有限。

　　我试图通过举办国际警察执行研讨会（IPES，www.ipes.info）解决这一问题，这是一个将研究和实践结合在一起的共同的平台。IPES到现在已经成立20周年。作为这个组织最主要年度事件的年会，已经在世界各地举办。几个出版物都来自这些年会中的讨论，一个由学者和警察官员组成的新的合作团体被创建，它的成员已经发展到了几百人。

　　另一个尝试是开始创办一个新的杂志，人们形象地称之为《警察实践和研究：国际期刊》

（PPR），它为从业者分享他们的工作和经验打开了一扇大门。PPR 试图聚焦于帮助将研究和实践聚集到一个平台的问题。PPR 在 2014 年度过了它的第 15 年。PPR 一开始是一年 4 期，在它的第四年时扩展到一年 5 期，而现在一年出版 6 期，这是警察研究和实践之间合作增强的有力证据。

显然，这些尝试尽管取得了成功，但仍然有限。会议和期刊出版物确实能够帮助创建一个知识主体和一个警察积极分子的协会，但不能深度解决实质性的问题。时间和空间的限制阻碍了能给研究和实践提供更强和更广泛联系的更权威的说明会的举行。

警察研究和实践之间对话的增强，鼓励我们中的许多人——与跨越世界的 IPES 和 PPR 联系紧密的我的同事和我，在这一方向上构想并进行新的努力。我正在着手一系列书籍的写作，"警察理论和实践的进步"，旨在吸引来自世界各地的作家。此外，我们也尝试找到从业贡献者。我们的目的是使该系列书籍成为对我们警察知识的认真的贡献，以及提高警察实践能力。重点不仅是描述最好的和最成功的警察实践这一工作，而且是关注挑战当前范式和开辟新天地的工作，使警察为 21 世纪做好准备。这一系列书籍构建了突出世界偏远地区成就的比较分析，同样也构建了鼓励对特定警察力量面临的具体问题进行深入考查的比较。

在第 2 版《冷案：评估模型与侦查员的后续调查策略》中，詹姆斯·M. 爱德考克博士和莎拉·L. 斯坦博士已经把他们的经验提升到一个更高的水平，为读者提供了新的信息和两个新模型，在解决冷案时，这些对警察机构来说非常有用。其中一个新模型侧重于调查中可能存在的物理证据，而另一个模型为调查失踪人口案件提供概念，这类案件也被认为是谋杀冷案。此外，它们还包括了在荷兰警察学院的同事撰写的一章，展现了在教育环境教导下，另一种解决问题的视角和观点。

希望通过这一系列书籍，可以加快构建警察知识的过程，帮助跨越警察研究和警察实践的鸿沟。这是对世界各地的警察学者和从业者加入这项事业的一个邀请。

迪利普·K. 达斯博士

序　言
第二版

　　自从我们几年前开始为这项工作付出努力以来，许多事情都发生了变化，这就产生了出版第二版的需要。首先，我的合著者莎拉·L.斯坦，完成了她的博士工作并且现在拥有博士学位，她在马萨诸塞州斯普林菲尔德的西新英格兰大学作为助理教授进行教学。我现在退休了，兼职教学，主要是在网上活动，并为美国的警察机构开办冷案侦查研讨班。我是荷兰警察学院的常客。2010年，荷兰警察学院的领导与我们联系，在荷兰就我们关于冷案的书进行咨询。最终的结果是，在阿珀尔多伦学院为他们的侦查人员举办的侦查大师训练计划中，他们采用了我们的书。在荷兰，我就被害人研究与犯罪嫌疑人研究（犯罪嫌疑人的发展）开展了两天的演讲。不用说，这种经验和友谊逐渐发展，从他们那里我学到了很多，并且相应地，他们为本书第二版撰写了一章，即"教育环境下的冷案侦查：荷兰经验"。

　　在去荷兰的旅途间隙，我们在美国不同的警

察机构参与了几次讲座。这些讲座，加上我作为一个国家司法研究所（NIJ）冷案基金审核人的经验，显然需要第二个评估模型，这个模型不仅没有我们的第一个模型那么劳动密集，而且更容易满足国家司法研究抑或是他人的需要，并为警察机构更快地提供结果。我们的目标不是制定完美的模型或过程，而是为机构提供一些可以作为工作基础的东西，特别是处理组织结构的基础。

时间教会了我们许多关于冷案的东西，更不必说，目击者与几年前相比，可能更愿意讨论情况，并且有机构采取不同的方法寻找相同的结果。有些人不知道转向哪里或如何开始，其他人只是针对DNA材料，没有考虑到可能有可解性的其他侦查线索。没有找到银弹（DNA），他们通常不会再返回到案件文档寻找其他可解决的问题，这些问题通过额外的侦查工作可以解决。

由于这些原因，我们需要尽可能地协助教导和训练。很有意思的是，在最近的维多克学会会议上（2014年1月），学会刚刚从一个相对较小的部门听到有关案件的详情。有人提出了关于较大与较小机构的问题，问为什么学会没有从大部门听到更多。理查德·沃尔特回答说，较大的机构有人力和资金，而小部门真正需要我们的帮助，因为他们是"我们的面包和黄油"。

说完了这些，我们想向您介绍这本书的第二版，提供简短的章节分析。本书第一部分，标题为"开始：我们如何准备审查和进行冷案侦查"。第1章提供了冷案的定义和我们陷入这种困境的一些原因。在第2章中，我们认为帮助读者了解一点谋杀的过程和杀人者是适当的。随后是第3章，提供了创建一个冷案团队或单位的概念，意识到每个机构是不同的。在这一章，关于谁应该对团队采取程序步骤负责的问题被反映出来。

在第二部分，我们由第4章的评估过程开始，概述了不同的模型和评估程序。在这里，我们还讨论了彻底审查案件文档所需要的烦琐的步骤。第5章提供了全面综合的模型。这个模型是科学的，如果完全遵循它，基本上可以解决一切问题，但随着时间的推移，我们发现它劳动密集，消耗的时间更多，而大多数部门不愿消耗这么多时间。一个机构愿意投资利用当地的公民、研究生等，是在受过训练和经验丰富的侦查员的指导下所遵循的最好的方法。

在接下来的两个章节（6和7），本书详细描述了两个额外的模型。第一个模型的重点是可能存在的物理证据，以及如何利用这个程序加快解决问题的速度。下一个模型被放在一起作为一个可能的工具，用来侦查失踪人口案件，大家坚信那些案件涉及死亡，但受害者的尸体还没有被发现。在本部分的最后一章（8），我在荷兰警察学院的同事介绍荷兰的冷案，以及他们如何通过教育系统解决这个问题。你会发现他们在侦查案件的方式上非常全面彻底，远远超过我们在别处看到的任何侦查方式。

进入第三部分，我们提供了后续调查策略。这部分以关于法医科学和可用的新技术的最新章节开始。在接下来的一章（10），我们介绍了犯罪嫌疑人学或从嫌疑人列表中识别犯罪嫌疑人的程序。此版提供了两个案例研究，一个在第10章，另一个在附录C中。然后在第11章中，我们提出了侦查评估过程，反思一些人提出的理论前提。每个案件以及你调查的每个人都是不同的，因此调查人员必须要灵活。世界各地的技术是不同的，但都有它们的优势。

作为第二版的补充，我们决定添加关于冷案和被掩饰的犯罪现场的一章（12）。在许多冷案的审查中，我们已经看到一些迹象，犯罪现场被精心布置，以误导侦查机构。此种布置非常成功，很可能是案件尚未解决的原因。对犯罪现场的布置过程和如何解释它有更多的了解是非常有益的。

在第13章中，我们讨论和提供冷案评估报告的例子，报告中的信息经常被提交给检察官。最后是我们的结论和"我们从这里去向哪里？"最终，我们的目标不是建立一个国家标准，而是为读者提供不同的选择，并且在学习其他人如何和为何失败的同时，为冷案侦查人员提供正确的工具，以使犯罪人员获得定罪判决。我的老同事，来自田纳西州默夫里斯伯勒区卢瑟福县警长办公室的侦查员丹·古德温曾经说过："好的坏家伙搜寻线索。"

詹姆斯·M. 爱德考克博士

莎拉·L. 斯坦博士

尾注

所有关于里弗斯军士的最初概念的信息有两个来源：一是未注明日期的名为"新城－戴德县警察局，凶杀案局，冷案组，里弗斯军士"的文件；二是2004年4月一年一度的马克尔研讨会上，我与里弗斯军士的个人交流，这个研讨会由李昌钰法医科学研究所主办。那年研讨会的主题是冷案侦查。

序 言
第一版

    我有一个令人难以置信的执法职业生涯（30多年），由在越南作为特别刑事调查员开始。从军队退役后，我在南卡罗来纳州的哥伦比亚担任了6年半的首席侦查验尸官，与此同时，我回到南卡罗来纳大学攻读博士学位。1983年，我第一次在亚特兰大的佐治亚警察学院进行执法培训。我讲授死亡调查课程，并且促成了佐治亚州验尸官训练项目，直到1997年。大部分时间，我也在佛罗里达州执业，为警察技术和管理协会做演讲。1997年，我来到康涅狄格州的纽黑文大学，除了教授本科生和研究生的刑事司法和法医学课程外，我还为李昌钰法医科学研究所来自全国各地的执法人员做讲座。

    正是在李昌钰法医科学研究所，我为执法人员构想了冷案研讨会，在概念上类似于佛罗里达州杰克逊维尔的警察技术和管理协会中的演讲。后者由冷案调查单位的领袖，佛罗里达州戴德县的退休侦探，大卫·W.里弗斯军士来讲授。这个为期一周的研讨会先由几天的讲座开始，然后参加研讨会的侦查员被鼓励分享并讨论他们辖区内未解决的谋杀案件。这些案件由全体学员以及教师参与讨论，所有的人都为未来的侦查策略寻找思路和可能的解决办法或途径。

里弗斯最初的理念和随后的演讲集中于冷案团体的发展情况，特别重视冷案侦查员的选择过程，关心时间的流逝如何影响冷案侦查以及技术进步（所有这些都将在本书中详细讨论）。然后他为冷案团队的启动提出了一组工作方法：

1. 对冷案文档进行一次全面、彻底的审查并根据需要重组。

2. 确定目前可用的证据。亲自考虑每一项证据。

3. 由地方检察官参加以确保所有证据和随后的程序是可起诉的。

4. 确定谁从受害人的死亡中获益最大。

5. 重新检查有关嫌疑人、当事人、证人等的所有背景调查资料，从中寻找事件发生以来的逮捕和人际关系的变化。

6. 联系法医并与其一同审查尸检文件。

7. 与受害者的家人取得联系，看看他们是否有任何新的信息。

8. 开始询问证人和受害者的同事。

9. 询问主要证人之前，确定他们是否有了可能影响他们现在的反应的任何生活变化。

10. 一旦你收集了所有的新信息，将获得一个委任状。

记住"控制和方向"是至关重要的。考虑侦查引导表，包括检察官在内的团队定期会议，等等。记住并非所有的案件都是可解决的。以这些为基础，加上别人的和我自己的经验，我为李昌钰法医科学研究所设计了前面提到的冷案研讨会。最终我确定的标题为"冷案：概念化和侦查策略"。所有的侦查可以被分为三种类型的信息来源：物理证据、信息证据和行为证据。这又让我意识到前两天至三天的讲座应该谈论到这三个方面。

我将以我们如何来到这里的理念、侦查策略等开始第一天。然后至少有一个人会讲法医科学、新技术和冷案，第三个人将是一个精通行为问题和分析过程的人。我也会邀请一位检察官讨论法律问题和在冷案侦查中可能出现的问题。我邀请的关于行为问题的第一个人是格雷格·O. 麦克雷，他是退休的联邦调查局高级特工，在以前的美国联邦调查局行为科学部门工作。我也邀请李昌钰博士讨论犯罪现场和法医科学，希瑟·科伊尔博士在 DNA 方面启发这个群体。这个三管齐下的方法平衡了整个过程，并且讲座结束后，每个分享案件的侦查员都提供案件，以寻求评论、策略等。

在开展这些研讨班约七年后，研究所获得了国家司法研究所授予的冷案培训资格，并且研讨班的开展次数从一年一次增加到一年六次。然后，基于法医学研究生（我的合著者莎拉·L. 斯坦）的一个建议，我成立了一个由特别挑选的法医学研究生组成的无偿冷案团队，为康涅狄格州的执法机构进行冷案审查和分析。在接下来的两年里，这个团队发展到了马萨诸塞州、纽约州和田纳西州。

在我进一步描述这一切是如何发展之前，我需要提及大大促进了我的思维的几件事情。在美国联邦最高法院关于法医专家证词的道伯特案裁决后不久，我意识到作为侦查人员，我们也需要更加科学。因为我有超过 30 年的经验，你应该相信我说的是完全有效的，这样的暗示已不再足够。当然，经验是非常重要的，我们很依赖它，但为什么不让证据更能接受和更容易相信呢？换句话说，我们应该超越经验因素，不断问自己：

我们是如何知道的？其他人在类似的情况下发现了什么？我们已经排除其他所有可能了吗？以此来应用科学方法的原则。正如今天我讲的，我强调这些作为一个侦查步骤的重要性：试图推翻你关于这个犯罪的理论，如果你不能推翻它，那么它可能是有效的。然而，如果你推翻了它，接下来还需要进行更多的侦查。

有了这一科学的侦查方法，对于这些冷案团队，我创造了这样一种氛围，即总是问他们自己和询问对方他们是否能够证明他们所看到和/或表述的（如你是怎么知道的）。这样做的方法之一是让他们记录他们发现的一切信息，从而使那些信息的原始来源可以被很容易地识别和定位，以进行进一步的分析。另一种方法是召开几次团队会议，在会议上我希望他们经常相互进行第二次猜测。这不是自负或者臆断的时刻，一切都需要基于案件文档中的信息，而不仅仅是基于个人信念。

据斯克里普斯新闻进行的研究，自 1980 年以来，近 185 000 件谋杀案仍然没有被侦破。接下来阅读的时候记住这个数字，你会发现警察部门的人员配置低，并且资源通常不可用。今天的警察部门追踪所有的新发案件已经够麻烦了，更别说存放在地下室的陈旧冷案。如果没有人来到他们门前敲门并询问为什么他们家庭成员的谋杀案尚未侦破，那些案件文件将可能一直休眠和未解决。由于这个问题，一些警察部门在部门以外找私人帮助他们进行这些悬而未决的谋杀案的评估。这意味着找私部门的医生、护士、教授、售货员，当然也包括研究生，来帮助他们评估案件，看哪些案件存在潜在的可解性因素，哪些不存在，最终为警察部门节省大量的侦查时间和资源。

这些年来，我又做了另一个关于刑事案件，特别是被归类为冷案的审查过程的观察，即并不是每个人都能正确和准确地审查案件文档。一些侦查人员凭直觉，而其他人不是很内行。这并不是说他们是不好的侦查人员，因为他们确实有其他特性和必需的价值，而是他们对看到的案件是什么没有特殊的感觉。在我看来，只有少数人具有正确和准确地评估案件所需的能力，特别是涉及大量冷案文档时。然而，如果他们遵循我所设计的冷案评估模型，他们将提高准确解决问题的可能性或至少能说一切要做的都做了，而且除非有进一步的新信息，否则此案仍将悬而未决。

在这个前提下，我设计了冷案评估模型。虽然最初旨在帮助非警察类型，如私部门或学生在高级侦探的监督下评估冷案的过程，但该模型对警察和侦探来说也可以是一个有价值的工具。对于那些不愿为冷案组分配人手的部门主管来说，他们可以采用这种模式，只有一个侦查员兼职监督预先选择的私部门的个人审核他们的案件文档。当案件被认为可以解决时，它们可以和进一步侦查的全面侦查计划一起被送到侦探小组。

也就是说，这本书分为三个部分。第一部分"开始：我们如何准备审查和进行冷案侦查"，提供了一个历史的角度来看待我们如何做到这点，帮助我们理解为进一步调查而审查的冷案。在这一部分，我也补充了一个章节，帮助理解谋杀的过程和有关杀人者的一些重要事情。在第二部分，评估模型被描述得很充分。它展示了组织的关键要素——彻底性和科学方法——的价值。这部分证实犯罪理论，提供证据问题及其有关的事情，处理犯罪中与犯罪和犯罪参与者相关的信息和行为方面的问题，并且记录有助于案件解决的侦查策略。第三部分是通过讨论评估之后的侦查，这超出了实际模型的讨论范畴。除了案件文件本身之外，我们还考虑什么？从事件发生之日起，技术把我们带到了哪里？考虑到相关个人，在这种特殊情况下应该使用哪些调查访问或讯问手段？从根本上来说，为了使我们的努力最大化并获得定罪，而不仅仅是逮捕，接下来我们应该做什么？如何去做呢？在附录中，我提供了来自三个机构的样本标准操作程序，指导那些可能希望设置一个冷案单位的人。我希望读者特别注意俄克拉荷马州塔尔萨警察局的灰色小组，它使用私部门帮助他们解决案件。这是另一个节省时间、金钱和人力的创新方法。最后，我把一个受害者研究样本和一些额外的资源表列入了本书，警察局在调查热案或冷案时，可从中寻得帮助。

詹姆斯·M. 爱德考克博士

哈蒂斯堡，密西西比

目 录

I 开始：我们如何准备审查和进行冷案侦查

II 评估程序

14. 结 论 ·························· 267

詹姆斯·M. 爱德考克　莎拉·L. 斯坦

I

开始：我们如何准备审查和进行冷案侦查

1. 什么是冷案以及我们是如何到达这里的

詹姆斯·M. 爱德考克　　莎拉·L. 斯坦

为了本书的写作目的，我们提到的冷案的问题只涉及未解决的凶杀案。当然，相同的协议或评估模型和随后的侦查策略也可以用于解决盗窃案、强奸案等。

凶杀案被定义为一个人夺取另一个人的生命。其他法律条款和法律可以根据权限适用。正是在这里，我们发现下列术语取决于特定司法管辖区的法律法规：谋杀（一级、二级等）、非预谋杀人（故意或非故意的）、过失杀人、重罪酒驾。

什么是冷案？沃尔顿[1]写道，由于冷案的定义随司法管辖区的不同而不同，有必要将冷案从热案中区分出来。一个热点案件是在刚刚被报案后，处于侦查的初期阶段的案件。他接着写道[2]，最常见的事件包括找到一具尸体，警察和侦查人员已经对犯罪现场作出响应并且证人被询问。他继续说，法医单位响应，受害者被确定，死亡原因和死亡方式被确定，侦查人员试图确定发生了什么事和是谁做的。死亡原因是死亡的医学原因，而死亡方式是死亡的法律分类（凶杀、自杀、意外死亡、自然死亡或不确定）。

冷案就是那样——冷，不热。它可能发生在昨天、上周、上个月或几十年前。我们看到的共同之处似乎是，当所有的侦查线索已经用尽并且我们不知道该转向哪里时，案件变冷。在序言中，我们提到了大卫·W. 里弗斯军士[3]。在他工作的戴德县警长办公室，只有在特别侦查的首席侦查员离开凶案局后，一个案件才会成为冷案。它可能已经多年未解决，但只要有一名侦查员被指派对该案进行侦查，案件就仍然开放，并被经常侦查。当首席侦查员离开这个部门时，该案被列为一个冷案并被指派给冷案组。这段时间可能是几周到几年之久。

对于冷案是什么，其他执法机构有自己的定义。如前所述，共同之处是所有的侦查线索已经用尽。一旦侦查人员走到这一步，许多案件就会被归档为"开放"，这时，侦查人员等待有人发言，或等待更多的信息或证据来引起他们的注意。这揭示了冷案的关键要素之一，即时间的推移。随着时间的推移，人们发生了变化，并且关系发生了改变，许多在过去不愿意与警方交谈的证人现在可能愿意并且能够讲出来。为什么？因为威胁已经消失了，也就是说，犯罪者已经离开了临近地区或者已经被逮捕，并且不再在周围伤害任何人。或者，前同伙想要报复或想要从犯罪嫌疑人处获得赡养费或抚养费，现在愿意谈判。

另一个问题与受害者是谁有关。不幸的是，妓女、无家可归者、毒贩、帮派成员等，并不总是和银行家、商人或社区中其他一些更幸运的人一样，能从警察那里获得同样的注意。基尔[4] 写道，在研究警察对凶杀案的侦查方法时发现，人口统计发挥了重要作用。其中最主要的是相对于受害者人口统计的警务策略，以及在调查投诉时警方"低估"特定人口统计的受害者的概念。这与我们的建议联系紧密，即成功的数量可以很好地与受害者的社会或经济地位联系起来。基尔进一步的讨论将在下一章提出，即关于可解性问题和重要事情的研究。

关于这种思路的一则个人轶事发生于我和一个警察局长共进午餐期间。他是一个凶杀案破案率非常低的相当大的警察部门[5]的局长。当我问局长这件事时，他回答说，他给侦查员的指示是，侦查员应给予前 48 小时发现的一切线索。如果那时没有解决的话，文件变为开放，但被放回文件柜，除非有人进来并提供额外的信息，否则不再进行侦查活动。侦查员们不再积极侦查这些案件。

这位警察局长的理念是，这些受害者大多是妓女或毒贩，最终有人会因毒品犯罪进入警察视野或被逮捕，并告诉他们是谁杀了这个人，希望为他们自己做一笔交易。在这位局长的管辖范围内，除了这些谋杀案，较好的街区都经历了数量极其庞大的入室盗窃和盗窃，因此他决定花更多的时间和精力在这些罪行上。诚然，在我们看来，他在某种程度上是正确的，因为在最初的几年里，这些犯罪数量减少了至少 50%，使他管辖地区的公民增加了安全感和幸福感。谋杀案没有发生在他们的街区，所以他们不太关心。与此同时，有关毒贩和妓女的谋杀案仍在进行，但没有被立即解决。

让我们从另一个层面看待未解决凶杀案的动态情况。媒体如何回应？媒体，尤其是像 *Dateline* 和 *48 Hours* 这样的电视节目，强调轰动效应，即他们感觉的公众希望看到或听到什么。你看到有多少次他们顽强地报告妓女谋杀案，除非他们怀疑是连环杀手？如果是毒贩，又是怎样的？他们将报道初始事件，但他们很少继续推动警察获得更多的信息，因为这些案件不被认为是有新闻价值的。然而，假如房子被入侵和被杀害的受害人是社区中的一个正直的公民，媒体不仅会报道，而且将继续留在调查的前沿，直到案件被解决。这是否有助于案件的解决？在某些案件中，我们确信是这样的，因为如果没有人推动执法机构追求结果，他们可能会把没有积极线索的调查放到一边，转而追求每天上门来的热案。这都指向我们执法机构的资源和人力不足的问题。这些部门超负荷工作，行动上不能使每一个调查达到我们希望的地步。由警察部门内部管理所决定的优先次序是一个必要措施。

也有凶杀案幸存者的问题：家人、爱人以及朋友。难道他们不值得知道发生了什么，而且看到调查进行到最大程度，他们可能有一些结束措施吗？他们当然值得。对于每一个凶杀案，更多的幸存者被添加到列表中。如果这些幸存者像媒体一样，或者向警察部门施加更大的压力来解决他们所爱的人的凶杀案，那么更多的案件是可以解决的。

在调查被分类为开放的，但相关的活动已经停止进行的案件中，爱德考克告诉受害者的家人应该关注案件，定期到警察部门去，和与此相关的侦查人员交谈，或访问警察局长，让他们知道你明白他们的困境，但你不会离开。而且，如果可能的话，尽量让媒体介入。但是要明白，如果受害者是一个妓女或吸毒成瘾的人，媒体可能不想参与。底线是，那些坚持和经常推动的人往往能得到结果，否则结果不会发生。

几十年来，美国的凶杀案数量比任何国家都多。我们的社会充斥着这种耻辱，而我们同时迷惑和着迷于谋杀行为的神秘性。新闻媒体和电视在我们对凶杀案看法的形成中起着重要的作用，我们喜欢看的许多悬疑小说和恐怖小说已经写了出来。我们都喜欢一个好的谋杀秘密，不是吗？为什么我们对谋杀行为如此着迷？我们相信，很多都与我们解决无法解决的案件，找出是谁做的和为什么这样做的愿望有关。解决所有刑事犯罪的机会，整理信息（物理的、信息的和行为的）并确定是谁做的，我们面前的所有挑战激起了我们的好奇心。

不管是热案还是冷案，侦查员们在调查这些案件时都在试图回答同样的问题：

· 发生了什么事情？

· 什么时候发生的？

- 在哪里发生的？
- 是谁做的？
- 受害人是谁？
- 为什么是这个受害人？
- 为什么会发生？

　　这些问题作为一个正式的刑事犯罪侦查的核心，在每一本刑事犯罪侦查书中已经被引用了多年。我们不能回避的第一个问题是发生了什么事情。要回答的最重要的问题是，这个人的死亡最终暴露了什么。要将所有的死亡作为凶杀案处理，直到你能证明它是别的东西（自杀、意外死亡、自然死亡或不确定）。当然，主要的推力似乎总是确定是谁干的。抓住坏人，逮捕并起诉他。正如稍后你会看到的，理解"为什么是这个受害人？"变得至关重要，因为了解你的受害人以及为什么他/她是受害人，对理解犯罪者有很大的帮助，这经常帮助确定是谁实施了犯罪行为。最后但并非最不重要的是"为什么会发生这种事？"这个问题将有助于确定犯罪的动机——为什么这个犯罪嫌疑人杀死这个人？

历史的视角

　　为什么在历史的这一点上，我们有数百甚至数千起悬而未决的凶杀案？这有许多的原因。没有人能具体地解释这一现象。原因以及凶杀案的类型在不同的司法管辖区各不相同。回顾历史，特别是20世纪50年代中期和20世纪60年代以后，我们可以看到社会中发生凶杀案的趋势。

　　首先，我们利用的在美国收集犯罪数据和相关统计数据报告的方法主要来自由联邦调查局管理的年度统一犯罪报告（UCR）。由于这是一个自愿的体系，一些警察部门并不提供他们的数据。

因此，除了说它是我们仅有的数据并且对美国的凶杀案是什么情况可能是一个很好的指标之外，不要过度依赖其进行演绎。UCR还报告被称为破案率的数据——主要犯罪报告中的逮捕百分比。这也可以被标记为以逮捕而不是定罪为基础的"解决"。

如上所述，破案率是那些在特定调查中犯罪嫌疑人已被逮捕的案件的百分比。多年来，凶杀案一直是UCR记录或报道的所有犯罪中破案（解决）率最高的案件类型，直到20世纪60年代后它才不是，我们看到它从1963年的93%下降至2007年的62%。

大约1967年，UCR开始报告凶杀案数量略有上升。到了20世纪70年代，凶杀案率上升到高于类似发达国家的水平。导致这一上升的是内城和警察遇到的毒品和贫困问题，这使内城成为有史以来最暴力的地方。[6]也是在这十年中，内城失业率达到了历史最高。当地青年团伙变得更加强大，在地盘争夺和毒品方面经常发生暴力袭击。对陌生人的袭击比以往任何时候都更加突出。即使有新的调查/科学技术，凶杀案也变得更难解决。犯罪学家马汶·沃尔夫冈发现有越来越多的凶杀案发生，但与此同时，破案率下降，这是因为"与20世纪中叶末相比，有更多的陌生人被杀害，在同样的街道被杀害，很少在家里被杀害；有更多的涉及许多竞争者的致命性争吵，更少的一对一的内部恶性事故；有更多的抢劫杀人案；有更少的妇女被捕；有更多的跨种族谋杀，较少涉及家人、朋友或熟人"。[7]

在1955年，杀人率（基数为每100 000人口，不要与破案率和百分比混淆）低到每100 000人中有4.5人。到了1974年，这一比率已经翻了一倍，达到每100 000人中有10.2人。1955年的破案率（拘捕基础上的）约为90%（1963年是93%），但在1974年，破案率已下降至80%。凶杀案数量增加了一倍以上，破案率却相应地有所降低。[8]

在 20 世纪 70 年代，连环杀手开始出现。这一时期，社会的流动性比以往任何时候都更强。很明显，一种新型的杀手已经出现，实施了"陌生人对陌生人"的谋杀。在 20 世纪 60 年代，这类凶杀案约占 6%，但是到了 20 世纪 70 年代，这个数字已上升至 18%——一年超过 4000 起案件。[9] 然而，在 20 世纪 80 年代之前，没有关于连环杀手的可靠数据，这可能部分由于从一个司法管辖区到另一个司法管辖区的警察和他们的记录之间缺乏协调。

在 20 世纪 80 年代，凶杀案率仍然很高，1982 年时已达到每 100 000 人中有 10 人。在 1983 年和 1990 年之间下降到了每 100 000 人中约 9 人，然而破案率也继续下降。在这十年中，连环杀手现象持续发展，伴随着各种受害者，包括妓女、酗酒者、无家可归者、同性恋者和儿童。罗伯特[10]讲述了他如何在 1974 年开始他 25 年的研究连环谋杀案调查的职业生涯。这一年，他经历了 8 名女学生谋杀案的调查，这个案件之后为西奥多·罗伯特·班迪案的解决做了贡献。他把不能解决这些案件的部分原因归于"回避反应"。他写道："一个人、警察与其他人没有什么不同，如果给他们机会选择，他们倾向于避免那些导致他们产生焦虑、痛苦，使他们感到不舒服，或者让他们看起来不那么成功的事。"[11] 所以，当他们最终成功时，他们不得不面对他们做错过事的现实。

正是在这十年中，旨在研究连环杀人案的联邦调查局行为科学组创造了短语"连环谋杀案"，以区别于大规模屠杀。连环谋杀案的特点是，它是那些在几个月或几年内发生的凶杀案。联邦调查局开始研究不同类型杀手的特点，作为一种学习如何追踪他们的手段。他们的分析过程，今天被称为犯罪调查分析，已经成为包括未侦破或冷案凶杀案在内的所有案件的绝佳的调查工具。

1993 年是美国有史以来谋杀案数量最多的年份。这一年，凶杀案数量达到了 24 530 件，而破案率下降到 64%。1997 年，谋杀案的数量下降到不到 18 000 件，然而，破案率仅上升了 3 个百分点，至 67%。让我们再看看这一点：谋杀案的数量下降了 28%，而破案率只增加了 3%。此外，在连环凶杀案继续危害社会的同时，我们也开始看到比以往更多的愤怒驱使的杀人案——从公路暴怒的杀手，到对商业伙伴和爱人的袭击，再到驾车枪击事件。[12]

十年后的 2007 年，凶杀案数量下降到不足 16 000 件，而破案率低于 62%。在 2012 年底，凶杀案数量下降到 13 092 件，破案率约为 62.5%。20 世纪 60 年代，凶杀案数量明显较少，而破案率为 93%。[13]当美国处于有史以来谋杀案最多的年份的时候（1993 年，24 530 件），人们可以理解较低的破案率；当凶杀案数量明显下降时，人们则希望破案率提高，但它并没有。因此，美国现在有成千上万的冷案。

UCR 数据形式的统计只是方程的一部分。其他什么因素导致了凶杀案破案率的下降？计算机的发展使科学技术有了飞跃，数据库不仅连接了全国各地的警察活动，而且也连接了 DNA、指纹、枪械等数据库。那么，为什么我们没有更好地侦破这些案件呢？首先，科学，尤其是 DNA，并不是解决我们所有案件的银弹（喻指新技术，尤指是人们寄予厚望的某种新科技），因为这样的证据可能不存在，我们没有认识到它，或者我们没有收集到适当的证据。此外，尽管使用 DNA 使个人免于进入监狱系统，但 DNA 只解决了所有刑事案件的大约 30%。事实上，使用 DNA 消除或免罪的作案人数量远远超过它所确定的作案人的数量。这不是冷案得出的唯一答案。

截至 2014 年 1 月，昭雪计划用 DNA 使被关押的 312 人免罪，依其判断，他们都没有实施被指控的犯罪（图 1.1）。[14]图 1.1 基于从昭雪计划网站提取的信息而作出。请注意，之所以出现百分比重叠和超过百分之百的情况，因为在许多情况下，错误定罪的原因不止一个。

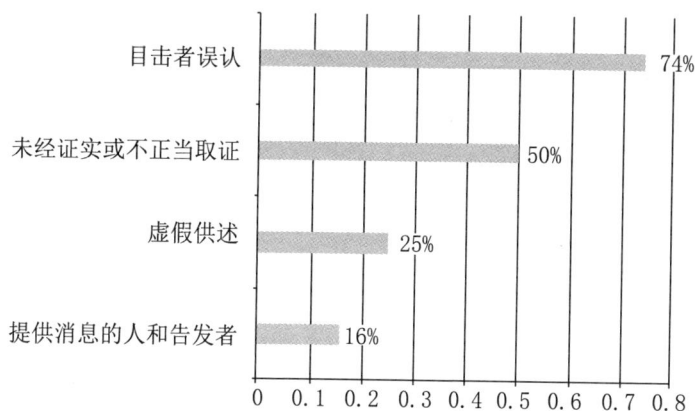

图 1.1 免责百分比

来源：基于从无罪项目网站（www. innocenceproject. org）提取的信息。

所以，发生什么事了？从图 1.1 中可以看到，74%的案件有误判；50%的案件存在非法行为或不正当取证；25%的案件存在虚假供述；16%的案件中，举报人存在问题。无论这幅图所反映的案件与美国的全部案件相比看起来多么少，它体现出来的问题都与那些调查这些案件或通过法医实验室担任专家的人有关。

那些负责调查犯罪尤其是凶杀案的人，受到了超越信仰的挑战。他们是甘于奉献的专业人士，长时间从事工作，试图侦破犯罪，逮捕嫌犯和给犯罪者定罪。所以我们需要仔细考虑如何处理这些案件。我们做的所有事情都是正确的吗？侦探是否有足够的能力进行适当和彻底的调查？他们最大限度地利用今天能够使用的技术了吗？他们受过充分训练吗？这些侦探是否受到了适当的监督？调查过程是否得到了妥善的管理？

这些问题很难回答，没有人想听到别人说她/他犯了一个错误，尤其是侦探。而且可以打赌，没有一个侦探想把错误的人送进监狱。但有组织的陷阱也会发生：侦探陷于政治环境，狭窄视野的形成，给侦探和调查过程施加压力的媒体炒作，有时会引起仓促的判决。从多年审查案件的经验中，我们可以看到狭窄视野是如何形成的。侦探们走错方向主要是因为没有一线主管指导他们。在英国[15]和美国的研究已经证明，定期审查正在进行的谋杀案件调查能提高破案率。当没有案件管理时，关键证人可能会被遗漏且从来不会被询问。不足和不当询问/讯问可能反映合适的培训的缺乏。

我们如何到了出现这么多未侦破的凶杀案的地步？许多原因已经被强调。多年来，这些都引起了我们极大的关注。不管热案还是冷案，不是每个人都有能力审查一个案件文件，并明白文件是什么和能告诉我们什么。本书介绍的评估模型旨在协助侦探做得更好。这个模型的彻底性，特别是第一个模型，如果被适当地遵循，将几乎否定在其他调查中看到的固有的问题。此外，它为警察部门提供了一个新概念，即以一种或另一种形式利用私部门，以协助他们为社会和受害人中的幸存者侦破这些案件，同时节省部门的时间和金钱资源。

尾 注

1. Walton, Richard H. , *Cold Case Homicides*, CRC Press：Boca Raton, FL, 2006.

2. Walton, Richard H. , *Cold Case Homicides*, CRC Press：Boca Raton, FL, 2006, p. 3.

3. Rivers, David W. , Personal communication at the Markle Symposium, Foxwood Resort Casinos, CT, 2004.

4. Keel, Timothy G. , John P. Jarvis, and Yvonne E. Muirhead, "An exploratory analysis of factors affecting homicide investigations", 2009 *Homicide Studies* 13 (1), 50–68.

5. Sweeney, Thomas J. , Police Chief, Bridgeport, Connecticut, personal communication, 1998.

6. Scott, Gini Graham. , *American Murder*, Vol. 2, *Homicides in the Late 20th Century*, Praeger: Westport, CT, 2007, p. 39.

7. Lanes, Roger, *Murder in America*, Ohio State University Press: Columbus, OH, 1997, p. 303.

8. Scott, Gini Graham, *American Murder*, Vol. 2, *Homicides in the Late 20th Century*, Praeger: Westport, CT, 2007, p. 40.

9. Scott, Gini Graham, *American Murder*, Vol. 2, *Homicides in the Late 20th Century*, Praeger: Westport, CT, 2007, p. 41.

10. Keppel, Robert D. , and William J. Birnes, *The Psychology of Serial Killer Investigations*, Academic Press: New York, 2003.

11. Keppel, Robert D. , and William J. Birnes, *The Psychology of Serial Killer Investigations*, Academic Press: New York, 2003, p. xvii.

12. Scott, Gini Graham, *American Murder*, Vol. 2, *Homicide in the Late 20th Century*, Praeger: Westport, CT, 2007, p. 149.

13. Riedel, Marc. , "Homicide Clearances, Information and Informants: An Alternative View", paper presented at: Homicide Research Working Group, Atlanta, Georgia, June 13, 1994.

14. Innocence Project, www. innocenceproject. org, accessed January 8, 2014.

15. Dean, Jones, John Grieve, and Becky Milne, 2008, The case to review murder investigations, Policing advance access, *Policing*, 2, 470 – 480. doi 10. 1093/ police/pan053.

2. 了解凶杀过程和杀人犯

詹姆斯·M. 爱德考克　莎拉·L. 斯坦

本章的目的是创建一个凶杀案的框架，这将帮助读者对杀人过程和杀人犯有一个更好的了解。除了介绍一些社会问题和凶杀案理论外，本章将从 20 世纪 60 年代开始，带领读者从历史的角度理解过去的凶杀案和我们今天所处的环境。大多数冷案发生在这几十年间，因此这些信息应该是启发性的。本章将讨论一些有关凶杀案可解性的研究，并将以对凶杀案四个阶段进行充分讨论而结束。本章帮助读者了解负责调查和侦破冷案或热案的侦探们所面临的挑战，所有这些都有很长的路要走。

社会科学家对凶杀案的研究

多年来，社会科学家们广泛研究了谋杀案（杀人案）的细节。除了少数情况外，他们严重忽视了侦探和调查这类犯罪的过程。社会科学家评估了人口统计数据、关系、事件发生地点、使用的武器类型以及被害人与加害人的经济状况，这些都试图确定为什么有人犯这些罪，并希望找出能用来减少犯罪数量和预防未来事件的方法。[1]

研究员卢肯比尔[2] 将杀人描述为情境处理。他写道，个人和作为谋杀事件一部分的社会心理过程都挂靠在不稳定的社会情况中："谋杀的概念是，潜在受害者和罪犯之间某些种类相互作用的结果。"[3]

卢肯比尔将谋杀事件描述为一个六阶段的过程，在这个过程的开始，受害人做了一些被犯罪者视为威胁的事情，可能是罪犯反对的一个口头声明，也可能是受害人拒绝与罪犯合作，亦可能是一个挑衅的动作。这些都演变成感知和反应，并且当身体上的冲突发生时，保护自己的面子就会成为问题。犯罪者开始作战，一旦受害人倒下，他往往会逃离现场。卢肯比尔得出的一个有趣的结论是，在70%的案件中，犯罪发生在目击者面前。

关于谋杀案的核心理论概念可能来自沃尔夫冈和费拉库蒂1967年提出的暴力亚文化理论。[4]科尔津和惠特解释说："相比于其他东西，群体之间的一些亚文化为暴力提供了更高标准的支持，这样的暴力坚持光荣、勇气和刚毅等价值观。"[5]沃尔夫冈和费拉库蒂的理论有一个漏洞，这个漏洞是一个隐含假设，即群体成员一般因为他们的暴力亚文化而杀人。

莱斯和戈德曼[6]发现美国南部比其他地区更可能出现凶杀案，并且更多地由争吵而不是其他的突发事件引起。通常情况下，案件涉及的人相互认识而不是陌生人，这些行为人之间的关系在不同人口规模的地区是一致的。这表明，南方的农村性质并不是其区域杀人模式的原因。

杀人作为"冲突消解法"是怎样的？齐美尔[7]认为，冲突被定义为"分歧二元论的解决法"，是达到某种统一的方式，即使这意味着有人被杀。此外，由于凶杀案的研究多年来已经取得了进展，因此它主要处理静态，如案件发生的地点，所采用的武器类型，行为人的种族、年龄和性别，而后是受害人沉淀的问题。然后，如前所述，卢肯比尔描述了一个凶杀案的理论，即情境处理。

在1980年，利瓦伊[8]设法以齐美尔（冲突）和卢肯比尔（情境处理）的理论为前提，来解释作为一种冲突解决形式的杀人行为。他用卢肯比尔的理论作为自己的概念框架，并集成了齐美尔的冲突理论。因此，我们采取情境处理理论及冲突理论，最终得出的结论是，伴随着杀害另一个人，冲突得以解决。

为了与卢肯比尔的前提一致，利瓦伊采用了在情境处理中能看到的六阶段过程，变化不大。这些都设计得像是一场游戏——杀人游戏，六个"碎片"在情境交易中被考虑：（1）受害人的开始动作；（2）罪犯的解释；（3）罪犯的报复；（4）使用暴力的合作协议；（5）战斗；（6）凶手离开现场。

在第四个阶段，与卢肯比尔相反，利瓦伊确定陌生人并不总是采用保存颜面的姿态，实际上会竭尽全力地逃跑。利瓦伊发现凶手有被困的感觉并且像受害者一样害怕，如果不立刻知道逃跑途径，他们很可能会被受害者伤害。第四阶段的合作协议，是为了使凶手认识到暴力是一个必要和适当的反应。

正常冲突的情况和那些涉及凶杀案的冲突情况之间的区别是什么？利瓦伊认为杀人的情况包含更多的"帮助者"，比如武器、隐瞒法律或"犯罪者的部分适当的自我形象"[9]。但这足够吗？他进一步断定，也有可能是帮助者触发的杀人动机。通过凶杀，可以确定冲突解决动力发挥了作用，并且未来的研究应该试图确定什么时候冲突会导致凶杀以及什么时候冲突不会导致凶杀。通过这些问题，利瓦伊总结了自己的观点。

柯林斯[10]将微社会学定义为处理"空间、时间以及个体和众多互动者中相对小的部分、行为和意识"。在这一概念中，仪式化的模型认为，不同的社会群体有不同种类和不同程度的团结，特定个体能够内化某些优势，所有这些都建立在仪式化经验的基础上。这组人聚在一起是因为他们有共同的想法和目标，就像警察部门的侦探群体一样。他们有一个关注的焦点，有相同的情绪，并且他们有代表群体成员关系的神圣的物体或符号（例如徽章、枪）。这一切都会给团队中的人带来强大的情绪能量和信心，对那些不尊重神圣物体的人产生愤怒并进行惩罚。街头帮派就是这样。

另一个有趣的观点来自马斯洛的需求层次理论。案例情况如下：

1966 年 11 月，18 岁的学生罗伯特·史密斯走进一家美发厅，命令 4 个年轻的妇女和一个 3 岁的女孩趴在地板上，然后用猎枪把她们全杀了。后来，当他被警察带走时，他向媒体宣布他为什么这样做："我想让自己出名，给自己一个名字。我知道我必须杀很多人才能在全世界的报纸上看到我的名字。"[11]

有人将此描述为与马斯洛理论相对应的自尊犯罪。他们说，在等级的底层，个人被生存的需要驱动，任何在这个层次的杀戮都将由这种冲动驱动。斯考特写道：

一旦这种需求得到满足，个人便开始寻求安全感；这也可能包括金融收益犯罪。下一个层次是对性、爱和友谊的需求，这引发了由爱情三角关系、嫉妒和浪漫激情驱动的杀戮。然后是得到认可和尊重的需求，换句话说，是对自尊的需要。如果这个层次被满足了，有时出现的终极层次是自我实现的需要，这会通过各种创造性手段表现出来。[12]

虽然这可能是一个延伸概念，但是我们发现它十分有趣，于是将其插入本章。

20 世纪 60 年代至 20 世纪 90 年代的凶杀案

从历史的角度回顾从 20 世纪 60 年代开始的凶杀案，我们看到几十年来凶杀案在变化。根据谋杀历史学家莱恩的发现，[13]在1963 年 11 月约翰·菲茨杰拉德·肯尼迪遇刺之后，我们进入了一个更加暴力和愤怒的十年。莱恩指出，电视成为新闻的主要来源，恐怖的谋杀犯罪比以往任何时候都更为生动地被大肆宣传。此外，民权运动进行得如火如荼，社会动荡导致凶杀率上升，在此之前，这种情况在美国从来没有发生过。

非裔美国人向内城的移动，加上白人中产阶级逃往郊区，导致出现了贫困的内城，这反过来又导致了市区凶杀案的增加。同时，由于他们"南部的司法系统"经历，非裔美国人越来越不信任警察。这些问题引发的遍布全国的冲突和凶杀案越来越多，从有预谋的个人杀戮到社会原因的凶杀。

在接下来的几年里，城市街道上充斥着对我们卷入越南战争的强烈抗议。在加利福尼亚州的奥克兰，黑人激进分子如黑豹党与当地警方和联邦调查局进入了一场不断升级的战争当中。社会动荡是多年来的主题，人们存在反对政府的独裁专制和反对违禁药物使用的普遍态度，这种普遍态度导致了与当局的冲突。此外，有人怀疑沃伦委员会的结论（1964 年），即李·哈维·奥斯瓦尔德独自暗杀了约翰·菲茨杰拉德·肯尼迪。随后，其他杰出人物被暗杀：马尔科姆·艾克斯（1965 年 2 月）、马丁·路德·金博士（1968 年 4 月）、罗伯特·弗朗西斯·肯尼迪（1968 年 6 月）和黑豹党领袖福来德·汉普顿（1969 年 12 月）。

20 世纪 60 年代的嬉皮运动的主题是"做爱，不要战争"，在一个十年即将结束时，它变得丑陋：从纽约州伍德斯托克欢快的音乐会，到加利福尼亚州北部的阿尔塔蒙特音乐会（在这场音乐会上，地狱天使杀害了一个经常参加音乐会的人），再到由查尔斯·曼森组建的团队对莎朗·塔特和罗斯玛丽·比安卡的谋杀案，这些都发生在 1969 年。这是一些新东西的开始，这些新东西描述了在接下来的几十年中杀人案的特征。[14]这个阶段是为 20 世纪 70 年代、80 年代和 90 年代的大爆发而设的，越来越多的社会异化现象以及传统社会制度的瓦解导致了凶杀案的增长，包括加利福尼亚的十二宫杀手、波士顿扼杀者和芝加哥的理查德·斯佩克等等。

正如在第 1 章中提到的，大概在 1967 年，凶杀案的数量开始不断增长。进入 20 世纪 70 年代，凶杀率显著上升。社会科学家写道，这一增长部分是由于内城的问题。在内城，失业、毒品和贫困人口变多，使城市成为比以往任何时候都更暴力的地方。当地帮派变得更加重要和强大，开始地盘争夺战的传奇，并对陌生人进行暴力袭击。这一切都导致了警方无法侦破这些案件，而在以前他们能够做到。时代不同了，凶杀案也不同了。

社会环境被证明是新的和不同类型杀手的沃土。比如泰德·卡辛斯基，他在 20 世纪 70 年代作为大学炸弹客开始作案，他的宣言和针对无辜百姓的爆炸事件困惑了联邦调查局 17 年之久，而他作案是出于反抗社会的意识和广义的愤怒。沿着这些相同线路，左翼气象员组织开始了它自己的轰炸。在这十年中，我们也看到了大屠杀和连环谋杀的增长趋势。因此，我们相信新技术和进步能帮助连环杀手更容易地实施他们的罪行，因为他们能够使用汽车和卡车绑架受害者，并带受害者远离绑架现场，杀害并处置他们。斯考特说："城市的匿名性，加上 20 世纪 70 年代的开放和感性，促进了他们吸引受害者和之后逃脱的能力。"[15]

媒体帮助公众关注这些谋杀案，他们追踪警察的行为和受害者的故事，正如在新闻中看到的芝加哥的约翰·维恩·加西的故事，洛杉矶的山腰扼杀者，泰德·邦迪在太平洋西北地区、科罗拉多州及最后在佛罗里达州对女学生的攻击。连环杀手出现在加利福尼亚州的萨克拉门托，理查德·蔡斯在这个区域作案，他被称为德拉库拉伯爵杀手，因为他喝了受害者的血。埃德蒙·肯珀杀害加利福尼亚州的女学生，是为了让他的妈妈回来。这些案件使心理学家、精神病学家和社会学家认真研究连环杀人案，以了解杀手及发生了什么事情。

警方很难侦破这些案件。今天，在了解过去的几十年里（20世纪60年代到20世纪90年代）我们所犯的错误之后，凯佩尔（研究连环杀人案的权威之一）和伯尼斯[16]给予警察部门以下建议：

考虑整个地区类似凶杀案的发生频率。用惯用手法、仪式和非仪式行为关联案件。

确定关联案件的中心主题。

对于仪式行为，在最终识别特征的确认中，利用各因素的稀有性作为使用每一个行为的一步。

结合仪式主义和非仪式主义特点来确定识别特征小组作为特征元素的稀有性。

留意杀手已知言论的意图。

获得每个事件的完整凶杀档案。

以摘要的形式陈述最终特征，这一摘要识别了一个中心主题以及构成中心主题的因素或构造。

为了避免陌生人之间连环杀人案的增长，侦探们开始使用心理学家、精神病专家和侧写者的服务来帮助他们理解和确定这些杀手。媒体和公众对连环杀手的迷恋呈爆炸式增长，而这会激发更多被名声和恶名的前景吸引的杀手。斯考特写道："简而言之，随着连环杀手数量的增加，各种各样的凶手、受害者、动机、心理动力以及方法，都造成了发现凶手的困难。"[17]

进入20世纪80年代，凶杀率在1982年仍然很高，在之后的

8 年里略有下降（下降到每 100 000 人中约有 9 人），而连环杀手现象却在持续发展。这十年是里根总统在任，社会风气向保守主义转变，给各类犯罪造成了严厉打击。这引起了公众对连环杀手和他们向社会提出的问题的更多关注。我们看到了媒体和新的电视警察节目及电影对谋杀案的进一步迷恋，例如《希尔街的布鲁斯》《比佛利山超级警探》《兰博：第一滴血 2》《虎胆龙威》。这往往使警察和打击犯罪者成为英雄，他们要打击邪恶势力，拯救我们的社会。

社会中似乎有对犯罪和被媒体曝光的连环杀手引发的镇压的恐惧。特别是，这十年见证了连环杀人案的变化：从过去的典型受害者（主要是年轻漂亮的女性）向妓女、酗酒者、无家可归者、同性恋男子和儿童转变。美国人开始指责社会道德结构的崩溃：从 20 世纪 60 年代和 70 年代开始，对离婚、堕胎、同性恋、毒品和性滥交的容忍度过高，这是导致谋杀和连环杀手显著增加的原因。沿着这条线，我们发现，处决统计数据反映了时代的态度：在 1967 年和 1976 年之间，没有处决，在 1977 年和 1981 年之间有 4 个，但在 1984 年和 1987 年之间有 82 个。[18]

另一个例子是在 20 世纪 80 年代初发生的亚特兰大儿童谋杀案。这些谋杀案不同于其他的连环杀人案：受害者是年轻的非裔美国儿童，这就我们当时所了解的连环杀手来说是非常不寻常的；犯罪人本人也是黑人，这也不符合当时的连环杀手通常的模型。这个案子使我们对孩子的安全产生了担忧。这也是联邦调查局进入新时代的开始，因为它新近成立的行为科学组在亚特兰大儿童谋杀案中扮演了重要角色，最终以对韦恩·威廉姆斯的定罪结束了这起案件。[19]

在接下来的十年里，特别是在 1993 年，凶杀案数量升至有史以来的最高点：24 530 件。在接下来的 15 年里，正如第 1 章所提到的，这个数字稳步下降了。从 20 世纪 90 年代到今天，我们的系统有巨大的科学进步，但破案率一直在 62% 附近。有人可能会认为，有了这些伟大的进步，破案率会提高，而实际的破案率表明其他因素可能影响了未侦破凶杀案的数量。

随着时间的推移，在 20 世纪 90 年代，谋杀案继续成为报纸的头版头条；事实上，由于 *Court TV*（后改名为 *True TV*），*20 / 20*，*Dateline* 及类似的电视节目，谋杀已在某种程度上变成娱乐观众的真实肥皂剧。最吸引人的案件之一是 *Court TV* 报道的在洛杉矶进行的 O. J. 辛普森谋杀案审判。在这里，我们看到 DNA 和法庭科学站在了舞台中央。这次审判之后的关于 DNA 的辩论显著促进了它被法律界接纳。今天，我们每天都会在新闻中看到它，更不用说像《犯罪现场调查》这样的电视剧。在《犯罪现场调查》中，DNA 被渲染和嘲弄为侦破所有案件的银弹。这个类比的问题在于 DNA 不是解决所有案件的方法，因为它只解决了大约 27% 的案件。[20]事实上，它排除的嫌疑人比它识别的人更多。

斯考特在《美国谋杀》一书中写道[21]：

> 在某种程度上，杀人会继续成为犯罪最主要的形式，因为它常常是家庭或亲密的社交网络内部冲突的结果，产生于愤怒、嫉妒、贪婪、报复等。与此同时，一些谋杀变得越来越没有人情味，被异化的、流动的个人已经把他们的感情变成了和陌生人或整个社会敌对。杀人模式的这些变化，使得 20 世纪 90 年代和今天的杀手在某些方面看起来更难被追捕，他们更陌生和未知，杀人原因更模糊，动机和与受害者的联系更难理解，所有这些都使他们的罪行更令人困惑。

我们发现凶杀案在 20 世纪 60 年代到 90 年代之间有所增长，在 1993 年达到顶峰，而后在接下来的 10 年到 15 年里显著下降，而破案率也有所下降。在我们告别 20 世纪之前，我们可能会认为自己是很幸运的，特别是根据哈里斯等人进行的一项有关谋杀和医学的研究。[22]他们写道："尽管危险的武器日益扩散，严重犯罪袭击率大幅增加，但是自 1960 年以来，此种攻击的致命性在美国已大幅下降。"在这个前提下，杀人只是导致受害人最终死亡的重度攻击。因此，致命性的下降趋势可以与医疗技术的发展和其他医疗支持服务并行看待。

使用 20 世纪 60 年代的基线，作者指出："没有这个技术，美国每年会经历 45 000 到 70 000 起凶杀案，而不是实际发生的 15 000到 20 000 起。"他们的研究显示，"致命性和一系列医疗变量，包括医院的存在，创伤中心的存在，一个协同区域创伤系统内的全县会员资格"，存在很强的关联。由于没有在这一这方面的更多的研究，我们无法知道这是否准确，但不管怎样，它是有意义的，并且我们应该感激医学的各种发展。

可解性研究

现有研究主要集中在人口统计数据、受害者-罪犯关系、事件的位置、所使用的武器类型等，而很少解决侦探或调查过程及其与案件可侦破性的关系。1994 年，凯佩尔[23]发表了一项研究成果，描述不同的时间和距离因素与凶杀案可侦破性的关系。这些因素是：

1. 受害人最后被看到的位置
2. 最初接触部位
3. 最初击打部位
4. 谋杀现场
5. 尸体发现位置

在研究中，凯佩尔在处理这些数据时发现了六大启示：（1）对谋杀事件位置中有关时间和距离的信息知道得越多，案件越可能被侦破；（2）知道位置出现的日期，将显著提高识别罪犯的能力；（3）随着时间推移，位置分离减少，可解性提高；（4）当调查人员知道五个位置之间更多的距离时，可解性急剧上升；（5）"位置之间的实际距离越短，特别是小于 200 英尺，侦破案件的比率越高"；（6）"当时间和距离同时在位置之间减少，尤其是受害人最后被看到的位置和尸体发现位置之间，可解性提高"。[24]

1999 年，韦尔福德和克罗宁发现警察响应时间和响应事件的侦探数量是影响破案的重要变量。此外，可用的证人和信息的有效调查在解决调查问题时有极大的作用。[25]2001 年，澳大利亚的一项研究发现，未侦破的杀人案更可能在另一个犯罪过程中重现，这个犯罪涉及一个受害者，而非多个受害者，并且发生在一个非居住的环境中。[26]

基尔[27]进行了一项关于凶杀案调查的研究，他报告说，通过利用成功的凶杀单位的最佳实践标准，其他单位的主管实际上可以提高他们的破案率。他接着说出了一个成功的凶杀调查的关键，以及每个构成要素的数据结果。

每个侦探每年的主要案件不超过 5 个。（基尔发现，考虑到待处理案件的数量，每年以少于 5 个案件作为主要案件的调查人员的破案率提高了 5.4%。）

至少两人的单位最初响应犯罪现场。

由所有的参与人员在最初的 24 到 72 小时内对案件进行审查。

使用相关能力使案件管理系统计算机化。

停车和街区 Canvas 表格的标准化和计算机化。

CompStat 模式。[1]（使用 CompStat 的破案率高出 3.3%。）

和法医及检察官建立高效的工作联系。（和检察官有高效的工作联系的部门破案率，比那些工作联系被评为一般到差的部门高出 6.2%。）

对凶杀案侦探不实行轮换政策。

需要时可以加班。（没有要求超时审批的部门比要求批准的部门破案率要高出 9%。）

冷案小组。

调查工具，例如测谎、血迹形态分析、犯罪调查分析和报表分析。（使用调查工具如血迹形态分析的部门，破案率高出 4.8%；使用犯罪调查分析的部门，破案率高出 5.7%；利用报表分析的部门，破案率高出 5.2%。）

凶杀案小组和其他人作为一个团队工作。

所有这些的底线是，没有一个单一的因素能保证更高的破案率，但通过评估所有因素，并作出适当的调整，指挥官有更大的可能性提高他们的凶杀案破案率。

基尔、贾维斯和慕尔海德[28]在《影响凶杀案调查因素的探索性分析》一文中做出如下判断：（1）一个侦查小组内部的管理过程是监督和问责之间的一个微妙的平衡，这个平衡可以用来确定侦探们执行调查任务的范围；（2）分析方法的使用可以提高凶杀案破案率；（3）侦探的正式训练显著提高破案率，但如果没有公众和其他机构的全力协助，警察不能侦破这些犯罪。另一点很重要，他们强调并称之为基于社会地位"贬值"受害人的过程。那些涉及拥有较高地位受害者的案件，相较于涉及拥有较低经济地

---

〔1〕 CompStat，是 Computer Statistics（计算机统计）的缩写，现在已经演变成一个专有名词，特指一种警务管理模式。——译者注

位受害者的案件，更可能被侦破。这可以追溯到我们较早提出的前提：妓女或吸毒的受害者没有得到像来自社会上层的受害者一样的关注。

凶杀的阶段

在 2005 年的一个有关连环杀手的讲座中，凯佩尔[29]描述了有关性的连环杀人案的四个阶段：前期阶段、杀人、尸体的处置、后进攻行为。尽管他的演讲集中于性的连环杀手，但同样的四个阶段也可适用于其他凶杀案（不一定是连环杀人案），特别是当它们包含了性元素的时候。第 1、2、4 阶段特别有趣，因为它们与本书第 10 章有关犯罪者的前、中、后行为的问题相符。当审查未侦破的杀人案的时候，一定要记住这些要点。在冷案中，比起你的同事在犯罪被报告时拥有的信息，你拥有更多的信息，并且在某些方面更容易获得信息。以下是需要回答建立四个阶段的问题的缩略图。

第 1 阶段，在犯罪之前，犯罪人的行为是什么，这是重要的。当我们审视调查、犯罪现场、证据、尸体位置等时，有任何迹象表明犯罪是事先计划好的吗？在这个人的生活中有什么类型的犯罪前压力源是他进入第 2 阶段的催化剂吗？例如，他的精神或情绪状态的变化，与女朋友的冲突，失去工作，与家人或父母的争吵，或财务问题。

第 2 阶段，实际的谋杀发生。需要回答的问题是：受害者是如何被选择的？为什么会是这个受害者而不是其他人？劫持的方法是什么以及为什么是那种方法而不是其他方法？他对受害者做了什么以及他是怎么做的？他在哪儿谋杀了她？他在现场留下"签名"或"名片"了吗？[30]有死后伤害吗？

第 3 阶段与尸体处置位置有关。在这里，调查人员需要确定：尸体怎样被运到这个位置？为什么是这个位置而非任何其他位置？有没有掩饰尸体的企图？尸体是公众视野可见的吗？受害人是以某种方式摆放的吗？是否有性暗示？衣服或未穿衣服的状态等。这些可能是对杀手很重要的问题。他可能希望受害者被发现，或者他可能想用他的行为震惊社会。

第4阶段，后攻击行为。他处置尸体后做了什么？他逃跑、生病、酗酒或吸毒，不上班或不上学，或是他返回处置现场了吗？

当你继续阅读这本书时，特别是当你到达处理前、中、后犯罪行为的章节，并且发展嫌疑人学和案件文档中每个特定疑犯的赞成和反对理由时，所有这些问题都是相关的。在下一章中，我们将提供有关如何创建一个冷案团队、它的概念以及障碍物的信息。

尾注

1. Adcock, James M. , "Solving Murders South Carolina Style: Solvability Factors of Murders in Three South Carolina Counties, 1988-1992", Dissertation, University of South Carolina, 2001.

2. Luckenbill, D. , Criminal Homicide as a Situated Transaction, Social Problems, 25, Society for the Study of Social Problems, 1977.

3. Keppel, Robert D. , "Time and Distance as Solvability Factors in Murder Cases", 1994 *Journal of Forensic Sciences* 39 (2).

4. Wolfgang, M. E. , and F. Ferracuti, *The Subculture of Violence*, Tavistock: London, 1967.

5. Smith, Dwayne M. , and Margaret A. Zahn, Eds. , *Homicide, A Sourcebook of Social Research*, Sage: Thousand Oaks, CA, 1999, p. 43.

6. Rice, T. W. , and C. R. Goldman, "Another Look at the Subculture of Violence Thesis: Who Murders Whom and Under What Circumstances", 1994 *Socio-*

logical Review 14, 371–384.

7. Simmel, Georg, *Conflict and the Web of Group Affiliations*, K. H. Wolff and R. Bendix trans. , Free Press: New York, 1955.

8. Levi, Ken, "Homicide as Conflict Resolution", 1980 *Deviant Behavior: An Interdisciplinary Journal* 1, 281–307.

9. Levi, Ken, "Homicide as Conflict Resolution", 1980 *Deviant Behavior: An Interdisciplinary Journal* 1, 304.

10. Collins, Randall, *Theoretical Sociology*, Harcourt Brace Jovanovich: FL, 1988, p. 3.

11. Wilson, Colin, and Damon Wilson, *The Killers Among Us*, *Book I: Motives Behind Their Madness*, Warner: New York, 1995, p. 11.

12. Scott, Gini Graham, *American Murder*, Vol. 2, *Homicide in the Late 20th Century*, Praeger: Westport, CT, 2007, p. 8.

13. Scott, Gini Graham, *American Murder*, Vol. 2, *Homicide in the Late 20th Century*, Praeger: Westport, CT, 2007, p. 8.

14. Scott, Gini Graham, *American Murder*, Vol. 2, *Homicide in the Late 20th Century*, Praeger: Westport, CT, 2007, p. 5.

15. Scott, Gini Graham, *American Murder*, Vol. 2, *Homicide in the Late 20th Century*, Praeger: Westport, CT, 2007, p. 43.

16. Keppel, Robert D. , and William J. Birnes, *Serial Violence*, *Analysis of Modus Operandi and Signature Characteristics of Killers*, CRC Press: Boca Raton, FL, 2009, p. 223.

17. Scott, Gini Graham, *American Murder*, Vol. 2, *Homicide in the Late 20th Century*, Praeger: Westport, CT, 2007, p. 47.

18. Scott, Gini Graham, *American Murder*, Vol. 2, *Homicide in the Late 20th Century*, Praeger: Westport, CT, 2007, p. 88.

19. Scott, Gini Graham, *American Murder*, Vol. 2, *Homicide in the Late 20th Century*, Praeger: Westport, CT, 2007, p. 91.

20. Today @ coloradoXState. www. today. colostate. edu/printstory. aspx? ID = 1882. Accessed August 12, 2009.

21. Scott, Gini Graham, *American Murder*, Vol. 2, *Homicide in the Late 20th Century*, *Praeger*: *Westport*, *CT*, 2007, pp. 152–153.

22. Harris, Anthony R. , Stephen H. Thomas, Gene A. Fisher, and David J. Hirsch, "Murder and Medicine, the Lethality of Criminal Assault 1960–1999", 2002 *Homicide Studies* 6 (2), 128–166, 2 (abstract).

23. Keppel, Robert D. , "Time and Distance as Solvability Factors in Murder Cases", 1994 *Journal of Forensic Sciences* 39 (2).

24. Keppel, Robert D. , "Time and Distance as Solvability Factors in Murder Cases", 1994 *Journal of Forensic Sciences* 39 (2), 400.

25. Wellford, C. , and J. Cronin, "An Analysis of Variables Affecting the Clearance of Homicides: A Multistate Study", Washington, DC: Justice Research and Statistics Association, 1999.

26. Mouzos, J. , and D. Muller, "Solvability Factors of Homicide in Australia: An Exploratory Analysis. Trends and Issues in Crime and Criminal Justice", Australian Institute of Criminology, Canberra, 2001, p. 216.

27. Keel, Timothy G. , "Homicide Investigations, Identifying Best Practices", 2008 *FBI Law Enforcement Bulletin* 77 (2), Federal Bureau of Investigation, Washington, DC.

28. Keel, Timothy G. , John P. Jarvis, and Yvonne E. Muirhead, "An Exploratory Analysis of Factors Affecting Homicide Investigations", 2009 *Homicide Studies* 13 (1), 50–68.

29. Keppel, Robert D. , Lecture on Serial Killers at the West Haven Police Department, West Haven, CT, 2005.

30. Keppel, Robert D. , and William J. Birnes, *Serial Violence*, *Analysis of Modus Operandi and Signature Characteristics of Killers*, CRC Press: Boca Raton, FL, 2009.

3. 创建一个冷案小组（初始化概念）

詹姆斯·M. 爱德考克　莎拉·L. 斯坦

　　根据政治背景，创建一个冷案组是一个非常困难并具有挑战性的任务。在本章中，通过概述其他人已经采取的步骤，我们希望为读者提供一些合理的建议和方法。没有完美的方法做到这一点，因为每个部门、司法管辖区以及该司法管辖区的犯罪和人口是不同的。在马里兰州的巴尔的摩起作用的，在乔治亚州的亚特兰大可能不会起作用。但无论位置如何，小组的观念和目标都将保持不变。当这些观念被呈现时，请记住，你的目标是对犯罪嫌疑人进行定罪，而不仅仅是逮捕。

　　几十年来，侦探们一直被教导和在这样的前提下工作，即如果你不在 48 至 72 小时内侦破凶杀案，你的破案机会将显著减少，很可能会一直无法破案。在某种程度上，我们相信这是真的；然而，随着冷案小组的到来，我们看到了不同的结果。那些在 10、20 或 30 年前看起来不能被侦破的案件现在已经被成功地解决。虽然由于科学的进步（例如 DNA），许多未决案件已经被解决了，但实际上只有约 27% 的案件通过使用 DNA 被解决。但 DNA 所做的是创造一个新的和令人兴奋的环境，它使我们充满了希望，即我们能及时返回并为了正义和被遗忘的家庭侦破这些旧的案件。

　　20 世纪 90 年代，在 DNA 真正应用于美国刑事司法制度之前，重点是犯罪现场和物证。根据法国法医科学家罗卡的理论，

"每一个接触必留下痕迹"，我们的系统到犯罪现场寻找那一联系，尽管当时可能看起来很神秘。请记住，在1993年共有24 530起谋杀案，是美国历史上最高的，破案率为64%。由于科学正在迅速发展，犯罪现场和犯罪实验室之间发生的事情距离越来越远。重点是找到一种方法来缩小警察部门在犯罪现场所收集的和犯罪实验室所需要的东西之间的差距。教育和培训与弥合差距有很大关系，但为了达到最好的效果，需要采取更多更好的犯罪现场技术。

作为对这个问题的一种可能的回应，在一个全面的调查研究项目结束后，国家司法研究所公布了《死亡调查：犯罪现场调查员指南》[1]。这份文件被专门用作侦探和医学-法律死亡调查人员与验尸官和法医合作的指导，来帮助弥合犯罪现场和犯罪实验室之间的鸿沟。这也导致了美国医学-法律死亡调查委员会（AMB-DI）[2]的成立，该委员会随后建立了死亡调查标准，使死亡调查人员能够在死亡调查领域获得认证，并通过培训和定期测试来维持认证。

那么为什么要这么麻烦呢？或者谁会在乎这些冷案呢？何苦呢？今天，侦探受益于之前从来没有过的法医科学（从DNA到全国指纹数据库）的巨大进步（更多法医相关技术和可能性，见第9章）。我们装备得更好并且我们在做更好的沟通工作，在全国范围内，从一个部门到另一个部门，从地方到州的联邦机构，这是前所未有的。谁会在乎呢？我们所有人都应该关心这些案件是否被成功地解决了。除了警察部门之外，这些凶杀案的受害人家属和幸存者应该得到一些结果。这些相关的人一直在努力理解死亡，也许寻求宽恕，或产生愤怒甚至是报复的想法。正如库珀和金所写的那样，"对他们来说，时间的流逝可能会缓和这一打击，但看到新闻里描述的与他们的真实生活经历相似的事件，情感也会涌回。每次发生这种情况，他们就会产生新的担忧、疑问和不确定性"。[3]

　　早期，人们相信随着时间的推移，案件越来越不太可能被解决，但与这一早期信念相反的是，在冷案中，时间实际上可以成为我们的盟友，而不是我们的敌人。当然，所有这些都是从我已经提到并将在第九章中详细阐述的科学进步开始的。除了科学，时间也让所有的证人有机会反思；对许多人来说，他们的关系已经改变了，今天他们可能愿意同警察谈话，因为在他们的附近或家里，威胁已经不存在了。现在他们已经有勇气站出来，并将事实和情况联系起来，这些情况在此之前无人知晓或案件文档中没有记录。另一些人可能会变得虔诚，并想要袒露他们所知道的。犯罪嫌疑人可能真的认为她/他已经逃脱了谋杀，并开始在酒吧、俱乐部、大街上或监狱里吹嘘。

　　还有一些人因为犯罪而被警察逮捕，他们可能会要求宽大处理或者与警察进行交易，即告诉警察关于他人的事，帮助警察侦破凶杀冷案。犯罪嫌疑人可能因不相关的罪行而被捕入狱，或因犯罪或自然原因死亡。在监狱里，这个人可能会同其他犯人谈论他之前的冒险经历，这再次证明时间的流逝确实帮助了冷案的调查者。随着时间的推移，证据和证人可能会减少，但在司法系统中，执法者的决心应当永远不消失。

　　如果重访这些冷案只会带来好处，为什么有些部门不愿意向这个方向行进呢？正如前面说过的，你想要建立一个冷案小组时，很多事情都和有关部门的政治氛围有关。从解决这些旧案件中获得的政治利益可以帮助你解决更多问题，因为主管会喜欢有机会告诉媒体和他的公民，我们永远不会忘记未决案件。但部门管理人不太情愿，因为需要人力资源，有时需要把资金用于培训、设备等。为什么主管应当调离两名侦探，把他们放在一个冷案团队中？在我们看来，这个问题的答案是，这是正确的做法；但正如你之前读到的，警察局长对于应当如何管理他们的部门和处理犯罪问题有不同的看法。

理想的情况是，被挑选出来加入冷案团队的侦探必须与其他侦探分开。他们只负责解决冷案。他们不能像其他侦探一样随时待命来回应日常的犯罪问题。他们必须能够完全把注意力集中在冷案上。这样做的不利之处是，有时其他侦探会嫉妒，并且感到冷案团队成员是管理人员的特殊"宠物"，这可能会导致部门内部的分歧。当我们说与其他成员分开时，我们的意思是他们应该有独立的办公空间，有应当包括一个犯罪分析人员的行政支持。他们的目标是以定罪来解决案件，而且对于他们解决的每一个案件，这个部门将会获得声望和公众舆论的支持。

理解创建冷案小组决定的缺点是第一个障碍。除此之外，还有许多其他问题需要解决：团队的形式是什么？你选择哪个侦探来担任这个职务？你希望他们有多少经验？他们有别人不具备的哪些特殊技能？首先需要提到的是形式。在全国各地，我们能看到与冷案团队有关的不同的结构。有些只是一些侦探在一个房间里审查和工作，没有外部影响或职责。[4] 一些部门去找退休的侦探，重新雇用他们进行冷案调查。其他人则为地方检察官或公诉人工作。在少数情况下，我们看到各部门不仅寻求执法部门的帮助，也寻求私人部门或大学生的帮助，例如图尔萨（俄克拉荷马州）警察局及其灰色小组（附录 A）。

除了图尔萨警察局的灰色小组，其他地区也出现了类似的形式。北卡罗来纳州的夏洛特-梅克伦堡的警察局在 2003 年成立了它的冷案小组，由宣誓军官和平民志愿者组成，平民志愿者又包括一名退休的杜克能源工程师和一名来自北卡罗来纳大学的教授。截至 2007 年底，该小组已经审查了 65 起案件，并破获了其中的 17 起。拉斯维加斯警察部门有三名非全职的平民志愿者。在芝加哥，他们利用来自当地大学的实习生来协助文书工作。[5]

正如您将在本书的最后看到的，以最后一种形式提出的冷案模型是最有利的。今天的警察部门充斥着各种各样的热门案件。这些部门的大多数侦探都过度工作，而且他们的工作量太大。所以为什么不选择一个经验丰富的侦探，让那个人选择并监督来自私部门的评估团队，以确定他们是否应该投入调查时间和人力来调查某些冷案？图尔萨警察局仔细地选择了社区里一些不同行业的公民，并要求他们协助评估冷案。在这些人通过背景调查后，他们被允许在一个经验丰富的侦探的监督下接触灰色小组的冷案。这种形式和努力在许多案件解决和定罪中都是非常成功的。

从管理的角度来看，这种形式有助于减少队伍中的一些潜在纠纷，因为只有一个侦探从部门中被撤出，即使以兼职的形式。当涉及跟踪调查冷案时，他们可以通过寻求其他侦探的帮助来完成这项任务。这样，所有的侦探都能分得一杯羹，这是一个团队的努力，每个人都会从中受益。这里的关键因素是对评估者的适当监督和对评估过程的管理，如果你使用一个完整的系统，例如冷案评估模型，你成功的机会将会显著增加。

下一个问题是，你选择哪一个侦探或哪些侦探来评估和调查冷案？前面我提到过经验丰富的侦探，虽然这通常是你的选择，但请记住，单凭经验并不能使侦探成为一个好侦探。这是一个非常重要的方面。创建一个冷案小组的成功或失败，很可能取决于你选择谁。在这样的一个团队中，我们会看到很多特性。正如沃尔顿[6]所建议的，这些特性包括：

> 能够客观地思考和行动
> 有能力提出正确的问题
> 积极的"可以做"的态度

了解现代调查方法

了解科学技术的进步

能够作为团队成员工作

了解凶杀案件调查的机制

了解凶杀案件法律的变化

询问技巧

良好的口头表达和沟通能力

很强的演绎推理能力

良好的聆听技巧

犯罪现场重建知识

行为类型知识

此外，我们建议各部门考虑雇用一名犯罪分析师，执行一些常见的任务，比如编制案件文档、进行刑事记录检查、定位证人以及制定调查计划。一位曾在密西西比当过州警探的同事，利用大学生来编制冷案文档。在他因为可解性因素和潜在调查策略审查案件之前，这一做法为他节省了大量的时间。在 2007 年，康涅狄格州的米尔福德警察局雇用（兼职）了一名研究生，她在纽黑文大学读书时有过评估冷案的经历。她编制了文档，证实了证据仍在物证室；根据她认为在调查中应当做什么，准备了一个调查计划；根据嫌疑人的行为，提出了对每一个人的审讯策略。她的书面报告随后被提交给探长，以便探长来做他认为合适的安排。

如果一个部门愿意从侦探部门挑选侦探组建一个冷案小组，就应该有一个在专业方面平衡的团队。每个人都必须带来一些对整个团队有益的东西，有一个特别擅长询问和审讯的人将会是一个优势，拥有一个以前是犯罪现场技术人员的人也会有所帮助，种族多样化也可能是一个考虑因素，分析能力和直觉有助于组建一个平衡的团队。请记住，目标是要定罪，而不是逮捕。我们建议你让当地的检察官为团队提供帮助。你希望你的法律建议是一致的，你想确保检察官有信心把案件提交法庭，从一开始就有一名检察官参与，将满足这一要求并确保更好的结果。

管理部门应当解决的另一个问题是冷案团队拥有或需要的培训，主要是冷案的培训班或研讨会，犯罪现场重建，血迹模式分析，询问和审讯，先进的凶杀案调查，评估谋杀参与者行为方面的犯罪调查分析（过去称为心理刻画）训练。当然，如果人员选择过程确保这些培训模块已经有人负责，其中一些可能是不必要的。

办公空间和设备也需要考虑。如前所述，冷案小组应该在它自己的办公室进行活动，与侦探部门的日常活动区别开来。独立和安静的工作区域是最重要的。办公室必须配备电脑、电话、收音机等。这些侦探可能需要照相器材来监视或进行其他活动，当然还有车辆。要列举每一个侦探完成工作所需要的一些主要物品。

最大的障碍是获得成立团队的许可。这样做时，应确保建立良好的基本规则并被管理层理解，包括人员选择、办公室空间、设备、培训、资金和管理人员。编写标准的操作手册也会是有益的。甘农以前在新泽西州莫里斯顿市莫里斯县检察官办公室工作，[7]2004 年 1 月，他编写了一个操作手册，其中包括通常的信息，如小组的目的、人员选择、可解决性因素、案件处理、时间策略、技术和持续性（从海军犯罪调查服务中学习的）、调查步骤、例外清理和案件管理。这是一个很好的例子。

另一个关于组织和构建冷案小组的好例子可以在华盛顿特区大都会警察局找到。有传言说它是全国最成功的项目之一。它有关信息的分类和优先次序的进步，反映了沃尔顿[8] 提到的适用于特别小组的适当程序，这些在本章将被进一步描述。

下一步是查找已经在部门文档中封存的案件文档，等待收到保证它们重新开放并进一步调查的额外信息。在实际审查这些冷案之前，要记住三个重要的事实：

不管你在调查中付出了多少努力，并不是所有的案件都是可以解决的。

自 1993 年以来，凶杀案破案率一直在 62% 左右。在 2007 年，这一比例略有下降。

在凯佩尔进行的连环杀人案研究中，他发现"在调查的前 30 天内，有 95% 的时间，警方把嫌犯的名字放在他们的案卷中"。[8]

为了让团队有一个好的开始，先挑一个最简单的案件来解决。你希望能取得积极的结果，因为这将推动媒体报道，并给你的主管和警察局带来积极的关注，公众和政治家会喜欢你。然后你就可以开始挖掘那些难度更大的案件。我们建议你使用的实际评估程序将在后面的章节中被详细描述，但目前，无论你采用何种程序，都需要在所有案件中完成某些一般任务。这个过程越有组织性，你就会越擅长评估冷案。这些内容包括案件文档编制、可解性因素、物证评估、受害者研究、嫌疑人的行为方面、未开发的调查线索以及对所有未来行为的调查计划。另一个重要的因素是确定犯罪理论：实际发生了什么和为什么？

在开始时，组织案件文档是最重要的。如果你无法以有组织的方式追踪信息，那么信息将丢失并且你可能会发现自己在兜圈子。在第 5 章中描述的编制文件的详细过程对你在这方面的工作会有很大的帮助。对于一些人来说，下一步是确定存在什么可解性因素，最典型的是（举几个例子）：

嫌疑人能被确定吗？

是否有对嫌疑人的有效描述？

嫌疑人的车辆能被描述吗？

是否有物证指向犯罪嫌疑人？

有谁看到发生了什么并且他们愿意告诉警察吗？

甘农[9] 设计了一个冷案可解性因素表，利用分数来确定他所评估的冷案是否有足够的可解性因素，以保证进一步的调查（表3.1）。他使用了一个编号系统，为每个因素设置了一个值，而这个值越高，案件在冷案小组的优先级就越高。

表 3.1　可解性和优先次序因素

编号	可解性因素	如果是，添加	如果否，添加
1	这起死亡事件被认定为凶杀案吗？	+1	−9
2	犯罪现场在今天能被定位并且在我们的管辖范围内吗？	+1	−9
3	受害者身份确定了吗？	+5	−3
4	是否有明显的物证可以识别嫌疑人？	+5	0
5	证据仍然保存和可用吗？	+1	−5
6	是否有证据可以被再次处理以获得进一步线索？	+5	0
7	关键证人是否仍然可用？	+7	0
8	他们的线索在过去 6 个月内有记录吗？	+2	0
9	文档中有被点名的嫌疑人吗？	+5	0

来源：甘农，新泽西州莫里斯顿市莫里斯县检察官办公室前任官员。

类似地，沃尔顿[10]描述了优先顺序计划。当一个人试图筛选所有案件文档并确定哪些需要立即处理时，这是很有帮助的。他展示了一个五部分的计划、一个四部分的计划以及一个三部分的计划。

五部分计划

优先级 1：在这些案件中，罪犯已经被确定，并且已发出逮捕令。

优先级 2：有一个已知的嫌疑人并且物证被保存下来。

优先级 3：没有任何已知的嫌疑人，但物证已经被保存下来。在这里，与优先级 2 一样，现代技术可能会极大地帮助解决案件。

优先级 4：没有已知的嫌疑人和充分的证据存在，但有一些证人是以前没有的，现在可能提供材料信息。

优先级 5：没有已知的证人，也没有可以协助处理案件的物证存在。

四部分计划

优先级 1：嫌疑人已被确认。已发出逮捕令。一名嫌疑人已通过法医方法确认。这必须得到最优先的调查。

优先级 2：有证人可以协助确认嫌疑人。识别可能的嫌疑人的信息和/或证据已经被开发。初步调查显示有证人从未被发现或需要重新询问。

优先级 3：证据已经被保存下来，现代技术可以用来处理和分析这些证据。

优先级 4：没有任何已知的证人能够协助确定嫌疑人，也没有任何物证。

沃尔顿写道，这种高、中、低优先级的系统来自于德州游骑兵：

三部分计划

高级：存在可行的调查选项，预期可以产生线索或嫌疑人。

中级：存在合理的调查选项，可能产生线索和/或嫌疑人。

低级：存在远程调查选项，这些选项预计不会产生可行的线索或嫌疑人。

克罗宁等[11]描述了拉斯维加斯大都会警察局的冷案可解性标准这个标准被分为五级：

第一级：一个被确定的嫌疑人；法医证据（DNA、指纹、武器）；嫌疑人证人辨认以及将嫌疑人与受害者联系在一起的物证（照片、笔记、纤维等）。

第二级：未知的嫌疑人；法医证据；证人对嫌疑人的辨认或将嫌疑人与受害者联系在一起的物证。

第三级：未知的嫌疑人；法医证据；无法识别嫌疑人的物证或证人。

第四级：未知的嫌疑人；物证；证人无法识别嫌疑人和/或身份不明的受害者。

第五级：未知的嫌疑人；很少或没有物证；没有证人和/或身份不明的受害者。

在第6章中，我们将为您提供另一个优先级排序（见图6.3），我们认为这将大大有利于案件进程。然而，不管使用的系统是什么，目标都是相同的：解决案件并对嫌犯进行定罪。

下一个主要步骤是检查和验证什么物证是或不是可用的。在这里，你需要对证据存放处的每一项证据进行全面的个人检查/清查。你必须确保每一件物品都有有效的保管链，被妥善包装，多年来被妥善保管，而且没有任何日后可能会在法庭上引起问题的证据性问题。将所有物品与提交给犯罪实验室的物品和任何可能已经生成的犯罪实验室报告都一一对照。这个过程完成后，和犯罪实验室工作人员面对面交流，了解是否有一些事情他们今天能做，而这些事情在过去的几年中他们是无法做到的。与您的犯罪实验室工作人员进行面对面交流，而不是通过电话交流，再重要不过了。如果想让他们在已经积压的工作之外考虑帮助你，必须给予他们和这个案件进行"个人接触"的机会，花时间亲自和他们交谈并向他们展示你有什么。

与此同时，有人应当检查文档并对案件中的每个重要人物进行背景调查，即使不是对文档中所提到的每个人进行调查。为什么要做这么多努力？你在寻找关系的变化，生活方式的改变，他们现在在哪里，他们在过去的 20 年里一直在做什么。作为一个有趣的花絮，我被秘密告知一个 20 世纪 60 年代开始的冷案，案件中最主要的嫌疑人已经 98 岁了，他是与这个案件相关的唯一活着的人，目前住在老人之家。这引出了一个问题：检察官想让一位 98 岁的老人受审吗？但重点仍然是，对所有参与者的全面背景调查可以揭示非常有价值的信息。

接下来应该审查法医的验尸报告。与犯罪实验室一样，建议你与首席法医病理学家见面，让其有时间在档案中找到文档和相关文件。与病理学家安排一个简要的会谈，以确保你有了案件文档中记录的一切信息。讨论在这一阶段是否有病理学家协助调查的可能性，并让他/她仔细审阅材料，获得任何可能在法庭上帮助或破坏案件审理的东西。你肯定不希望在最后时刻有什么差错。

下一个重要步骤是去看受害者的家庭成员，告诉他们你正在重新调查并且想知道他们自从谋杀案发生后是否听到了什么。自案件发生以来，附近发生了什么？对于凶杀案，他们有特别怀疑的人吗？关于这个事件他们会建议你询问谁？他们的关系在过去的时间里是怎样变化的？他们建议你从哪里寻找额外的信息或证据？在这次询问之后，会有消息说调查有了新的方向，这可能会导致新的信息浮出水面。如果在热点调查过程中没有完成受害者的研究，可以利用这段时间与受害者的家庭成员一起收集你需要的信息。

然后，就像将在第11章中所讨论的询问和审讯一样，建议你先从调查的外部（外圈）或外围边缘的那些人开始你的询问，收集必要的信息，直到你完成对最接近受害者或嫌疑人的核心人群的询问。

与正在进行的调查一样，冷案和冷案小组需要适当的监督，在监督过程中整个调查过程得到妥善管理。正如我们在前一章中看到的：在基尔（2008）和基尔、贾维斯、慕尔海德（2009）所做的关于凶杀案破案率的研究中，需要建立一个案件审查系统。如果审查过度，可能对侦探和调查程序有害。因此，尽管应当进行审查，但要审慎使用，以免妨碍侦探或调查的进展。

为了进一步支持这一前提和对热案或冷案调查进行常规审查的必要性，我们在英国的同行在对凶杀案的调查缺陷进行大量研究后，建立了更严格的审查制度。在这项研究中，他们发现了警方在响应事件和初始行动方面的调查弱点；信息收集包括证人和嫌疑人管理；法医证据的陈列管理和提交问题；缺乏文档保管和存储记录；缺乏经验丰富、训练有素的合适的工作人员；没有足够的内部的、外部的以及和受害者家人的沟通。[12,13]

正如你之后将在本书（特别是第4章）中读到的，这个审查过程是一个非常大的问题并且必须被妥善管理。而且，如果你决定利用私部门或研究生，这将变得更加重要。在冷案评估模型中，爱德考克针对这些审查制定了非常严格的政策（协议），并在团队每次见面的时候重新强调它们。所有评估者都必须遵守协议的要求（请参阅第 4 章，以了解更多关于此协议的信息）。在每次会议上，每个人都有机会讨论他们所看到或读到的内容，并开放接受其他团队成员的批评，所有人都朝着尽可能彻底的最终目标迈进。

尾注

1. National Institute of Justice, Death Investigation: A Guide for the Crime Scene Investigator. NIJ # 167568. U. S. Government Printing Office: Washington, DC, 1999.

2. American Board of Medico-Legal Death Investigators (AMBDI), St. Louis University, St Louis, MO. www. slu. edu/organizations/abmdi. Accessed August 19, 2009.

3. Cooper, Greg, and Mike King, *Cold Case Methodology*, LawTech Custom Publishing: San Clemente, CA, 2005, pp. 2-3.

4. These formats were obtained from conversations with the many detectives who attended the cold case seminars at the Henry C. Lee Institute of Forensic Science, 1998 to 2009.

5. Cronin, James M. , Gerard R. Murphy, Lisa L. Saphr, Jessica I. Toliver, and Richard E. Weger, Promoting Effective Homicide Investigations, Police Executive Research Forum, December 2007, pp. 103-104.

6. Walton, Richard H. , *Cold Case Homicides*, CRC Press: Boca Raton, FL, 2006, p. 29.

7. Gannon, James M. , Standard Operating Procedures for the Cold Case Unit; Office of the Morris County Prosecutor, Morristown, NJ, 2004.

8. Keppel, Robert D. , and William J. Birnes, *The Psychology of Serial Killer Investigations*, Academic Press: New York, 2003.

9. Gannon, James M. , Standard Operating Procedures for the Cold Case Unit; Office of the Morris County Prosecutor, Morristown, NJ, 2004.

10. Walton, Richard H. , *Cold Case Homicides*, CRC Press: Boca Raton,

FL, 2006, pp. 56-57.

11. Cronin, James M. , Gerard R. Murphy, Lisa L. Saphr, Jessica I. Toliver, Richard E. Weger, et al. , Promoting Effective Homicide Investigations, Police Executive Research Forum, December 2007.

12. Nicol, Catherine, Martin Innes, David Gee, and Andy Feist, Reviewing Murder Investigations: An Analysis of Progress Reviews from Six Police Forces, Home Office Online Report, London, 2004, pp. 42-43.

13. Jones, Dean, John Grieve, and Becky Milne, The Case to Review Murder Investigations. Policing, 2, 470-480. Advance access January 1, 2008, DOI 10. 1093/police/pan053.

II

评估程序

4. 对评估模型和程序的介绍

詹姆斯·M. 爱德考克   莎拉·L. 斯坦

正如先前所述，在 1980 年到 2008 年之间，美国已经累积了 185 000 件[1] 未解决的凶杀案。基于凶杀案的数量和破案率，2009 年至 2012 年，这一数字接近或超过 200 000。截至 2004 年，美国还有大约 14 000 具[2] 身份不明的遗骸，其中许多可能涉及凶杀案，这进一步增加了未解决案件的总数。

执法部门和其他人解决这类案件的努力从未间断过。尽管在历史上，我们可以很容易地将 20 世纪 80 年代初戴德县警长办公室确定为冷案概念的开端，[3] 但正如兰德公司为国家司法研究所所做的研究指出的，到现在，一个标准的冷案评估协议都还未确定和实施。[4]

这就引出了一个问题：我们如何评估冷案以及这个过程是否能准确地识别可解决的案件和经得起定罪起诉的案件。这个问题的答案可能是肯定的，也可能是否定的，取决于你所处的位置以及审查过程的方法和彻底性。大多数警察机构指派经验丰富的侦探审查案件文档，以确定可能识别犯罪嫌疑人的可解性因素和线索。这通常是单人任务，并且成功很大程度上取决于侦探得出有关调查可解性的正确结论的能力。

然而，在经过多年的刑事犯罪侦查和看过其他侦查案件文档的审查之后，爱德考克的经验告诉我们，并非所有的侦探都是高效的案件审查人员。仅仅依靠一个审查人员，根据他/她的经验，是不够的，并且是远远不够的。像其他任何事情一样，有些人比别人做得更好，有些侦探比其他侦探更富有"直觉"。英国的一项研究[5]表明，有时经验较少的侦探利用精心设计的模板，比经验丰富的侦探更擅长案件审查。虽然这项研究不是针对冷案而是针对正在进行的调查的，但结果是有趣的，并且确实表明虽然经验是重要的，但它可能并不总是正确的。

在英国的这项研究中，为审查者精心设计的模板涉及他们认为应当在审查过程中被充分利用的很多领域（准确地说有 31 个）。采用这种客观方法是希望帮助消除一切偏见，从而使得审查更加彻底和准确。这个模板包括了以下相关领域：

1. 高级调查官员政策日志
2. 初始应对
3. 快速追踪行动
4. 长期行动
5. 调查组和关键角色的确定
6. 失踪人员报告
7. 调查的摘要和目的
8. 使用假设
9. 产品标准分析
10. 与其他犯罪联系的识别
11. 审查和管理干预的证据
12. 多部门合作的工作
13. 调查的支持
14. 现场和现场特征的识别
15. 犯罪现场管理
16. 法医策略

17. 病理
18. 搜索
19. 被动数据生成器
20. 逐户调查
21. 证人管理
22. 家庭联络
23. 管理通讯
24. 社区参与
25. 排除调查
26. 嫌疑人管理
27. 监控策略
28. 秘密情报
29. 重建
30. 主要事件和福尔摩斯程序
31. 前指控维护

上述很多行动对英国体系来说是独一无二的，比如高级调查官员政策日志、主要事件和福尔摩斯程序。后者指的是在英国范围内发生的重大事件的全国电脑数据库，就像能够基于先前提交的数据，帮助调查者发现线索的人工智能。这项研究的结果显示，相比于那些没有书面指引，只依靠自己的经验进行评估的侦探，那些经验较少但是使用模板的侦探能够更彻底地审查案件。这是一个小型研究，但是结果非常有趣。

对此，爱德考克和钱塞勒[6]设计了一个模板，用于对正在进行的死亡调查进行审查，这个模板在过去的几年里都被使用了，而且被发现是非常有用的。使用这个模板并不意味着案件审查人员不得不按照描述的方式准确进行，而是可以根据需要进行调整。这种类型的检查表被反映为：

1. 初始应对——现场访问

   a. 调查小组和他们角色的确定

   b. 根据天赋或能力分配适当的任务

2. 受害人/信访人询问

   a. 受害人确认

   b. 评估和验证（是否说得通或是否有可能）的陈述

   c. 受害人的背景和犯罪历史

   d. 已完成的受害人研究

3. 现场和证据问题

   a. 犯罪现场处理和记录（录像、照片、扫描、笔记）

   b. 被精心布置的现场，改变的或清理的

   c. 收集的证据

   d. 证据评估（完整清单以及它意味着什么和需要其他什么）

   e. 现场评估——有组织的或无组织的，控制（犯罪行为）

   f. 送到实验室的证据

   g. 实验室结果

   h. 审查尸检和死因与其他法医事实

   i. 需要或使用的其他法医专家

4. Canvas 绘图

   对完整性进行双重检查

5. 询问的重要证人和获得的陈述

   a. 证实的陈述和独立证实自己的陈述

   b. 重要证人的姓名核查和基本背景

   c. 寻找关系的变化

6. 构想的假设

   a. 犯罪动机和犯罪类型

b. 对类似的犯罪或犯罪嫌疑人的暴力犯罪逮捕计划（Vi-CAP）

c. 对类似犯罪的惯用手法/签名的检查

d. 犯罪调查分析

e. 是否经过测试和验证

7. 嫌疑人管理

a. 确定

b. 逮捕

c. 背景和犯罪记录

d. 类似案件

e. 家庭、朋友、同事

f. 妻子、女朋友、父母、同伙

g. 询问陈述：否认、承认、坦白

h. 承认/获得的口供

i. 验证、确认或不重视

j. 动机

k. 其他证人、受害人或其他证据的鉴定

l. 其他潜在信息，比如电话收费记录、财务文件、手机、短信、人寿保险、自助取款、支票或时间卡

8. 线索管理

a. 确认

b. 跟进

9. 获得所有参与人的书面报告

10. 重建（验证你所拥有的证据）

a. 物证（血迹形态和拍摄重建）

b. 信息证据（承认、坦白等，已验证）

c. 行为（前、中、后犯罪行为）

11. 检察官提供的所有数据
　　a. 起诉表示
　　b. 用事实支持的证明要素
　　c. 证人和证据清单
　　d. 对地区检察官的问题和请求的回应

撇开其他不说，把它作为指导来使用，对于缺乏经验的年轻调查者来说尤其有用。从中获取你所能用的东西，其他东西不用理会。

这让我们回到冷案问题，思考我们正在做的事情，更重要的是我们如何解决这些冷案。在接下来的两章中，我们将介绍三个模型。第一个模型的方法论非常成熟，爱德考克和他在纽黑文大学的法医科学研究生为周边警察机构审查案件时使用了这一模型。它基于科学的方法，试图回答可能出现的任何问题，这些在回答问题和防御策略方面被证明是特别有帮助的。这是极其彻底的和无所不包的，但是属于辛苦和时间密集的工作，大多数警察机构不愿意投入人力和时间。然而，与图尔萨警察局的冷案部门和夏洛特-梅克伦堡警察局一样，在一个经验丰富的侦探的指导下，使用从社区中挑选的平民来协助审查是富有成效的，并能产生定罪的决议。

本书第一版出版后，两位作者多次给全国各地的执法机构做讲座。显然，对这些执法机构来说，这个模型过于劳动密集，并且不是他们想处理的，原因显而易见，如缺乏资源、资金，以及对允许外人（平民）审查未解决的谋杀案件的担忧。因此，第二种/替代模型的设计将强调他们直接关注的地方，即更多地关注物证（如 DNA 或指纹）是否存在，以指向某个特定的犯罪嫌疑人。例如，国家司法研究所的 DNA 冷案补助金要求选择的案件只能是那些有物证的，那里有可能存在 DNA 物质。第二种模式超越了 DNA，包括其他特定类型的证据，如指纹，其像 DNA 一样能够指向某个特定的犯罪嫌疑人。

一个主要的担忧和潜在的问题是，警察机构已经变得过于依赖 DNA，如果 DNA 材料太过退化或者根本不存在，那么这个案子就会被退回到文件柜中，而不会被进一步审查以获得确定犯罪者身份的调查线索。尽管如此，一个有力的证据可以围绕 DNA 来构建，即使有时会出错，与其他证据一样，例如指纹、毛发和纤维，结果也是令人鼓舞的。重点应该是以我们可以采取的任何方法来解决案件，如果物证碰巧出现在那里，这个解决方案就会更容易。近70%的案件都是通过其他证据来解决的，比如好的证人，以及一系列的间接证据，包括物质的和非物质的。公众希望在法庭上看到 DNA，但事实并非总是如此。

第7章中的第三种模型是我们在纽黑文大学审查的一个案件的衍生品，这个案件中没有尸体（最初被报告为失踪人口）。我们在荷兰访问时对当地的一宗"失踪人员"（被认为是谋杀）案件进行了彻底的了解，这促使我们设计了另一种方法。在这两种情况下，警方所做的一切努力都是为了确认谁"杀害"了受害者。尽管这是适当的，但是我们建议你也集中注意力于优先寻找尸体。本章将详细阐述这个建议。

最后一点：在佛罗里达州戴德县，他们一次又一次地发现，这些冷案可解性的最大促进因素之一是关系改变了，并且人们比5年或10年前更愿意谈论冷案。多年来，这一理念一直在证明其价值，并且在所有未解决的谋杀案中都应该是主要的调查线索。本书花了相当大的篇幅来研究这些调查的非物质方面，希望能让人们意识到，除了 DNA，还有其他的方法可以解决案件和给嫌疑人定罪。而且，正如模型所说明的那样，关键是要有一个系统的方法，这一方法有望回答问题，并把调查人员放到能证实所有犯罪理论的位置上，而不管被告的立场如何。

尾注

1. Hargrove, Thomas, "Nearly 185, 000 murders since 1980 remain unre-solved", *Scripps News*, June 2010.

2. Willing, Richard, "Report: Authorities have about 14, 000 sets of human remains", *USA Today*, June 25, 2007.

3. Adcock, James M. , and Sarah L. Stein, *Cold Cases: An Evaluation Model with Follow-Up Strategies for Investigators*, CRC Press: Boca Raton, FL, 2011.

4. Davis, Robert C. , Carl J. Jensen, and Karin Kitchens, "Cold case investigations: An analysis of current practices and factors associated with successful outcomes", a report submitted to The National Institute of Justice (NIJ) by the Rand Corporation, 2010 December 14.

5. Jones, Dean, John Grieve, and Becky Milne, "Reviewing the reviewers: The review of homicides in the United Kingdom", 2010 *Investigative Sciences Journal* 2 (1).

6. Adcock, James M. , and Arthur S. Chancellor, "Managerial responsibilities in the homicide investigation process: Making a case for periodic reviews of all ongoing death investigations", Presented at the AAFS Annual Meeting, February, 2011.

5. 一个综合的冷案评估模型

詹姆斯·M. 爱德考克　莎拉·L. 斯坦

本章的前提是我们将要描述的评估模型。前面章节是专门为读者提供背景信息的，这些背景信息有关冷案、历史事件以及对凶杀案和杀人犯所处时代的理解。在接下来的章节中，我们将介绍关于后续调查的模型和信息。在介绍冷案评估模型背后的哲理和描述严格控制结构后，本章将从 I 到 IV 阶段深入探讨冷案评估过程。

介　　绍

冷案评估模型（图 5.1）的设计实际上是两件事的直接结果：位于康涅狄格州纽黑文大学的李昌钰法医科学研究所，得到了国家司法研究所的授权，对全国各地的执法人员进行冷案培训。多年来，李昌钰法医科学研究所在冷案方法方面对许多侦探和警察进行了培训，这些人来自加利福尼亚州、华盛顿州、亚利桑那州、德克萨斯州、路易斯安那州、威斯康星州、田纳西州、亚拉巴马州、佛罗里达州、佐治亚州、新泽西州、纽约州、康涅狄格州、佛蒙特州和马萨诸塞州。2006 年，我们开始仔细挑选法医学研究生，这些学生作为无薪水的冷案评估人员进行服务。他们在一位教授的直接指导下审查未解决的凶杀案，将之看作对警察的一项服务。这个教授有近 30 年的调查案件和管理调查过程的经验。如前所述，这个项目始于康涅狄格州，并在纽约州、马萨诸塞州和田纳西州发展壮大。

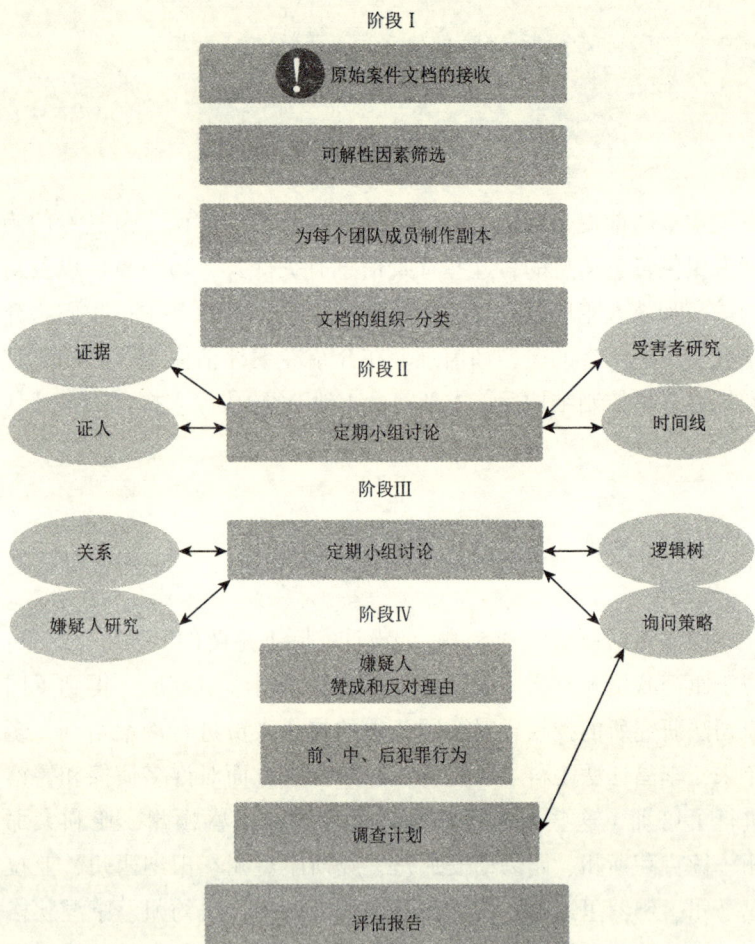

图 5.1　冷案评估模型

我们的想法是，建立一个对未解决的凶杀案的审查制度，最终为警察局生成一份包括全面的、准确的、有效的和可用的信息的报告，以便侦探们考虑后续调查策略。其中一个挑战是让警察局足够信任我们，把他们的原始案件文档交给我们。虽然我完全理解他们害怕泄露信息，但这个案件文档可能在一个文件柜的抽屉或盒子里，很多年没有被碰过了。因此，为了减轻这种疑虑，所有评估者，包括作为团队主管的我自己，都签署了保密声明。虽然这并不是保证，但它确实使这个过程变得更适合警察局。作为保密声明的一部分，每个成员都被要求确认自己完全理解了冷案评估协议，并将努力遵循它。

冷案评估协议

1. 保密声明

2. 没有发现错误

3. 组织文件，进行逻辑分类

4. 创建评估类别

   a. 受害人研究

   b. 时间线

   c. 逻辑树

   d. 时间序列

   e. 嫌疑人（赞成和反对的理由）

   f. 嫌疑人（其他人）的心理信息

   g. 询问/审讯策略

   h. 调查计划

5. 确保你识别并列出文件中提到的每个人。如认为有必要，那些未接受询问的人应被列入调查计划以供后续调查。

6. 确保你能回答"你是怎么知道的？"这个问题。为所有的书面文件添加脚注，注明信息来源。这不是你编造或认为有趣的东西。你实际上有理由发表声明。

7. 如果是推理的，那就那么说。但是无论如何，都要能够支持你的结论。

8. 调查计划应该包括：

a. 需要进行的任何询问。

b. 你认为有必要的任何再次询问。

c. 有关物证的问题。

d. 可能对调查有帮助的其他信息来源。

e. 你发现的任何有助于案件解决的东西。这些东西要能够支持你的推理。

f. 底线是，调查计划是你给予侦探的建议，你认为应该做什么或考虑什么来解决这个案件。

要现实一点，明白并非所有案件都是可以解决的。如果犯了错误，就继续前进，设法绕开任何问题，并提供有助于解决案件的信息。

接下来，作为保密声明的一部分，评估者的规则和指导方针被牢固地确立，评估者也必须同意这些程序。其中一个关键的问题是，在团队中绝对没有人被允许进行任何类型的调查——不允许进行询问、和证人打电话、发电子邮件。除了审查被提供的文件之外，绝对不允许做其他任何事情。而且，根据保密声明，他们不被允许与团队以外的任何人讨论案件文档的内容，包括配偶、朋友和同学在内。如果需要联系团队以外的人，所有的请求都要通过团队负责人提出。这些请求并非针对案件文档中发现的任何证人或行为人，而是针对可以收集到的附加信息，例如，从审查法医病理学家的解剖协议或查看侦探在证据存放处保管的物证过程中收集到的附加信息。

对于利用外部评估者的任何人，都必须有一个非常具体的标准操作程序，要明确评估者可以做什么和不能做什么。必须确保这个过程包含所有可能的犯罪理论，这些理论是有案件文档和事实支持的，而不是猜想。利用科学的方法作为背景，在这里你要不断地问自己"我怎么知道的？"这将在后续调查中使你的结论和建议更具说服力。此外，团队负责人或小组领导应该是一个经验丰富的侦探并作为评估者的宣传员，使他们在正确的道路上前进，并遵循标准操作程序和保密声明要求。

正如模型中所描述的，冷案评估过程的彻底性是不断审查和小组讨论的严格架构的结果，评估者接受对他们的结论以及他们如何作出这些决定的质疑。他们也被要求添加一个脚注，充分说明为了得出结论而提供和使用的每一个信息的来源。所有内容都必须得到真实案件文档和其中所包含信息的充分支持，推测和假设是不被允许的。如果最终没有得出能被支持的结论，案件可能就无法解决。然而，如果审查产生了不同的犯罪理论，那么这些理论必须都被记录下来并附随建议。这个建议是可能需要其他证据来验证犯罪理论，或者证明它不再有效。物证是一个很好的工具，但正如之前所说的，它不是解决冷案的灵丹妙药，而只是可以由侦探来完成的解决调查问题的其中一个过程。

进行和审查调查的概念取决于三个主要方面的内容：（1）物证；（2）行为证据或参与者的行为；（3）信息片段，包括询问、媒体报道、记录检查等。如果对这些信息进行分类，解决调查问题的概率就会增加。这个过程必须是有组织的，以免丢失一些有价值的信息，而这些信息可能对确定是谁犯了罪至关重要。

阶段 I

评估模型的阶段 I 从收到原始案件文档开始。这个文档应该包括由相关警察归档的与调查有关的所有原始官方报告、验尸报告、犯罪现场照片和由原调查人员编制的手写记录。全面接收原始案件文档的重要性不言而喻；如果初步调查的全部内容不容易获得，那么信息或证据可能被忽视，而这可能对最终的审查产生影响。因此，如果可能的话，应当让审查小组的成员接近最初的首席调查员，并与其确认所有相关信息都已包含在这个文档中。

一旦获得了原始文件，就必须确定该案件从表面上看是否具有一定的可解性因素，这将极大地促成成功的分析、跟踪调查，并最终解决案件。图 5.2 中有 9 个主要的可解性因素，它们在很大程度上决定一个案件是否能够被成功解决。

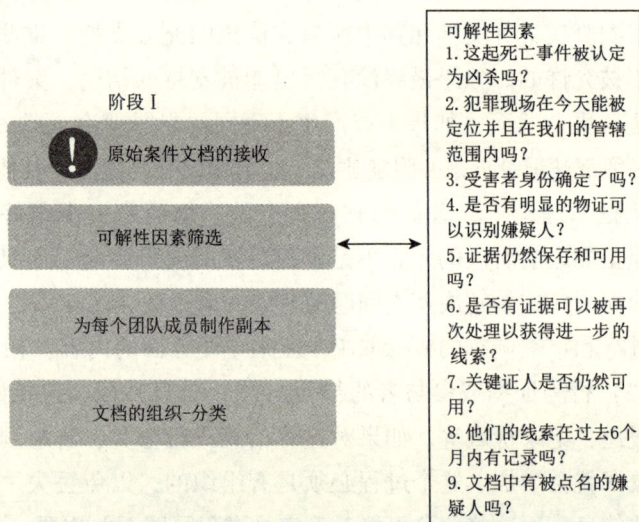

图 5.2　冷案评估模型，阶段Ⅰ，可解性因素

一旦确定一个案例具有价值和解决的可能性，原始案件文档的顺序即应得到维持。调查人员应按照提交给他们的准确顺序复制案件文档，从而维持文档的完整性，并对原始调查机构表示尊重。

现在让我们看一下在审查过程开始时，调查人员要考虑的 9 个基本的可解性因素。

死亡案件是否被判定为凶杀是第一个可解性因素。对于调查人员来说，受害者确实是被谋杀的，这必须是毫无疑问的，并且自然死亡、意外或自杀都不存在。如果审查者不能判定死亡案件确实是凶杀案，那么追究此案将是不明智的，因为资源、人力和有价值的时间可能最终被浪费在一种模棱两可的情况当中。

第二个可解性因素是，目前的调查人员是否仍能接近犯罪现场。这个问题与几个原因相关。首先，在审查过程的开始阶段，访问犯罪现场以获得关于犯罪、受害者和行凶者的信息，对于调查人员来说通常是有帮助的。例如，犯罪发生的地方（如房子、公园等）可以告诉调查人员关于犯罪的大量信息（例如激情犯罪、有预谋的犯罪、陌生人对个人的犯罪等）。其次，调查人员可能从犯罪现场推断出他们所寻找的罪犯类型。例如，如果犯罪现场是在室外并在一个旅行频次高、暴露度高的地区，那么调查人员可能正在寻找一个极端大胆的行凶者，他要么不担心被逮捕，要么有很强烈的动机去杀死受害者。最后，犯罪现场可能仍有与犯罪有关的物证，这些物证在初步调查中可能被遗漏。因此，调查人员能够获得大量的信息，并因亲自观察犯罪现场而感受到犯罪的某些细微差别。一个人不能通过图片来看到、听到、触摸、闻到或者品尝犯罪现场的元素，并且对细节的一定关注和对受害者及行凶者的洞察在图片中是缺乏的。

受害者是否已经被确认，也是调查人员在开始审查过程之前必须回答的一个重要问题。如果不了解你的受害者，你就无法知道行凶者。凶杀案的受害者是调查人员可以获得的最关键的证据。如果一名受害者的身份在案件审查开始时是未知的，那么调查人员在回答凶杀案调查过程中最关键的问题时将处于劣势：为什么？为什么这个受害者会被谋杀？动机是什么？受害者研究报告不能在没有受害者身份的情况下编写。如果有可以确定受害者身份的办法，比如牙科记录、DNA 档案、其他诸如文身或疤痕等突出特征，那么调查人员应当调查那些线索，把这个案件搁置，直到受害者身份被确认为止。

案例研究

下面的案件是一个有关确定受害者的旁注。在康涅狄格州纽黑文市的一个冷案研讨会上，一位来自加利福尼亚州的侦探介绍了一个案件，这个案件除了体现了调查工作中的勤奋外，还让我们所有人在未来的案件中要注意一个教训。他的冷案小组有一具未确认的女尸，这具女尸是在类似沙漠环境中的一个行李袋里发现的。分析师和调查人员组成的冷案团队通过失踪人员报告等工作了两年，设法将名单从数百种可能性减少到 9 种可能性。他们让一位法医牙医检查这些身份不明的遗体，希望他能根据牙科记录做出鉴定。然后，侦探们来到这个家庭并告知他们的发现，要求获得 DNA 样本进行验证。DNA 证明了另外的可能性，他们又回到了原点，而这家人在感情上被压垮了。然而，法医牙医说，名单上的另一个人也像不明身份的受害者。最后，DNA 证实了这一发现，第二个人是身份不明的受害者。这告诫所有的调查人员，在没有证实这个案件的 DNA 的情况下，不要妄下结论。

物证是否存在，是否已经被妥善保存，是否容易被当前的审查者获得？这种可解性因素可能比物证的简单存在更重要。如果被谈论的物证没有得到妥善保存，先进技术带来的新检测就不能进行，并且不能进行确认性检测，以确定犯罪者的身份。

第六种主要的可解性因素也与物证的存在和保存质量有关。

也就是说，任何证据都可以被重新处理吗？在过去的十年里，有关证据处理的技术有了重大的进步，与冷案调查关系最大的是与DNA复制和后续处理有关的技术进步。研究人员发现的两种新形式的DNA测试是短串联重复（STR）和接触DNA。STR是DNA测试的一种形式，它可以复制DNA样本直到样本有足够大小以进行分析。接触DNA是由罪犯留下的DNA，是在当时的犯罪现场背景下，他的皮肤与受害者或其他物品接触时留下的。实验室技术人员现在可以从罪犯的上皮（皮肤）细胞中提取DNA，这些细胞从行凶者转移到出现在犯罪现场的证据上。因此，对于可解性，重要的是调查人员考虑可用的证据是否处于可以被重新处理并重新检查以获得更多线索的状态。有关法医科学适用于冷案的更多信息，请参阅第9章。

要实现可靠的后续调查和案件最终解决方案的发展，最关键的因素是可信证人的存在。在确定案件文档是否显示了这种可解性因素时，建议调查人员确定是否对于任何行为（前、中、后犯罪行为因素），证人都仍然可以接受询问。经验丰富的调查人员清楚地知道，犯罪者与他们朋友之间的关系将随着时间的推移而不可避免地发生改变。适用于冷案调查的一个明显的优势是，以前在初步调查时无法或不愿出来的证人，由于几个原因现在可能能够或愿意这么做：犯罪者可能不再构成直接威胁，可能因另一宗犯罪入狱，或者可能已经搬走了。此外，另一个重要的人，比如犯罪者的妻子或女友，可能已经结束了这段关系，现在可能更倾向于开放地与调查人员进行交谈。无论何种情况，在解决一个冷案时，重要证人的存在和可用是最具影响力的决定性因素之一。

调查人员必须考虑的下一个可解性因素是，根据之前6个月的记录，案件是否有线索。这在确定社区对解决凶杀案的投入程度方面是很重要的。此外，在过去 6 个月里，线索的存在或缺失向调查人员展示了案件是怎样成为冷案的。案件在社区居民的脑海中是仍然鲜活，还是因为受害者的社会经济地位或者其他更重要的现代事件而已经被完全遗忘？虽然这种可解性因素对冷案调查的成功结果并不特别重要，但调查人员在评估过程中有一些选择来加热他们的案件。例如，如果没有最近报告的线索，宣传一个热线、奖励，为受害者举行守夜活动，并推动媒体报道，以促使公众对调查产生积极的兴趣，都可能对调查人员有益。

最终的可解性因素是相关人员或嫌疑人在案例文件中是否被识别并被确认。尽管在审查过程中，保持中立对调查人员来说至关重要，但在文档中确定的嫌疑人的存在仍然是至关重要的，因为审查者有一个起点来进行他们的分析。在审查过程的开始阶段，一旦确定了嫌疑人的身份，调查人员便可以根据第 10 章所述的有关嫌疑人确认的内容，构造出前、中、后犯罪行为模型。这将对后续调查的进展提供足够的帮助，因为嫌疑人可以根据他们在模型中的优先次序被重新调查和重新询问。不管初始调查人员发现的嫌疑人的数量有多少，至少他们的存在为审查者提供了一定的方向。如果案件文档中没有被确定的嫌疑人，建议审查人员基于犯罪和犯罪现场指示绘制一个嫌疑人的行为侧写，并向联邦调查局暴力犯罪逮捕项目提交案件文档以寻求分析。在行为侧写之后，审查团队可能会，也可能不会在案件文档中找到与侧写所描述的相一致的人。然而，对于调查人员来说，重要的是要记住，案件的事实能促进后续理论发展，并且事实不能被篡改以适应审查人员形成的理论。

案件文档

如果上述可解性因素被发现存在于案件文档中，就可以使调查人员进入到模型的下一个阶段，即复制原始的案件文档并将其编入可管理的类别中。如本章前面所述，来自请求机构的案件文档的原始顺序必须被保持。审查小组应按收到时的准确顺序复制案件文档，以方便其原样返还给原调查人员或机构。在许多部门中，标准程序是，只有一个案件文档可供调查人员使用。这是为了集中所有相关信息，减少混乱和信息的丢失。分析一个冷案的优势之一是，所有与调查相关的信息都已经被集中起来，而且调查人员没有因大量线索的出现而要维持秩序的额外压力。然后，案件文档的副本被提供给作为审查团队成员的每个分析人员。

我们建议将案件文档的副本分发给每个团队成员。重要的是要认识到每个分析人员将以不同的方式开始审查。尽管每个案件文档将被编入相同的类别，但是每个分析人员将选择在案件的一个不同的点开始审查。因此，关键是每个团队成员在他们需要的时候都拥有完全访问该文件的特权，以便进行不受干扰的审查和分析。我们建议每个人拥有文档副本的第二个原因是，每个分析人员理论上给团队带来不同领域的专业知识。审查小组的每一个成员都将重点关注相对于其他类别的文件的特定部分（例如受害者研究、证据、时间线、陈述等）。因此，重要的是，每个团队成员都有自己的文件副本，以突出段落、做笔记等，而不会存在另一个团队成员不经意间干扰分析流程导致信息被泄露的可能。

阶段 I

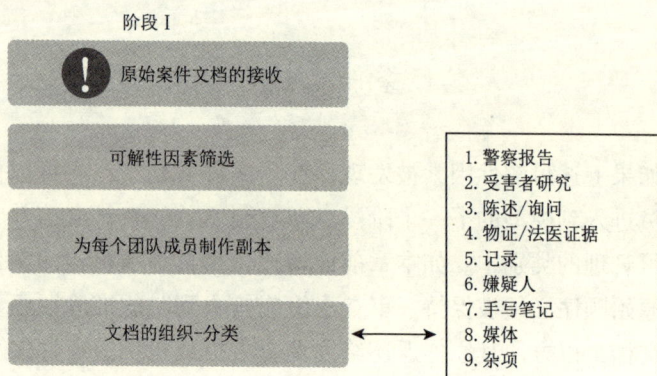

图 5.3 冷案评估模型，阶段 I，文档组织

原始的案件文档被复制，并且单个副本被分发给每一个团队成员后，一个最令人畏惧但最关键的冷案分析要素是案件文档的组织和分类。最重要的是，每个团队成员的案件文档副本都是相同的。这是因为当在调查计划中引用和参考信息时，进行跟踪调查的侦探必须能够求助于审查小组的任何副本，并且容易找到该信息的位置。

现在让我们来识别和讨论在冷案分析过程中建立的最常见的类别。

虽然不是所有的，但最常见的识别类别可以在图 5.3 中看到。重要的是讨论在每个类别中应当找到的内容。

官方文件

我们将从官方文件开始，这一类别是政府机构文件、许可证、传票和各种其它法律文件的汇编。本类别应由初始调查机构内部的部门间通信记录，以及初始调查机构和外部执法机构之间的任何通信记录组成。例如，如果调查机构要求从邻近的或联邦机构得到额外资源或检查记录，这些通信记录将在官方文件中找到。调查机构和地区检察官办公室之间的通信记录也将在这一类别中出现。通信流程的直观表示对于审查团队来说是有帮助的，因为它将展示机构之间交流的开放性、时间和程度。此外，这一类别将为审查小组提供一种概念，即在后续调查的背景下可能需要什么样的进一步沟通，并且可以在调查计划中包含所提到的观察和建议。我们建议用文档的类型来组织这个类别（例如部门间的通信记录、向其他机构发出的协助请求、许可证、传票、与地区检察官的通信记录等）。然后，子类别应该按照时间顺序，从最早的到最近的文档进行组织。

警察报告

应该在案件文档中编制的第一个类别是警方报告。这一类别应包括在最初调查期间，由原始调查机构中应对初始调查的警官、侦探和监察人员提交的所有报告。一般归档的警方报告将包括一份对犯罪报警的最初反应报告，以及在案件调查过程中采取的所有调查措施。这些报告通常都是庞大的，并且包含大量的对审查团队来说重要的信息。它们为调查人员提供初始调查的大致情况和范围。正如许多经验丰富的调查人员所知，当一个人审查调查的方向时，后见之明总是百分之百正确。下面的内容并不意味着是重要的，但简单地提醒了审查人员，什么样的信息在警察报告中经常显示出来。审查人员在事后能看到调查的方向：最初的调查人员是形成了狭隘视野，还是进行了一项合理均衡的调查？在最初的调查工作中，哪些是正确的，哪些可能是缺乏的？在调查过程中，有没有由于缺少身份证明或缺乏人力而没有被询问的嫌疑人？上述所有信息对审查团队的检查来说都是至关重要的，在对累积的警察报告进行分析时，围绕初步调查的其他事实可能变得明显。我们建议将这一类别按警察、侦探或监察人员的姓氏字母顺序进行排列；在每个人的分类中，这些文档应按时间顺序，从最早到最近的调查行动进行排列。

最后，我们注意到一些执法机构选择严格按时间顺序组织他们的冷案文件。尽管这是一种可接受的技术，但我们认为这种方法可能会导致审查小组研究的信息流中存在漏洞。我们建议警察报告部分按字母顺序排列，随后按照时间顺序组织，原因如下：当一个审查小组的成员能够审查来自每个调查人员的警方报告时，从他们调查过程中最早的到最近的行动，能揭示某些信息。团队成员可以用这种方式更准确地设想初始调查者的逻辑线路：为什么他/她追寻某些嫌疑人或线索？在审查过程的后期，团队将能够确定某一特定侦探或调查人员的调查路线是否合法和有充分的基础，或者它是否是转移注意力或狭隘视野的结果。不幸的是，正如执法部门的任何成员所知道的那样，狭隘视野确实存在并且在任何调查过程中都有可能发生。对审查小组来说，重要的是要记住这个事情，并且能够认识到它；不仅要把调查的焦点放回正确的轨道上，而且要防止由于有缺陷的调查基础而导致的进一步偏离正轨的情况出现。

受害者研究

对一个成功的冷案审查来说，第二个重要的类别是受害者研究。这一类别应当反映直接适用于凶杀案受害者的所有信息。在刑事调查的背景下了解案件受害者是最困难的，也是最有价值的冷案分析要素之一。如果调查人员不能敏锐地获知受害者在生活中的情况，他们就不能完全理解与犯罪行为有关的动机或嫌疑人。因此，这一类别包含的信息应该只与受害者的生活和生活方式选择有关。

陈述/询问

案件文档中下一个被识别的类别是陈述/询问。这一类别将反映证人、受害者熟知的朋友和潜在的嫌疑人提供的所有自愿的陈述/询问。至关重要的是，与调查相关的陈述/询问应被放在一个单独的子类别中，这将有助于审查小组迅速查明在陈述或者询问过程中所给出的陈述之间的任何差异或一致性。这在缩短嫌疑人名单上被证明是非常有用的，因为行凶者可能倾向于改变他们的陈述或事件的时间线。行凶者也可能在询问过程中或第二次询问时无意中透露犯罪细节。作者建议，在案例文件中编制这个类别时，按提供陈述的个人的姓氏字母顺序排列，然后按时间顺序，从最接近犯罪时间的陈述到最近向官方提供的陈述，对每个人进行排序。

物证/法医证据

物证/法医证据应该是在案件文档内编制的下一个类别。我们之所以如此专注于一种严格的科学模型，是因为它为审查团队成员提供了从每一个案件所固有的物理、行为和信息方面分析冷案的工具。该类别应包含与现场收集的物证相关的所有信息（包括所有犯罪现场报告）、根据所述证据进行的检验以及这些程序的结果。根据物证的数量，审查小组有权决定如何进一步编制这一类别。例如，如果发现了稀少的物证，审查小组就会谨慎地简单通过所发现证据的字母顺序进行分类，然后对证据和结果进行检验。相反，如果有大量与犯罪有关的实物证据，这一类别可能会涉及更多。审查小组可以将证据分解为不同类别，比如证据被发现的地点、证据是什么类型（如纤维、液体）等。无论采取何种方式，与犯罪有关的所有实物证据都必须以一种能提高效率和审查小组随时可用的方式被记录和组织。

记录

审查小组应该编制的第五个类别是记录。该类别可能包括如下内容：电话记录、犯罪背景调查和国家犯罪信息中心（NCIC）文件。该类别中包含的文档通常被证明对审查小组非常有价值。例如，受害者的一名朋友报告说在受害者死前不久，其与受害者没有任何接触，但电话记录可能会揭示实际上他们有联系。记录有能力确认或排除证人、受害者的朋友以及嫌疑人提供的不在场证据、时间以及事件版本。因此，审查人员应当认真对待和仔细研究它们。建议对这些记录按类型进行编制（例如电话记录、NCIC 文件等），然后根据当局获得记录的时间顺序进行排列。

嫌疑人

嫌疑人是应该编制的下一个类别。这一类别的内容实际上是经常流动的，并且如果个人被排除，或者审查者有理由相信其他人应该被包括在内，则这一类别在审查过程中可能会被修改。这一类别的最初发展取决于初始调查人员是否已确定嫌疑人。如果没有确定嫌疑人的话，建议仍然进行分类，但是在活页中留空直到在审查过程中，团队成员之间的定期讨论可能会促进确定嫌疑人时。这一类别中所包含的信息应该只与单个嫌疑人及其与受害者的联系有关。如果上述嫌疑人已经发表声明或已接受当局的询问，上述声明或采访副本应被制作并插入该类别。除了每个犯罪嫌疑人的声明以外，其他相关信息，如工作地点、职业、教育水平、居住地、熟人、前亲密伙伴以及犯罪前科，都应包括在内。构建嫌疑人的类别更像是构建受害者研究的类别。审查小组应该尽可能多地了解嫌疑人生活的环境，从而评估上述嫌疑人实施暴力犯罪的可能性，以及进一步被谈论的特定罪行。

手写笔记

手写笔记类别应该跟随案件文档中的嫌疑人类别。这一类别经常是偶然的，因为这些笔记的作者往往不认同自己。这一类别应包括在初步调查过程中调查人员所做的所有手写笔记。这个类别的表面看起来可能是多余的，但其实不是。手写笔记通常包含大量的信息，而审查团队在官方文件和报告的上下文中无法获得这些信息。手写笔记经常能够显示调查人员在案件中的真实情感、直觉或预感。这些理论和信念虽然不应该被认为是科学的或具体的，但也不应该被审查小组排除。在审查过程中，这些笔记可能会为团队稍后形成的理论提供支持，或者将团队指向之前没有考虑过的合理方向。如果可能的话，团队应该尝试进一步编制这一类别，或者按照组成笔记的个人的姓氏字母顺序排列；如果这是不可能的，也许它可以被编制成诸如理论、证据相关问题之类的主题类别。

媒体

案件文档中的第八类应该是媒体。这个类别包含了与犯罪有关的所有媒体报道。这可能包括报纸和杂志文章，电视片段的抄本，以及媒体报道的磁带和光盘。这一类别中包含的信息对于一个冷案的成功审查至关重要。根据所谈论案件的恶名，媒体报道可能已经普遍存在，或者可能几乎不存在。高关注度和低关注度的冷案都有优点和缺点。在一个引人注目的案件中，调查人员的主要优势是暴露度高，以及随着更多的人可能站出来，可解性潜在增加。一个高关注度的案件所固有的缺点也与高度的媒体曝光直接相关。由于大量的报道，调查人员可能会面临更多的挑战，比如应当保密的有关敏感信息被泄露给媒体，而转移注意力的话语和不诚实证人可能仅仅是为了寻求公众存在感。此外，正如琼贝妮特·拉姆齐案中的约翰·马克·卡尔，个人为寻求宣传可能会声称他们犯下罪行，并且可能表面上看起来是真实的，因为有泄露给媒体的大量敏感信息来证实他们的事件版本。审查小组应记住他们正在分析的案件类型，并迅速确定在媒体中呈现的案件事实，以排除阻碍成功审查的可能转移注意力的话语。

杂项

案件文档中经常包含的最后一个类别是杂项。这个类别虽然包含可能没有被类别化的信息，但这些信息在审查过程的稍后阶段可能会被证明是有用的。当我们在审查案件和在审查过程的某个节点时，已经有一些实例表明，一个来自杂项部分的文档补充了另一个报告、声明等，并且被正确地识别和归档了。原始的案件文档中所包含的任何文件都不应该仅仅因为它不适合而被简单地删除或丢弃，而应将文档归档到杂项部分，并在审查过程中留意可能相关的其他部分的文档。如果有必要，这个类别可以根据文档的类型进一步分类。

案件文档被适当地划分、分类和细分后，团队可以开始审查过程的下一阶段了。

阶段 II

介绍

本部分为读者提供了关于冷案评估模型阶段 II 的全面和深刻

的讨论。我们对阶段 II 的 5 个组成部分进行了识别和详细阐述，它们是常规的小组讨论、证据问题、证人清单、受害者研究和时间线。每一个组成部分都代表了冷案评估的关键初始阶段，并且必须以一种充满活力、仔细考虑和恭敬的方式进行。审查小组不应急于完成证据、证人清单、受害者研究或时间线构建，因为它们是一个评估成功的基础（图 5.4）。

图 5.4 冷案评估模型，阶段 II

评估模型

在审查期间，成功的冷案评估的关键在于定期的小组会议和团队成员的讨论。我们建议每周开两次会议，每次两到三个小时。但这可能不现实，应该调整以适应团队中的所有人。如前所述，理想的情况下，评估小组将由代表不同背景和才能的个人组成。团队成员的专业技能涉及物证分析、行为侧写、组织技能、询问和审讯策略等方面。评估小组也可能包括来自不同背景，具有不同专业知识的专业人士。在定期安排的小组会议期间，可以进行充分的讨论，而且不应匆忙行事，而应让每个人向小组做出各自的贡献。

编制好的案件文档被分发给每个团队成员之后，审查过程正式开始。可以合理地假设，不管案件文档的大小如何，在最初的阅读过程中，都有大量的信息需要消化。一个案件的文件量可能相对较少，但却充斥着必须由团队成员来考虑的信息和细微差别。考虑到团队成员的个人能力，我们建议审查人员在一周内彻底阅读文件内容。一旦调查获得有效推动，每个人将正常阅读案件文档。他们通常会在一天后回归文件，从他们的个人优势角度来处理这个案子，无论是物证分析、行为分析还是其他。团队管理者应该指导评估者做到这一点。这个过程方便获得对总体信息的概述，然后允许评估者制定他们的进攻计划，也就是确定他们的个人任务。

为期一周的阅读时间过去后，应该安排好第一次小组会议。第一次小组会议经常是充满活力的和混乱的。高能量环境是信息交换、新兴理论涌现等的直接结果。管理者应该在第一次会议上鼓励这种兴奋，而不是试图扼杀它。

在第一次小组会议中，应该指定一个团队成员来构建一个完整的案件文档的主名单数据库，这个数据库应包括文档中提到的每个人。主名单包括与调查有关的人员（如警官、侦探、监管人员）以及与犯罪本身有关的人（如受害者、受害者的朋友、嫌疑人等）。主名单应进一步分类，以协助最终负责进行后续调查的人员。主名单可以根据个人与案件的联系进行分类，例如执法官员、证人、受害者的朋友或嫌疑人。这些宽泛的类别应该被识别和构建，按个人的姓氏字母顺序排列。这可能是一项令人畏惧的任务，比如们审查了一个案件，在案件文档中有 1 757 个名字；必须注意细节。

子类别应该尽可能包括以下信息（当然是在案件文档的范围内）：姓名、出生日期、地址、电话号码、社会安全号码、是否已经接受执法人员的询问、询问日期、是否存在后续询问和询问的日期。为了对这些子类别进行补充，随着审查的开展以及评估者获得对案件更全面的了解，我们建议将动机、机会和手段添加到嫌疑人类别中。评估人员应列出每个嫌疑人可能有的不得不犯罪的动机，这可以以嫌疑人研究报告的构建为根据。案件的时间线结束后，审查人员有机会确定每一个嫌疑人犯罪的概率，并且最终确定嫌疑人可能会用什么样的手段实施犯罪。

这个主名单必须及时编制完成，最好是在审查过程开始后的一周至两周内。快速编制名单是非常重要的，这样审查团队就可以将副本分发给调查人员以供审查。此外，在评估过程中，这个列表可以在会议室中被突出显示以作为指引。主名单数据库的主要价值在于它能够揭示调查模式的不一致，并能为尚未充分开发的任何调查途径带来光明。在我们看到的一个案例中，三名嫌疑人被多次称为犯罪者，然而他们从来没有被警察询问过。这是警方的疏忽所致。在一个热门调查过程中，信息的流动和涌入有时对调查人员来说完全是压倒性的，要么是因为媒体曝光了案件，要么是缺少人手。此外，由于热门调查具有潜在混乱的性质，信息可能不集中。也就是说，调查人员可能根本不知道一个证人是否接受了询问，更不用说再次询问了。这种功能性障碍可能导致流动的、可靠的和潜在的关键信息的缺乏。如果评估冷案的小组随时可用这个主名单数据库，就能提供与案件文档中列出的每个人相关的高度集中的关键信息。在最终的调查计划中，评估者将能够根据优先级确定哪些证人或嫌疑人必须被重新访问和重新询问，或者识别那些从未被询问的人。

在主名单数据库完成后，小组应该讨论证据问题。对证据信息的处理应优先于与案件有关的受害者研究和时间线构建，因为后两项任务往往劳动更密集。记录和探索证据问题在逻辑上从调查人员提交的犯罪现场报告（图 5.5）开始。犯罪现场的类型（如户外场所、公寓、房屋、仓库等）将在审查过程后期协助调查人员缩小嫌疑人范围，这是基于嫌疑人对犯罪现场的接触和了解得出的。评估者应该简单地记录和研究在最初的犯罪现场处理过程中被观察并获得的所有物证。这可能包括模式证据（比如血迹、轮胎痕迹、鞋印等）、纤维（如被害人衣服上发现的外来纤维）、液体（如血液、唾液）、谋杀武器等。例如，在我们审查的一个案件中，在调查的更晚些时候，我们发现了被遗弃的受害人的车，推测是由谋杀她的人遗弃的。为了确定受害者是否是最后一个坐在驾驶员侧座来操纵车辆的人，该小组必须进行进一步的实验。因此，我们搜寻了当地二手车广告并联系了汽车经销商，以确定这位年轻女士的汽车的确切样式、型号和颜色。在这一倡议之后，我们团队中一个专门分析物证的成员重建了汽车中驾驶员侧座的位置。通过这一重建，团队能够确定，考虑到受害者去世时的身高和身材，她将无法在那个特定位置的座位上操纵车辆。因此，评估者在这一阶段要牢记的是，可能有必要采取进一步行动来解决证据问题，只要行动不以任何方式妨碍调查即可。这是十分重要的。

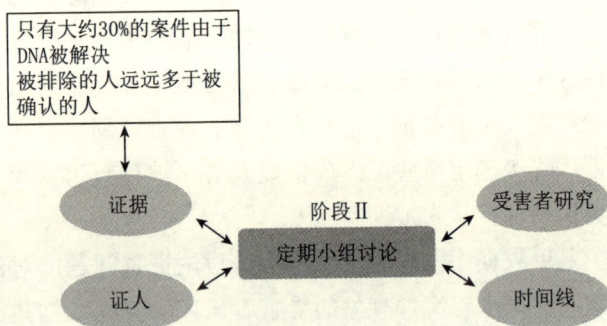

图 5.5　冷案评估模型，阶段 II，证据

与犯罪有关的物证的记录可以通过多种方式完成。我们建议使用两种方法来记录和展示来自物证的报告和发现：数据库和可视化流程图和/或图表。要构建物证数据库，以下类别必须被确定：证据类型（如纤维、液体、模式、弹道），证据的位置（证据在犯罪现场的何处被找到），对每个单独证据进行的测试及测试日期，对每个证据进行法医检测的结果，调查人员收到结果的日期，最后是由于法医技术的进步，现在可以完成的进一步的法医检测。在冷案审查期间，有很多次由于缺乏技术，证据没有得到处理，而且评估者应该在现有的法医学文献上进行最新的研究，这些文献概述了可能有益于他们案件调查的新的检测过程。如果评估者选择使用流程图和表格观地展示与他们的案件相关的物证（参见图5.6），那么一些建议是值得注意的。在直观地记录物证时，颜色编码非常有用。例如，在我们审查的一个案件中，一个团队成员制作了一个在调查过程中发现的纤维证据的流程图。为了更好地说明问题，纤维证据是用纤维被发现时的颜色进行编码的，这些颜色在流程图中用来代表纤维的颜色。

关于制作流程图和表格第二个必须被考虑的问题是，团队选择以人工方式，还是在计算机程序的帮助下制作这些图表，例如i2的记事本程序。[1]虽然该程序有惊人的组织能力，但是个人的创造性和组织技能的细微差别可以增加清晰度，并产生更令人印象深刻的视觉效果。如果团队拥有一个具有非凡技能的成员来制作这些图表，并且敏锐地关注细节，那么强烈建议使用这个人。

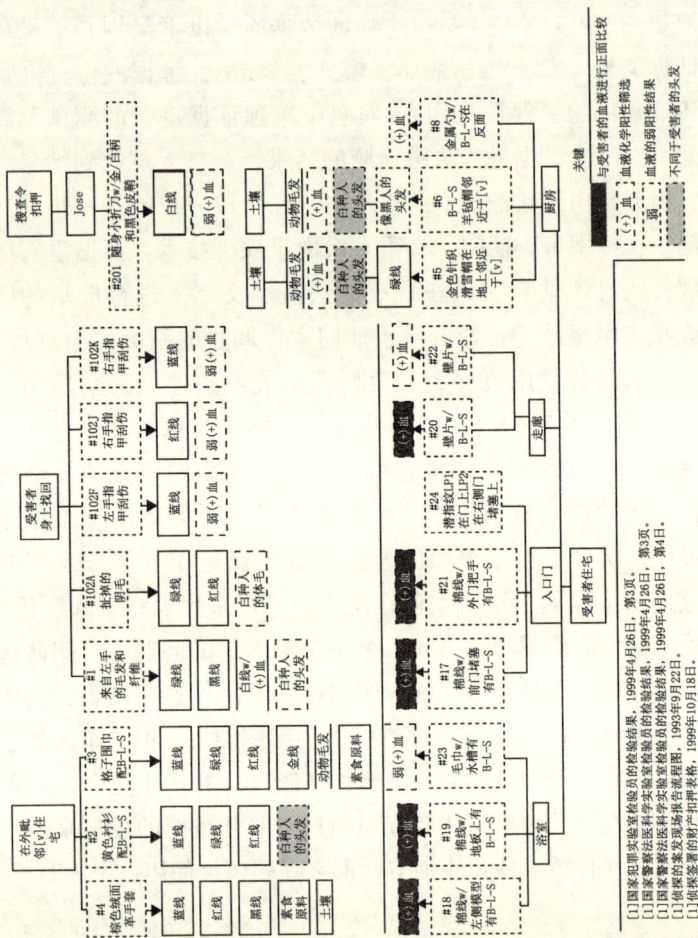

图5.6 冷案评估模型，阶段Ⅱ，受害者研究

[1]国家犯罪实验室检验员的检验结果，1999年4月26日，第3页。
[1]国家警察法医科学实验室检验员的检验结果，1999年4月26日。
[1]国家警察法医科学实验室检验员检验现场报告流程图，1993年9月22日，第4日。
[1]俄勒冈警署的财产扣押表格，1999年10月18日。

　　如果已经完成了主名单数据库和对相关证据的全面评估，可以准备建立一个全面的受害者研究报告。受害者研究报告的主要目的是向评估者提供一个受害者的人格、生活方式和成为凶杀暴力目标风险等级的基础。受害者研究报告是冷案审查中最令人畏惧的，也是最值得的部分之一。简单的事实是，如果你不了解受害者，你就不可能知道凶手是谁。尽管收集与受害者相关的所有信息并广泛地记录信息是一个令人筋疲力尽的过程，但在这个过程中能获得很多，因为它将缩小嫌疑人的范围。一份完整的受害者研究报告所包含的信息，应该有助于审查人员对受害者进行分类。例如，作为凶杀暴力目标的风险等级是多少？受害者是处于低、中还是高风险等级？这种分类可以由多种因素来决定。协助审查人员对受害者风险等级进行分类的主要因素可以被分为四个基本类别：职业生活、教育、个人生活和犯罪史。审查人员应该查找与这四个基本类别相关的信息，并将信息适当地编入案件文档受害者研究部分的子类别中。

让我们在更详细的层次上探索应该包含在四个基本类别中的信息。受害者的职业生活应该包括以下信息：受害者去世时就业的地点和类型，受害者在特定企业的持续就业时间，任何以前的就业地点和工作类型，以及受害者可能完成的与其职业相关的任何培训。这一子类别应当从受害者在死亡前最近的就业活动、地点和职业选择中组织起来，从而创造一种与犯罪有关的相关性层级。

与受害者教育有关的子类别应该按受害者获得的最高学历到最初级的教育水平进行组织。受害者所受的教育水平将有助于审查人员更清楚地了解受害者的推理能力和生活技能。例如，受过高等教育的人可能更警惕与可疑人物建立关系，或者不太可能和他/她刚遇到的陌生人离开派对。

第三个子类别与受害者的个人生活有关，在受害者研究报告中往往是信息量最大的。这个子类别应该包含与受害者的个人生活相关的所有信息。这些信息可能包括，但不限于：婚姻状况、交友情况、约会习惯、日常作息、锻炼习惯、任何药物使用情况、饮酒习惯、衣着风格、购物地点、喜欢的音乐和电视类型、最常使用的交通方式［例如汽车、公共交通工具（如地铁、公共汽车）、自行车等］、喜欢的阅读类型以及上网习惯（例如，他们会定期访问约会或拍卖网站吗；他们使用的邮箱类型是什么，如Hotmail 或 Yahoo；受害者有不止一个邮箱账户吗，他们在网上聊天吗，他们有一个 Facebook 账户吗）。这些信息将极大地帮助审查人员对受害者的生活方式做出准确描述，并进一步帮助审查人员将受害者分类为凶杀暴力的低、中、高风险目标。

受害者研究报告中的最后一个子分类是犯罪历史。此类别应包含与受害者在其一生中直接或间接参与的任何非法活动有关的所有信息。受害者的犯罪历史可能包括警方报告和对他们行为的定罪，也可能不包括，但无论如何，这将进一步表明受害者遇到暴力和过早死亡的风险等级。

前面提到的分类仅仅是对分配到该任务的评估者应该努力发现的信息类型的宽泛指示。一个冷案审查小组还应查找犯罪分类手册[2]，寻求关于编制一份全面的受害者研究报告的进一步信息。表 5.1 是一个受害者研究报告的示例。

在受害者研究报告完成后，评估小组应该对受害者、他的生活和他作为暴力目标的风险水平有一个更清晰的印象。这个团队现在有一个很好的工具来缩小与犯罪有关的嫌疑人范围。记住，如果你不了解受害者，你不可能知道凶手是谁。

表 5.1 受害者研究报告

Basic Information:
　Name: _____
　Date of Birth: _____
　SSN: _____
Descriptive Information:
　Gender: _____
　Height: _____
　Weight: _____
　Eye Color: _____
　Hair Color: _____
　Race: _____
Case Circumstances:
　Victim Last Seen at: _____
　Time: _____
　Date: _____
　Witnesses: _____
Residential History:
　Current Address: _____
　Length of Time at Current Address: _____
　List All Former Addresses: _____
Employment History:
　Current Employment: _____
　Position/Title: _____
　Job Description: _____
　Former Employment: _____
Education:
　Highest Degree Earned: _____
　Date: _____
　Name of Educational Institution: _____
　Other Degrees and/or Certificates: _____
Relationship(s) (Intimate):
　Current Boyfriend/Girlfriend/Spouse/Partner: _____
　Length of Relationship: _____
　Status of Relationship (Stable vs. Unstable): _____
　Criminal Histories (if any) _____
　Former Relationships: _____
Relationships(s) (Friends/Known Associates):
　Name(s): _____
　Address(es): _____
　Length of Time Known to the Victim: _____
　Type of Relationship: _____
　Criminal Histories (if any): _____
Weekly Schedule (Victim): _____
　Recreational Activities:
　　Preferred Music (Style or Artist): _____
　　Preferred Clothing Style: _____
　　Preferred Television Shows/Movies: _____
　Locations Frequented:
　　Restaurants: _____
　　Parks/Jogging Trails: _____
　　Gym: _____
　　Movie Teaters: _____
　　Shopping: _____

Grocery Shopping:	_____
Other:	_____
Internet Activity:	
E-mail Server (Hotmail, Yahoo, etc.):	_____
Screen Name(s):	_____
Websites Frequented:	
Did the Victim Chat with or Meet People Online?	_____
Criminal History (if any):	_____
Mental Health Concerns/Issues (if any):	_____
Anything Else Tat Might Be Relevant:	_____

　　阶段 II 的最后阶段是构建与案件信息相关的详尽和独立的时间线。团队成员必须构建几条不同的时间线，以确保犯罪的所有人员和要素都是按顺序说明的。我们建议团队成员构建与犯罪现场、受害者、受害者的朋友以及嫌疑人有关的时间线。关于证据，有一个问题是，这些时间线是应该手动完成还是应该在 i2 的协助下完成？完成这个任务时，我们几乎只推荐使用 i2，因为 i2 能使时间线以一个简单和完整的可视化形式表现出来，这可以仅仅通过点击一个按钮来扩充或改变，而非不得不进行手动调整。此外，i2 提供图形和插图（如房屋、企业等的图标），当评估者试图将犯罪和当前时间表周围的事件可视化时，这是非常有用的。

　　接下来我们将更详尽地讨论和检查应该由团队构建的个人时间线。我们建议构建的第一个时间线是受害者的。受害者的时间线应从案件文档中记录的受害者的最早行动日期开始。这可能早至受害者被谋杀前的几个小时，也可能远至犯罪之前的几天或几周。受害者的时间线应该包括在这段时间里受害者的工作安排，参与的任何休闲或娱乐活动，与其他人的接触（在时间线中指出这些人以及日期、时间、接触的原因是重要的），可能经历过的任何重大的情感事件，任何药物和酒精的使用，约会习惯或婚姻状况，以及可能参与的任何非法活动。虽然构成时间线的元素是广泛的，但它们绝不是多余的。每一个元素都有可能让评估者更了解受害人在死亡之前的身体运动、情绪状态和人际关系。

第二个时间线与犯罪现场本身有关。这一特定时间线的构建，可能只有在现场是一个户外地点或是一个适合步行或大量车辆经过的地点时才有必要。进一步说明这一点的是一个 16 岁救生员的案例，她在马萨诸塞州的一个泳池被绑架，随后被谋杀。三年后，这名年轻女子的遗骸在离泳池 5 英里的树木繁茂的山坡上被发现。迄今为止，在该案件中没有人被捕。在这个例子中，有两个犯罪现场：那名年轻女子被绑架的泳池和她的遗体被发现的山坡。也存在有第三个犯罪现场——袭击和/或谋杀发生的现场——的可能。在有多个犯罪现场的情况下，为每一个现场创建一个时间线可能会对评估者特别有用，因为犯罪相关的事件和特定嫌疑人与每个现场的接触能被澄清。在上述案件中，不知道调查人员是否构建了这些现场的时间线，因为这个案件仍然是活跃的，并且记录无法被获得。然而，我们还是会将这个案件作为构建犯罪现场时间线的一个例子。

在年轻的救生员消失前的 24 小时内，她的母亲在泳池的停车场里看到一个人独自坐在一辆白色车里。那人形迹可疑，抽着烟，密切关注着那个女孩。在接下来的几个星期里，目击者出来说他们也在绑架前的几天看到了那个人和那辆白色的车。因此，在这个例子中，犯罪现场本身的时间线是相当重要的。尽管不清楚白色车里的人是否实施了犯罪，但他在案发前的几天中出现在现场，对调查人员来说确实很重要。第二个犯罪现场是树木繁茂的山坡，这里是猎人经常出没的地方。事实上，最终是一位猎人在山坡上发现了这名年轻女子的泳衣。在这样的情况下，明智的调查人员可以在山坡的道路上询问当地的所有猎人和狩猎俱乐部的成员，以确定他们是否想起了在案发时间范围内的任何可疑的东西。此外，狩猎季节的时间线可能会对调查人员有利。

如前所述，评估者需要确定犯罪现场是否适合构建时间线。如果现场的时间线是必要的，评估者应该看一看现场周围的交通模式（包括行人和车辆）：在一天中的哪些时候，现场周围的人群密度最大；什么样的人会访问现场（如"足球妈妈"和毒品贩子，这可能进一步表明调查人员正在寻找的犯罪者的类型）；最重要的是了解在案发前后现场发生的活动。

评估团队完成的最后一系列时间线是关于文档中各种各样的被确定名字的嫌疑人的。在审查过程的稍后阶段，产生关于嫌疑人的额外时间线可能会成为必要，因为在冷案评估中经常会加入额外嫌疑人。这是因为随着评估的进行，围绕犯罪的进一步事实、情况和动机变得更加明显。为每个嫌疑人构建时间线的主要好处是，已经完成的时间线将更好地为评估者描述每一个人的前、中、后犯罪行为，即每个人是如何行动的，以及他/她在犯罪之前、期间和之后所做的事情。在第十章中，我们将进一步讨论前、中、后犯罪行为的发展。

要记住，评估者应该为嫌疑人创建时间线，就像受害者的时间线一样。因此，嫌疑人的时间线应该包括以下几点：嫌疑人的职业和工作计划，参加的休闲活动，交友习惯或婚姻状况，住宅地点和类型，任何药物和酒精的使用，情绪状态（发生在他们生活中的任何重要的情感事件，例如分手、雇佣关系终止），与受害者可能有的任何联系（包括日期、时间和联系原因）。在犯罪后的时间范围内，这些也许更能表明嫌疑人的有罪或无罪。这就是所谓的犯罪后行为。嫌疑人的时间线将帮助评估者确定一个人可能不得不实施凶杀的动机、机会和手段。时间线完成，应该在会议室中突出显示。调查人员将利用时间线，提供每个人行为的可视化表示以及一个快速的参考点，来抽查不在场证明、陈述等的有效性。

现在我们将简单地回到小组讨论的问题当中。读者可能会好奇前面描述的过程是如何在一组动态中展开的。在一个冷案审查过程中，经常是一个人被指派去编制一份受害者研究报告，一个人被分配去分析证据问题，而另一个人则必须完成时间线的构建。由一名主管指定特定的团队成员完成这些任务，完全是基于团队成员的背景和他们的相关专业知识或兴趣。这些决定并不主观。提到这点很重要，因为在冷案分析中，一些任务被认为比其他的更"迷人"。例如，对嫌疑人的行为分析，有些人称之为"剖析"，通常是评估中一项理想的任务，因为犯罪剖析受到媒体的高度赞扬。然而，对一个冷案评估的每个组成部分的重要性怎么强调都不为过。从建立一个主名单数据库到开发询问和审讯策略，每项任务都在审查过程中起着不可或缺的作用，并且每项任务执行的效力和细节对一个成功的评估和后续调查而言都是至关重要的。因此，尽管个人被分配去完成评估的各个部分，但最终的结果是团队的努力成果。

定期的每周例会是必要的，因为在一组动态背景中，讨论常常会使大家发现一些细微的差别，而个人先前可能没有发现过这些细节。因此，在每一次分析（主名单数据库、证据问题、受害者研究和时间线）中，小组应该作为一个集体来讨论发现的东西，并试图提取进一步的信息以充实最终的报告。作为一名主管，你应该记住，在这些讨论中必须维持秩序，每个人都应该有时间来表达自己的观点。请记住，团队成员是彼此的共鸣板，而管理者仅仅是裁判员，应确保所有的理论和可能的异议或建议被仔细考虑，而不是被敷衍地驳回。

团队完成主名单数据库，分析证据问题，完成受害者研究报告，并构建详尽的时间线后，可以进入阶段Ⅲ和阶段Ⅳ了。

阶段Ⅲ和阶段Ⅳ

介 绍

本节将对有关第一个冷案模型的讨论进行总结。这里给出了阶段Ⅲ和阶段Ⅳ需要完成的任务。这两个阶段被融为一个部分，因为最后两个阶段比与阶段Ⅰ、阶段Ⅱ的联系更紧密。首先，我们讨论阶段Ⅲ，包括关系图的构建、嫌疑人研究报告、逻辑树和询问策略，所有这些都穿插有小组会议和团队协作（图5.7）。阶段Ⅳ开始于对案件文档中确定的嫌疑人的分析。根据评估者相关的支持和反对意见，嫌疑人从最高到最低的优先级排列。评估模型的最后阶段包括前、中、后犯罪行为的发展，因为它们涉及每个嫌疑人。在此之后，评估者将根据后续调查制定一个调查计划（图5.8）。最后，评估者将编撰一份官方评估报告提供给调查人员（图5.9）。

图5.7 冷案评估模型，阶段Ⅲ

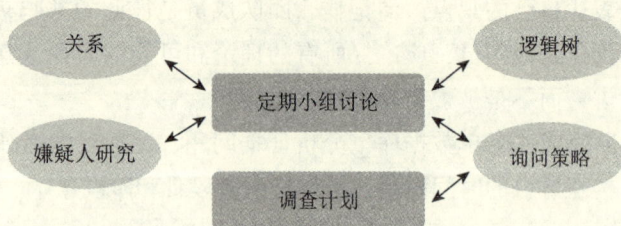

图5.8 冷案评估模型，阶段Ⅲ，扩展的

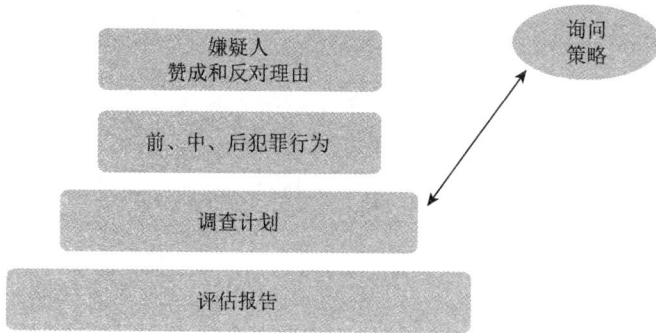

图5.9　冷案评估模型，阶段 Ⅳ

阶段 Ⅲ

在这个阶段，评估者要完成的第一项任务是构建关系图。这些图表可以帮助评估人员和进行后续调查的官员了解受害者、嫌疑人及他们的社交关系的范围、性质和背景。这些关系图还可以为凶杀的可能动机提供一些线索，并将在阶段Ⅳ为前、中、后犯罪行为的构建做出贡献。关系图的发展类似于证据流程图的创建。关系图应以一种简单、合乎逻辑的方式构建，就像证据流程图一样，它们很容易被直观地理解，并被分解成可管理的数字。在评估过程中不可避免地会发现一些关系，然而最主要的关系，如受害者和被确定的嫌疑人之间的关系，必须被审查小组最彻底地审查和清理出来。为了做到这一点，评估人员应该尽他们的最大努力，根据可用信息，记录与案例文件中每一个中心关系相关的如下信息：

受害人和嫌疑人是如何和何时相遇的；

他们的关系背景是怎样的（如，他们是不是朋友、同事、家人）；

关系的持续时间是固定的还是时断时续的（他们是否总是保持联系，或者是否有争吵中断了关系）；

关系中的任何动态是否在某个时间点发生了变化（关系总是柏拉图式的，还是两者变得亲密）；

双方之间的任何沟通（电话、短信、信件、电子邮件、面对面会议）；

双方在关系持续期间的物理位置（地址、就业地点等）。

一旦以上信息被评估者记录下来，就会面临将这些事实以可视化形式展现出来的任务。与证据图表和时间线相似，评估者可以选择关系图被可视化表示的方式。如果团队中没有人能够构建连贯、简洁和美观的图表，那么应该利用 i2 程序。单个关系图可以采用几种格式。我们建议使每个图表尽可能独特和具体。例如，如果在受害者和一个嫌疑人之间有电话、信件等的广泛沟通，那么可以构建一个单独的关系图来描述这些沟通。无论关系图的内容是什么，都应当在文档中心确定正在被分析的处于关系中心的个人。如果可能的话，也应当包括这个人的一张照片。从那里，一个蜘蛛网般的信息网络应该从个人延伸到与嫌疑人、同伴等的关系。

每个图表还应该在底部包括引用信息，标明在案件文档中所收集到的信息的来源，以方便后续调查人员进行交叉引用。

创建关系图之后，还必须构建逻辑树。逻辑树在某种程度上不同于证据流程图和关系图，因为它们主要用于展现犯罪的各种场景。随着评估案件文档的不断完善，犯罪理论将不可避免地被团队成员建立。评估者必须记住，理论必须与案件事实一致。评估者不能歪曲事实信息的背景，以使被歪曲的事实符合他们自己的犯罪理论。这是调查过程中经常发生失误的地方，可能会破坏一项合法的调查。一个案件的事实必须在理论的发展中使用，并且必须在逻辑树中被适当地引用。有关犯罪情节发展的逻辑树可能与围绕犯罪的一系列事件或某个嫌疑人有关。例如,在我们审查的一个案件中,一个团队成员构建了三个独立场景的逻辑树。尽管每个场景都是独一无二的,而且与其他场景截然不同,但是通过逻辑树的布局我们清楚地看到,每个场景都不可避免地指向一个不能被排除的嫌疑人。通过这种方式来直观地描述场景,反映给后续调查人员的即是这个特殊的嫌疑人具有最高的优先级。这个逻辑树是在图中心的嫌疑人的基础上构建的,还有围绕这个嫌疑人的三个场景。在未来的某个日子,如果案件被法院审理,这个逻辑树场景可能是一个非常有价值的确证。最终的格式可能类似于图 5.10。

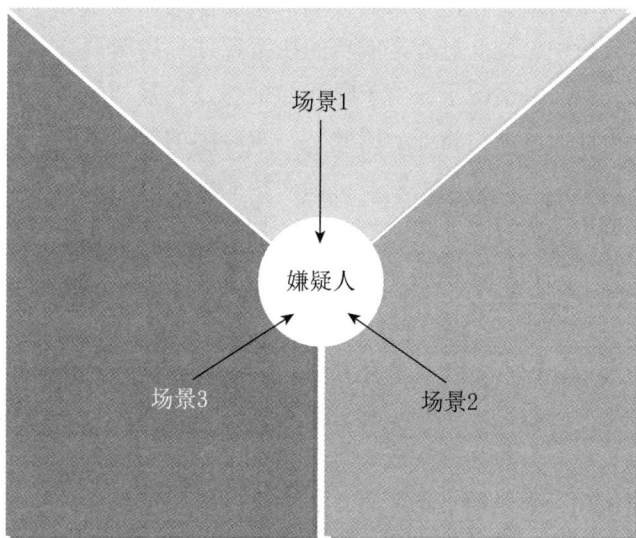

图 5.10 具有多种犯罪理论的嫌疑人模型

制定嫌疑人报告是评估者必须完成的阶段 Ⅲ 的第三项任务。制定一份嫌疑人报告与完成受害者报告的过程相似。嫌疑人报告和受害者报告的一个关键区别在于，创建嫌疑人报告时，必须特别注意嫌疑人与受害者的接触以及与受害者关系（如果有的话）的背景。嫌疑人报告应该简单地有组织地记录与嫌疑人有关的所有信息，与犯罪的受害者有关和无关的真实信息，如全名、出生日期、犯罪史、教育经历、就业情况、婚姻状况或约会习惯等信息，应当被包括在这个报告中。应该在嫌疑人报告中创建子类别，以将潜在的大量信息分解为可管理的部分。这一信息的分解也有助于后续调查人员进行调查。正如你将在第 10 章看到的，你收集的所有与可疑研究有关的数据将有助于填补前犯罪行为和后犯罪行为的空白。这些数据还应该协助调查人员确定犯罪者的亚类型。

阶段Ⅲ的最后一部分是制订询问策略。我们观察到，在不同的冷案分析中，询问过程是成功的冷案评估和后续调查的中心组成部分。在某些情况下，由于时间的推移或在最初的调查中收集不足，可能无法获得物证，因此，一个冷案的解决可能完全依赖于令人信服的、成功的询问。正确而精心地进行询问的重要性怎么被强调也不为过。此外，与收集证据一样，调查人员只有一次机会获得询问权。如果这个过程以草率或笨拙的方式进行，嫌疑人可能会聘请律师并拒绝进一步交谈，或者证人可能会沉默寡言并拒绝交谈。因此，制订有良好组织的、全面的、个性化的询问策略是绝对必要的。被指定为有关嫌疑人和证人制订询问策略的团队成员最好有行为分析或心理学方面的背景。此外，这个团队成员应该拥有大量的直觉技巧，因为询问策略的细微差别是通过衡量一个人对给定的提问、措辞和物理环境的反应产生的。对于冷案，调查人员比以前拥有更多的信息优势，比如更多关于后犯罪行为的细节。询问和审讯的话题在第 11 章有详细的说明。

要为一个嫌疑人制定询问策略，就必须对他的类型进行分类。也就是说，他们是权力—自信、权力—安抚、愤怒—报复等类型吗？对这些类型的进一步描述可以在第十章中找到。嫌疑人最初被确定为这些类别中的一个，对一个成功的询问来说是最重要的，因为特定的策略与每一个类型相关。例如，一个权力—自信型的人，他感觉优越和自我受到刺激是很重要的。因此，诸如"她让它到来的"或"所有女人都是可怕的"之类的陈述将被证明是有效的。又如，对于权力—自信型的罪犯，谋杀并不算数，除非有人知道。罪犯想吹嘘自己的行为，调查人员应该通过允许他夸耀自己的事迹，利用这种自负的弱点来进行调查。

一旦指定了类型学分类，制订策略的团队成员必须完成其他几项任务。第一个是建议的询问时间线（例如，调查人员是应该直接控告这个嫌疑人，还是应该花时间简单地和他谈论他的生活、工作、爱好等）。根据嫌疑人的类型，询问的进程是非常重要的。询问策略的下一个要素是确定谁应该进行询问。调查人员应该是男性还是女性？他们应该是年轻人还是中年人？应该有一个还是两个询问人员在场？他们应该穿制服还是便装？如果穿着街头服饰，是否有一种特殊的着装风格可能吸引到被询问的人或者让他更自在？所有这些因素都取决于被询问主体的个性，应该被仔细考虑；如果主体不能感到轻松，不信任或者怀疑询问人员，询问都将会失败。

评估者制订询问策略必须考虑的第三个因素是询问室的适当的物理安排，即对什么样的环境，被询问主体会有最佳的反应，什么样的环境才最有可能帮助引出有罪供述。询问室的物理安排中所涉及的因素如下：询问应该在警察局，在主体的家，在主体的工作地点，或者在其他地方进行吗？在一个案件中，一个主体告诉调查人员，他不想让已经过世的父亲失望。所以调查人员把这个人带到他父亲的坟墓前，给他机会承认罪行并为他不慎重的行为向他父亲道歉。因此，询问的地点被证明是非常重要的。做出有关询问地点的决定之后，必须考虑房间的装饰问题。如果询问将在警察局举行，那么是把这个人放在一个简单的审讯室里，仅仅有一张桌子和一把椅子，还是在一个更舒服的办公场所呢？哪种情况会更有好处呢？询问人员和主体之间有一些东西，比如一个桌子，或者没有什么东西把两者分开，来显示更强烈的亲密感和压力，会对询问过程更有好处吗？主体是对在房间里出现的案件附随物品有反应的人吗？这些物品可以是墙上或桌上的受害者的照片，也可以是一个密封的证据袋，里面也许是受害者的附属品或者谋杀凶器。询问室的温度也必须考虑。主体更容易对极热或极冷环境做出反应吗？

最后，必须考虑询问的时间。这里并不仅仅指一天中的时间，而是指在后续调查背景下的时间。例如，如果调查人员希望引起媒体的注意来帮助解决案件，在媒体报道的闪电战之前还是之后询问主体会更有帮助呢？

正如前文描述的那样，询问中的所有细微之处可能听起来都很乏味，事实也确实如此。然而，询问过程的每一个细节都必须被仔细考虑，因为遗漏或增加一个因素都可能会促进或中断调查人员的询问。这些关于询问策略的信息与第 11 章中出现的信息相吻合。

阶段 IV

阶段 IV 是评估模型的最后阶段，在这个阶段，之前创建的所有图表和文档都被编制成一个累积评估报告，以指导后续调查。然而，在编制评估报告之前，必须确定三个因素：嫌疑人（赞成和反对的理由）；前、中、后犯罪行为；调查计划（图 5.11）。

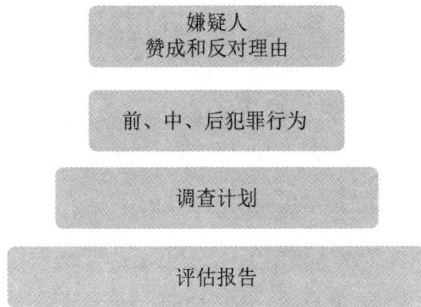

图 5.11　冷案评估模型，阶段 Ⅳ

　　让我们从与每个嫌疑人有关的赞成和反对理由的发展开始。读者可能会想，为什么作者选择以赞成和反对理由的发展开始这个阶段，而不是以前、中、后犯罪行为开始呢？在发展每个特定嫌疑人的赞成和反对理由时，每个清单中的要素都将在阶段 Ⅳ 的第二迭代中极大地帮助前、中、后犯罪行为的发展。例如，如果在一个嫌疑人的赞成理由清单上，被列出的一项是这样一个事实，即这个人在犯罪之后直接离开了附近地区，这个行为可以在下一个阶段被插入到嫌疑人后犯罪行为的类别中。

　　让我们检查案件文档中应当被包括在每个嫌疑人的赞成和反对理由清单中的要素和事实。这个清单应当主要包括动机、机会和与每个主体有关的手段。每个人的清单应当在团队指定工作区的墙上通过一大张牛皮纸直观地显示出来。在这些清单的发展中，小组讨论是一个重要的动态，并且所有的团队成员应当能够和被鼓励参与这个过程。

　　清单中的赞成部分应该包括表明主体可能犯下罪行的所有事实。这些信息可能包括但不限于，主体的动机，犯罪时的物理位置，与受害者的联系，犯罪之后的牵连行为（例如，离开犯罪发生的区域，将他自己卷入到调查中），可能有的犯罪机会，以及能够使用的犯罪手段。

　　清单上的"反对"部分应该包括个人参与中的疑点、相矛盾的陈述或环境等与案件有关的所有事实。这个清单可能包括但不限于确认的不在场证明、缺乏手段、缺乏动机（或重大动机）、缺乏机会等问题。评估人员可能注意到缺乏明显的前、中、后犯罪行为，而这些涉及主体可能是无辜的问题，这也是清单的一部分。应该为每一个确定的嫌疑人创建一个单独的列表，并提供一个参考列表，以便在案件文档中找到列表中提到的每一个事实。通过列出某个人的反对理由，调查人员把自己放在了魔鬼代言人的位置上，而且很可能会为自己找到律师假设的辩护理由。你可能会领先一步，并且超出任何合理的怀疑来证明你的案件。

　　阶段 IV 的第二部分是前、中、后犯罪行为图表的建立，因为它涉及每个嫌疑人，从行为上最能说明特定嫌疑人参与了犯罪。尽管大家承认，在大多数情况下，一个人的基本人格在其一生中保持一致，但是必须考虑到，包括极端压力、愤怒、抑郁、兴奋、激动或任何其他极端情绪在内的情形可能会引起个体性格和个体行为的突然变化。这种极端的情感体验及其对嫌疑人行为的影响，说明了为什么前、中、后犯罪行为图表对于一个成功的冷案评估至关重要。凶杀案是极端的、原始的、情感负荷/本能的事件。凶杀案的罪犯在犯罪之前、期间和之后经历了大量的极端情绪。

　　在犯下罪行之前，行凶者可能会从受害者身上感觉到一些东西，比如愤怒、欲望。在犯罪过程中，行凶者可能会感觉到愤怒、喜悦、恐惧或性满足。在谋杀之后，行凶者可能会感受到性满足、轻松、恐惧、愤怒或一般的放松和一种平静感，这取决于其心理构成。这种情绪不可避免地被转化为一系列的行动。因此，这些由行凶者在凶杀之前、期间和之后做出的选择和行为都与情绪状态直接相关。评估人员在构建每个嫌疑人的前、中、后犯罪行为图表时必须记住这一点。一个主体的情绪状态和由此产生的行为之间的关联是至关重要的，因为从前犯罪行为到后犯罪行为的行为模式变化程度常常表示有罪或无罪。也就是说，一个嫌疑人表现出的情绪状态和行为上的变化越大，其参与犯罪的可能性就越大。最后，请参阅第 10 章，详细了解嫌疑人识别程序是如何进行的。

现在让我们检查在前、中、后犯罪行为图表中应当被考虑的因素。在图表的前、后类别中包含的要素是相同的。这两类应当包括以下内容：就业（如果有的话），婚姻状态和/或约会习惯，地址，嫌疑人的外貌（例如，在犯罪前他们有大胡子或者小胡子，而在之后剃掉了，以掩盖他们的身份），使用的交通工具（他们在犯罪前有一辆车，而在犯罪后丢弃了），任何药物和酒精的使用（这个人在犯罪前不喝酒或使用毒品，但在之后开始，反之亦然），犯罪活动等。评估者最终将嫌疑人从最高到最低划分优先顺序，并且每一个嫌疑人从前犯罪行为到后犯罪行为的转变程度是确定优先级的一种手段。

中犯罪行为是独立于每个嫌疑人的。也就是说，评估者并不是关注每个嫌疑人的行为，而是看犯罪中明显的行为。因此，在为任何嫌疑人编制前、后犯罪行为清单之前，评估小组都必须仔细检查犯罪现场的证据（照片、录音带等），并确定在现场哪些行为可以被看到。在犯罪现场，首先要考虑的是受害者。他/她成为凶杀暴力受害者的风险是什么等级？例如，她是一个已婚的教师，拥有三个孩子和一个稳定的家庭，还是一个妓女？定义这一行为将有助于评估人员确定犯罪是针对个人的还是随机的。第二个必须考虑的因素是现场的物理位置。犯罪是在家里、室外还是一栋废弃的建筑物里等地方发生的？这将帮助评估人员确定犯罪的个人性质，以及行凶者为实施犯罪愿意承担的被暴露的风险。关于犯罪现场，必须考虑的第三个因素是犯罪发生的时间。
凶杀是发生在白天的繁忙街道还是夜间的树林中，将告诉评估者
有关犯罪的风险等级。例如，读者可能会回想起前面提到的关于
马萨诸塞州年轻救生员的案例。这名年轻女子是运动员，她在一
个公共泳池被绑架，在早上 10 点有一个非常狭窄的机会窗口。
所有这些事实都表明，无论是谁绑架并谋杀了这名年轻女子，都
愿意冒很大的风险，因为这个现场有高度的可见性，且受害者是
一个强壮的、有能力的运动员。必须分析的犯罪现场的第四个要
素是受害者被谋杀的方式。他们是被枪击、被刺死、被勒死（手
还是绳子）的，还是被淹死的？调查受害者死亡方式的主要目的
是进一步减少调查人员寻找的嫌疑人类型。例如，如果受害者是
被枪击的，则表明对受害者的暴力行为可能是随机的，或者犯罪
者不希望太接近受害者来实施犯罪行为。相反，如果受害者是被
勒死的（特别是手动的），则说明嫌疑人对调查人员来说是一个
完全不同的类型。行凶者想要从受害者身上感受到生命的流逝。
扼死是一种带有强烈的个人彩色的杀人方法。与受害者是如何被
谋杀的一样，评估人员还必须注意是否存在过度的杀伤。例如，
如果受害者是被刺死的，是有 1 处或是 2 处刺伤，还是有 20 处或
30 处以上，远超过对受害者造成致命伤害的必要？过度杀伤表明
行凶者在行凶时处于极度愤怒状态。这种情绪可以与前犯罪行为
和后犯罪行为相关联。犯罪现场所有微妙的（有时甚至不那么微
妙）、潜在的心理因素，都可以通过这些事实呈现出来。在这个
阶段，小组讨论是非常重要的，因为直觉的和事实的信息都是被
利用的和必要的；因此，一个群体比一个被指定完成任务的个人
更能补充这些分析要素。

　　前、中、后分类的元素被确定后，我们需要检查评估人员如
何应用这三类知识，以便在从低到高的优先级范围内确定嫌疑

人。如前所述，在大多数情况下，为了把一个嫌疑人归为调查人员高度优先考虑的类别，在前犯罪行为和后犯罪行为之间的钟摆上，一个明显的和相当大的转变必须是突出的。除此之外，前、后犯罪行为必须与中犯罪行为类别中包含的行为证据相关联。也就是说，评估人员必须确定犯罪中的心理证据以及犯罪现场本身是否与嫌疑人的心理结构一致。在前、中、后犯罪行为图表的发展阶段，建议评估人员在关联行为之间画线。图5.12是描述这个过程的图表。在这个图表中，假设嫌疑人是受害者的前男友。（这个现场并不反映任何实际的案件，仅仅用来作为对读者的视觉辅助。）正如图表所展现的，主体行为在犯罪前阶段和犯罪后阶段之间急剧转变。例如，在犯罪之前，他被雇用，没有滥用酒精和毒品，并且有携带隐藏武器的许可。在犯罪之后，他被解雇，开始滥用毒品和酒精，搬到另一个州，并且没有更新他携带隐藏武器的许可。这些引人注目的行为改变表明，主体有实施犯罪的优先级。

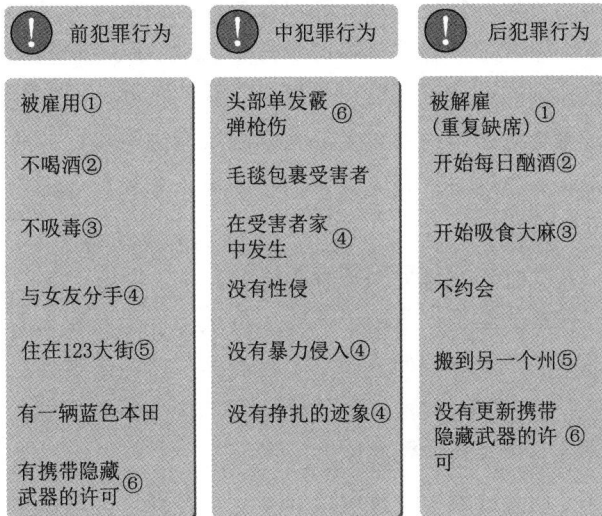

前犯罪行为	中犯罪行为	后犯罪行为
被雇用①	头部单发霰弹枪伤⑥	被解雇（重复缺席）①
不喝酒②	毛毯包裹受害者	开始每日酗酒②
不吸毒③	在受害者家中发生④	开始吸食大麻③
与女友分手④	没有性侵	不约会
住在123大街⑤	没有暴力侵入④	搬到另一个州⑤
有一辆蓝色本田	没有挣扎的迹象④	没有更新携带隐藏武器的许可⑥
有携带隐藏武器的许可⑥		

图5.12 前、中、后犯罪行为模型

正如读者可以观察到的，在前、中、后犯罪行为之间有几个高度相关的内容。相关内容的数量和相关程度将向负责后续调查的官员表明嫌疑人作为被考虑对象的优先级别。

对绝大多数案件来说，在犯罪阶段之间的行为转变程度越高，嫌疑人牵涉其中的可能性越高。此外，在连续调查中，侦探还应该考虑嫌疑人的前、后犯罪行为的一致性。尽管他们的生活因犯罪而被打断，但他们的病理和他们的行为模式仍然保持一致吗？

在编制评估报告之前，由冷案评估小组完成的最后一项任务是制定全面的调查计划。调查计划旨在指导负责后续调查的官员，引导其朝着适当的方向进行调查。调查计划也被用来描述调查人员应该考虑完成的任务，从最高到最低优先级排序。分配给每个类别的优先级将不可避免地因案件的不同而变化。例如，在一个案件中，物证的质量似乎随着时间的推移而退化，评估者会建议调查人员不要把太多的希望或重点放在证据处理上，而是从询问开始。累积调查计划被分解为与案件文档指定类别相似的类别。审查小组认为可以适时添加或省略类别。以下是我们在审查中最常包括的类别：记录检查、物理搜索、询问、证据和媒体。

记录检查是必须由调查人员完成的所有进一步记录收集的代表。通常认为，这是首先应该做的，因为犯罪和其他记录可能会对已经发生改变的关系（因此个人可能更愿意站出来）、犯罪活动的水平和频率的变化等问题有所启示。

物理搜索的类别仅适用于评估人员认为可能发现与犯罪有关的补充证据的情况。例如，如果受害者的尸体还未被找到，但评估人员已经发现了一些被确定的嫌疑人经常光顾的地方，则应当由调查人员进一步检查这些地点。

询问是调查计划中应该包括的第三个类别。这里也很重要的一点是，要注意对调查人员来说，建议的询问顺序和时间是什么。也就是说，要注意什么是能产生最好结果的最有效的策略。例如，如果试图对一个嫌疑人施加压力，调查人员可能理应从询问嫌疑人的朋友开始，然后向同心圆内部他最亲密的家人和朋友移动。这样，主体知道他正在被调查，而且由于调查者还没有和他交谈，他的焦虑程度可能会上升到使他犯错误并被捕的程度。因此，询问的顺序和时间以及要求调查人员遵循该顺序和时间是调查计划的重要组成部分。

调查计划中包括的第四个类别是证据。这一类别通常涉及对原始证据的重新检测，以及由于技术进步而完成重新检测的能力。负责完成对案件文件中提到的物证进行分析的团队成员必须在调查计划中指定被推荐的具体检测。这样，当调查人员进入实验室进行额外测试时，他们可以确切地知道自己需要什么。

媒体是被纳入调查计划的最后一个类别。冷案通常是易变的。也就是说，随着时间的推移或一个热点消息出现，媒体对冷案的关注会产生波动。考虑到这一事实，如果调查人员处于死胡同，并且正在寻找引起公众关注的方法，那么媒体就是一个很好的选择。因此，如果评估者认为这是相关的，他们应该在调查计划中包括这一点，特别是什么样的媒体安排可能是有帮助的（例如，一个新闻发布会，一个与侦探面对面的采访）。可以积极利用媒体资源帮助解决冷案的一个很好的例子是坎德拉·列维案。2008年夏天，《华盛顿邮报》刊登了连续12周的系列文章，以宣传坎德拉·列维案。文章广泛报道了受害者的生活、被谋杀的事实、调查过程以及嫌疑人。因此，媒体对调查人员来说是一个极好的资源，也是在一个冷案中引起公众兴趣的好方法。

完成调查计划之后，应将评估团队创建的所有文档编制成一个累积评估报告。这份报告应该是有条理的和专业的。报告应该专业装订，最好是螺旋式装订，这样小册子可以在打开的时候平铺。报告的内容应该被分类并贴上编号的标签，然后在报告开头的目录中加以标识。评估报告包括在评估过程中制作每一份文件。它应该包括证据，受害者研究，证人清单，时间线，关系图，逻辑树，嫌疑人报告，询问策略，前、中、后犯罪行为图表，嫌疑人（赞成和反对理由）以及调查计划。当安排会议向调查人员简要介绍情况时，评估小组必须询问该机构有多少人参加会议。团队必须为每个参加会议的人和团队中的每一个成员制作一份报告的副本，以便在简要介绍中容易查询信息。为了补充评估报告，应当为简报复制必要文件，如时间线，逻辑树，关系图，前、中、后犯罪行为图表等重要文件的大量复制品。在简要介绍中创建大型的海报大小的文件是非常有效的，因为调查人员可以在视觉上理解呈现给他们的材料，并且可能会在离开时对特定嫌疑人的优先级有一个更好的评估。

当评估报告完成，并与调查机构安排了一场简报会时，团队必须进行演练，确定谁将发言，什么时候发言，将要说什么等。负责创建与案件有关的必要文件（如证据、询问策略、受害者研究）的每一个团队成员，必须说明文件是如何创建的，文件的内容，以及在调查的背景下文件所具有的意义。评估人员必须穿着专业的服装参加简报会，而且要守时。这个简报会是团队努力的主要反映，在本质上必须是完美无缺的，以表现专业性并赢得调查人员的信任和尊重。

在评估小组的简报会结束后，后续调查最好立即进行。

尾注

1. i2 Analyst's Notebook, McLean, VA.

2. Douglas, John E. , Ann W. Burgess, Allen G. Burgess, and Robert K. Ressler, *Crime Classification Manual*, 2nd ed. , Jossey-Bass: Hoboken, NJ, 2004.

6. 冷案评估的另一种模型

詹姆斯·M. 爱德考克　莎拉·L. 斯坦

在前一章中，我们讨论了评估冷案的主要的、全面的和彻底的模型，但我们从给警察的讲座中了解到，这种模式对大多数部门来说可能太劳动密集以致不被使用。这反过来又使我们重新评估它，并设计了另外两种我们认为更适合美国大多数警察机构的附加模式。此外，我们受到了国家司法研究所冷案 DNA 基金的公告要求的激励。他们特别要求，只有对那些存在潜在的 DNA 物质的案件，才能根据基金的指导方针进行处理。

我们已经看到许多机构被 DAN 的准确性（大部分时间）和适当性吸引，而且他们经常不继续追踪案件，除非他们有 DNA 潜在物质，或者他们已经通过组合的 DNA 索引系统（CODIS）获得了 DNA 匹配结果。换句话说，他们已经变得非常依赖 DNA 来解决案件，而不幸的是，如果 DNA 不存在，很少能得到对其他可解性因素的检查。这就引出了问题：我们如何解决这些案件以及我们应该怎么做。随着本章的进展和其他章节的讨论，我们将会更详细地解释这个问题。

注意，整个模型与前一章所描述的不同。现在的首要问题是物证。侦探被要求识别和排除那些有物理材料的调查，因为它们最可能用更少的努力被解决。

就像第 4 章提到的，其他冷案小组的工作经验告诉我们，经常有一个侦探在一个冷案小组中启动这个过程，通过对文件进行彻底的审查，寻找可解性因素、线索、证据等。在这一过程中，大量的时间花在前面，但由于缺乏证据信息，许多案件最终没有被进一步调查。这并不总是浪费时间，因为有些案件已经被解决了。因此，我们认为推迟整个审查，直到在稍后的过程中能够更快得到更多结果，他们的时间才可以更好地被利用。把你的时间和精力首先放在你知道有可解性的事情上，然后回到那些信息有限的文件中，看看哪里可以应用调查的威力。直到证据被确认并被送到犯罪实验室进行分析，真正彻底的和费时的审查才开始。在等待那些结果时，侦探们有时间进行审查。

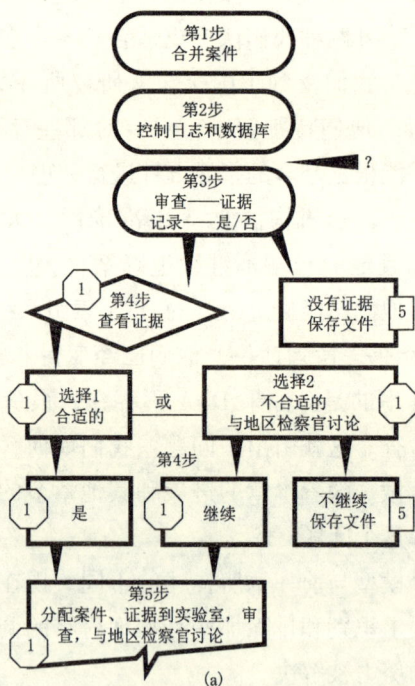

图 6.1 （a）冷案评估的另一种模型，第 1 部分

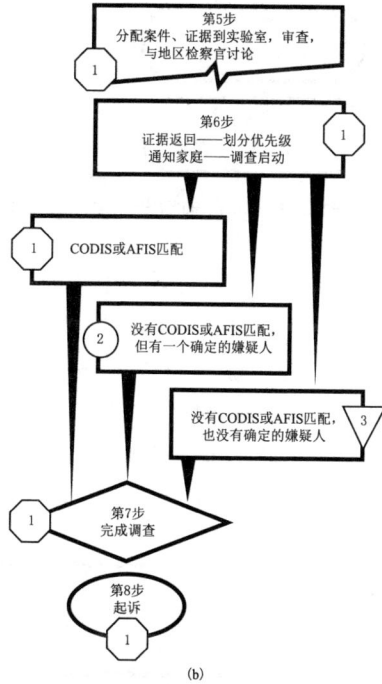

(b)

图6.1 （b）冷案评估的另一种模型，第2部分

第1步和第2步：优先级

在开始时，落入你定义的冷案或未解决案件（谋杀或强奸）中的所有案件应当被合并到一个安全的地点，并按事件发生日期进行归档。然后创建一个控制日志或基本信息的数据库，这些基本信息通常能在第一个事件报告中找到（图6.2）。从组织的角度来看，如果没有组织好案例文件和相关的文档，就会错过或丢失相关项目，因此必须在将它们记录到数据库之后或同时立即执行。如前一章所提到的，组织文件进行分类，然后按名称和时间顺序排列，可能是最好和最全面的方式。

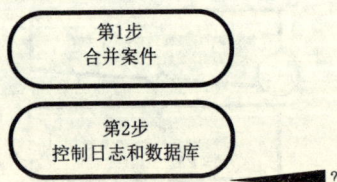

图 6.2　冷案评估的另一种模型，第 1 步和第 2 步

　　与这个过程的组织方面相关的下一个主要问题是，建立一个确定这些文件优先顺序的标准，当你从这些文件中获取信息时，这些文件可能会发生变化。哪些首先应该引起你的注意，为什么？哪些需要更多的调查工作才能上升到应有的关注程度？哪些不太可能被解决，为什么？这些只是需要考虑的部分问题，我们建议按图 6.3 中描述的优先级排序。

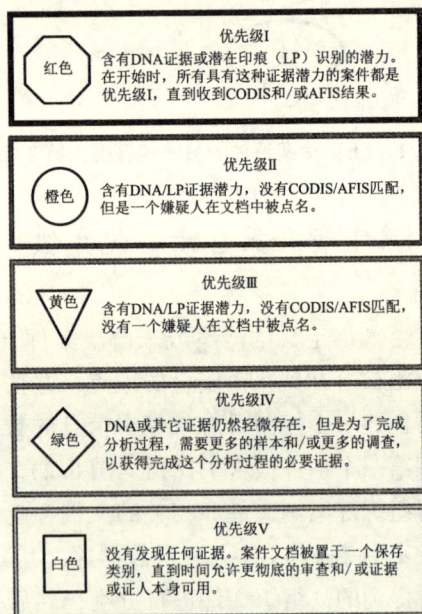

图 6.3　冷案评估的另一种模型，优先级

　　这些都是相当简单和容易遵循的步骤，特别是当你按照指示对他们进行颜色编码时。在开始时，假设大多数案件将作为优先级 I 开始，然后随着信息被发现，优先级改变。遵循这一过程有助于机构明智地使用其人力和资源，因为它将努力追踪那些最有可能得到解决的案件。那些案件从而变成最好的，而且引起公众的关注和兴趣也有助于冷案团队的成功。包括幸存的家庭成员在内的每个人的利益，都有助于向警察部门传递信任。

　　优先级 I——从图 6.3 中可以看出，优先级 I（红色）案件最有可能被尽早解决。这些案件拥有的证据包括符合大多数授权机构处理要求的 DNA 潜在物质。然而，我们认为这是不够的，因此增加了可能包含潜在印痕的证据，这些证据适合于识别特定嫌疑人。当我们还有其他非常有效的工具时，为什么仅仅因为 DNA 就停止了？所有包含这类特定证据的案件将一直停留在优先级 I，直到收到 CODIS 和/或 AFIS（自动指纹识别系统）匹配结果为止。这些结果可能会改变调查的优先级。

　　优先级 II——一些案件可能有适于它们分析和后续鉴定的物理特性，但是在提交到犯罪实验室后没有收到任何匹配结果。这个证据的提供者仍然在那里，但在系统中还没有。这里的问题是嫌疑人是否被列入了文件中。如果是的话，这一调查就会成为优先级 II，因为它仍然有很大的潜力通过一些调查工作来解决。

　　优先级 III——优先级 II 和优先级 III 的唯一区别是，是否在文件中确定了一个可疑对象。所有其他方面都是相同的（如犯罪实验室的证据，收到了结果但没有匹配），但是，该文件没有反映任何嫌疑人的姓名。因此，这项调查需要做更多的工作来提高可解性。

　　优先级 IV——在优先级 IV 中有一些证据存在，但对调查来

说，它的价值可能降低或非常有限。为了将水平提升到更高的优
先级，我们需要做出努力，从文件中列出的潜在嫌疑人中识别并
提取出其他的实物样本。毫无疑问，当我们深入到这些优先级中
时，案件变得更加难以解决，并且逐渐需要更多的时间和努力。
确定优先次序是为了确定侦探们在哪里可以明智地付出他们的努
力，并取得积极的结果。当时间允许时，回到这些不太合格的案
件，看看能开发出什么。

优先级 V——毫无疑问，优先级 V 的案件处于一堆案件的底
部，很可能不会被解决。这些案件没有证据，没有指定的嫌疑
人，信息非常有限，甚至可能不可靠。只有有足够的时间时，这
些案件才会引起你的注意，因为它们需要大量的时间、努力、询
问等，才能提高可解性。记住：关系会随着时间改变，而这些变
化可能是你解决案件所需要的全部。

第 3 步和第 4 步：证据

对案件文档的第一次初步审查从这里开始，重点是物证。案
件文档是否反映了能够导致 CODIS 或 AFIS 匹配的证据的存在?
在这一点上，审查人员有表明相关程度和努力水平的两个选择。
如果没有证据被发现记录在文档中，那么案件被暂时降到优先级
V。记住，重点是进行那些为我们提供最高可解性的调查，当时
间允许时，再返回到其他的案件中（图 6.4）。

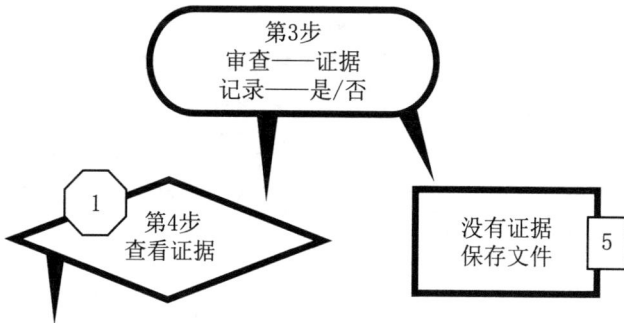

图 6.4　冷案评估的另一种模型，第 3 步和第 4 步

　　第三步相对简单：若答案是肯定的，则说明有证据；若答案是否定的，则说明没有证据。第四步需要实际审查证据，在这一步，侦探、在犯罪现场调查或证据方面受过训练的人能够在物理上仔细审查证据，以确定它的合适性（保管链完整、保存适当、没有退化等）。在这一步，评估人员必须做出选择（图 6.5）：

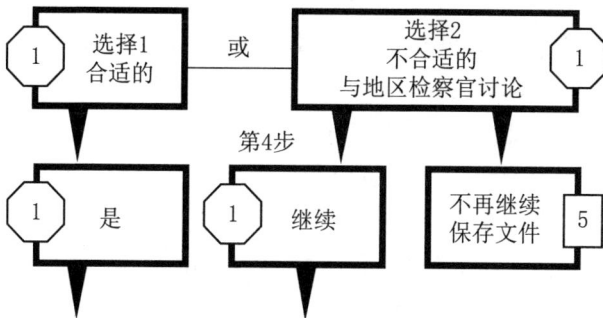

图 6.5　冷案评估的另一种模型，延续的第 4 步

　　选择 1——证据适合分析。

　　选择 2——证据不适合分析。

　　如果证据是适合分析的，则调查仍然是优先级 I 并据此向前推进。如果由于种种原因，证据被认为不适合分析，应该采取进

一步的措施。这种情况下的趋势是放弃这个案件，并且使它降到更低的优先级，因为它不是可解决的。然而，在那样做之前，我们建议向你的地区检察官（希望是冷案小组的成员）提供信息，以确定其是否愿意继续处理这个案件，而不论潜在的问题是什么。这些问题可以通过犯罪实验室对证据的附加检测，或者通过侦探或地区检察官提起其他法律程序来解决。如果地区检察官决定不进一步调查，那么案件就会被降至优先级 IV 或 V，可能以后会得到一些关注。但是，如果地区检察官决定冒险（见第 4 步下的选择 2）并继续前进，那么证据就会向前推进，案件仍然处于优先级 I。

第 5 步：案件审查和决策时间

在第 5 步中，负责的侦探将花费大部分时间审查一个特定案件（图 6.6）。在这一点上，该案件已经被确认拥有物证，此物证中可能有适合 DNA 测试的材料或潜在的指纹，二者都有积极地识别一个特定嫌疑人的潜力。这一步的第一阶段是让侦探安排或参与到需要将证据带到犯罪实验室进行分析的过程。建议警察部门在向犯罪实验室提交任何冷案证据之前，提前做好协调工作。亲自拜访或与负责的实验室人员交谈，将大大促进材料快速处理。此外，这个机会给侦探提供了必要的时间来亲自查看证据，并根据需要为证据拍摄照片。

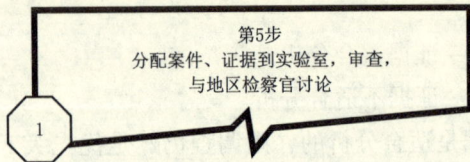

> 第5步
> 分配案件、证据到实验室，审查，
> 与地区检察官讨论
>
> 1

图 6.6　冷案评估的另一种模型，第 5 步

我们都知道，犯罪实验室的证据处理可能需要一段时间，最少是 30 天到 60 天。正是在此期间，应该开始对文件的彻底审查。这将需要时间，并且侦探越有方法、有条理，准确解决案件的概率越大。寻找"通常的嫌疑人"包括可解性因素，文件中指定的嫌疑人，关系中可能发生的变化，将人、地点和事物联系在一起等。最终，在犯罪实验室结果被确认后，犯罪理论有望得到发展或至少确定一些可能的因素。

案件审查还应制定一个完整的调查计划，在该计划中，针对为了适当完成调查而被认为是必要的行为，应根据其重要性划分优先次序，并记住为检察官建立犯罪场景的所有要素。正如前面提到的，有一个地区检察官作为冷案小组的成员是很有帮助的，并且会消除错误信息或案件本身给我们带来的误解。这些与地区检察官的讨论应该使调查（和调查计划）保持正轨，获得所有必要的信息。

关于案件审查过程的最后一个意见：虽然可能只有一个侦探，但是我们建议不止一个人审查信息。而且，如果时间和政策允许，利用其他人（甚至是局外人）会非常有益，因为它会给工作带来一种不偏不倚的眼光。

第 6 步、第 7 步和第 8 步

在第 6 步，证据和实验室报告一起被送回调查部门，这些结果将决定每个调查的优先级（图 6.7）。在每项调查中要投入多少时间和精力，应该根据优先级而定，因为它将表明哪些案件具有被成功解决的最高可能性。

第6步
证据返回——划分优先级
通知家庭——调查启动
1

1 CODIS或AFIS匹配

2 没有CODIS或AFIS匹配，
但有一个确定的嫌疑人

没有CODIS或AFIS匹配，
也没有确定的嫌疑人 3

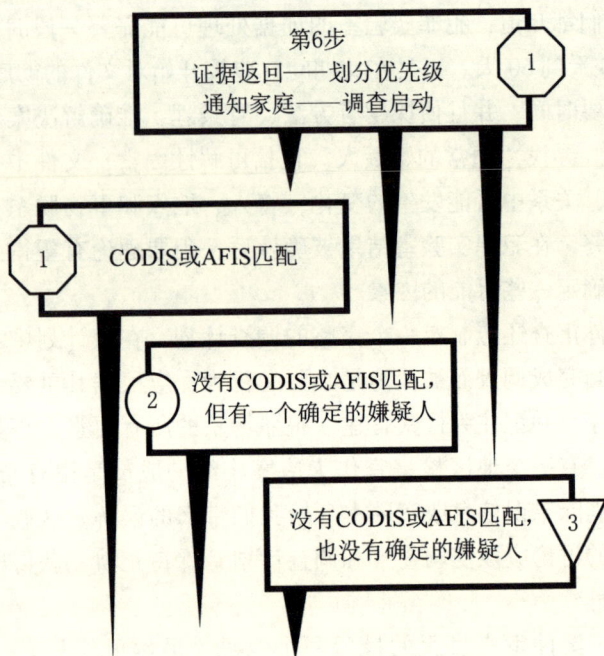

图 6.7　冷案评估的另一种模型，第 6 步

优先级 I——那些有 CODIS 或 AFIS 匹配，仍然处于顶部的案件。

优先级 II——那些没有 CODIS 或 AFIS 匹配，但有一个确定的嫌疑人的案件。

优先级 III——那些既没有 CODIS 或 AFIS 匹配，也没有确定的嫌疑人的案件。

调查团队应当投入到优先级 I 案件当中，以验证证据的有效性，并追踪在调查计划中确定的线索。这些调查中的每一项都必须得到团队的最大关注，直到它们被完成，或者相反的证据被发现，这一证据可能反映不同于在第 5 步中的主要案件审查期间发展出来的犯罪理论。因此，完成这个调查，将所有松散的结果联系在一起，并且在走上法庭之前使可能的防御行为失效。这把我们带向第 7 步和第 8 步（图 6.8）。

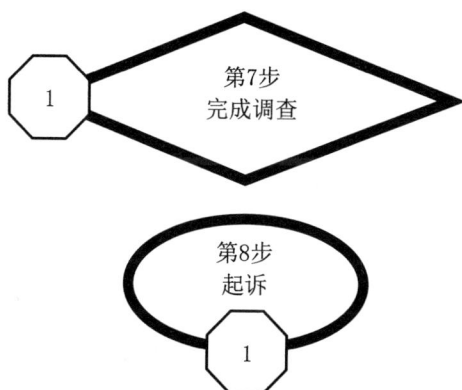

図 6.8　冷案评估的另一个模型，第 7 步和第 8 步

　　一旦完成这些调查，侦探们应当集中于优先级 II 和优先级 III 案件的调查。每一个案件将呈现它们固有的一系列独特的问题，这取决于在案件文档中是否确定了一个嫌疑人。在优先级 II 案件中，你有确定嫌疑人所必需的证据，但是这个嫌疑人可能是约翰或无名氏，或者仅仅是一个 DNA 图谱。这些类型的案件告诉我们，首先要集中于确定的嫌疑人，然后仔细查找来自内部和受害人外部的朋友和同事圈的其他所有关系。一个重要的建议是把重点放在成熟的犯罪理论上，因为这可以为调查指出确定的方向。正如之后在第 10 章中所描述的，嫌疑人研究或嫌疑人发展可能成为缩小嫌疑人范围的必要手段，而这将不得不回到犯罪理论。

7. 冷案评估模型Ⅲ——失踪人员

詹姆斯·M. 爱德考克　莎拉·L. 斯坦

介　绍

审查一个"冷"而不是"热"的案件有许多优势，其中最主要的是，在大多数情况下，已经发生了杀人案，受害者的尸体已经被找到并被确认了。在涉及失踪人员的冷案中，尽管受害者的身份是已知的，但尚未发现尸体。受害者尸体的缺失给调查人员带来了严峻的挑战。首先，如果没有尸体，受害者是否死亡尚不清楚。其次，没有受害者的尸体，调查人员可能不能确定这个人最初是从哪里消失的，因此他们不能准确地评估犯罪现场和罪犯的风险等级。另外，如果在开始案件审查时，受害者的尸体没有被发现，当考虑谁有可能进入受害者消失的地点、凶杀地点和抛尸地点（如果事实上所有这些地点都是相互独立的）时，要缩小嫌疑人的范围是不可能的。最后，如果没有找到尸体，经常会完全缺乏物证和法医证据。

在那些受害者疑似被杀害或受到严重伤害的案件中，调查重点是那些可能有动机的嫌疑人。随着时间的推移，这一努力变得更加困难，因为没有任何证据或尸体的基础，难以进行犯罪现场重建，以处理和评估案件。这最终是一个很难解决的案件。因此，当没有立即识别嫌疑人时，应建立一个专注于找回尸体的模型。这不仅集中在个别的嫌疑人和他们的动机上，还集中在他们会把尸体丢弃或放置在哪里这个问题上。

也就是说，专为失踪人员设计的冷案评估模型只包含两个阶段，只有一个目标：找回失踪人员的尸体。在很多方面，这个模型是本书所述的原始冷案评估模型的对立，然而它是直观的和有意义的，因为对失踪人员的调查，在许多情况下必须从结尾（受害者的抛尸地点）到开始（受害者的消失）进行反向工作。

评估模型的第一阶段（图 7.1）类似于前面所述的原始模型：团队必须接收原始的案例文件，然后对其进行筛选，寻找可解性因素。然而，请记住，失踪人员案件中的可解性因素可能不同于凶杀或其他类型的案件中的可解性因素。例如，下面是与失踪人员案件有关的可解性因素的例子：（1）这个人是否有可能自愿离开？（2）一个受害者最后被看到的地点是否能被确认？（3）是有已知的这个人的敌人，还是更有可能是随机的攻击？（4）是否有挣扎的迹象？（5）受害者是否可能还活着？（6）是否有目击者见证了受害者的消失？（7）文档中是否有确定的嫌疑人或者可能有动机给受害者带来伤害的人？这些可解性因素可能会帮助你决定是否积极地追踪这个案件。

该模型的第二阶段包括五个主要的信息类别：受害者研究、时间线、嫌疑人研究、关系和证据。这五类信息只为一个目的而设计：帮助你找到失踪人的尸体。你可能想要从以下人员中收集关于受害者的个人信息：亲密的伴侣，朋友和同事。另外，你会想要确定受害者的业余生活信息（以及最近他们是否已经开始新的恋情或抛弃了旧的恋情），受害者的日常生活（以及最近他们是否已经改变了它）。最后，受害者是否有可能导致他们消失的任何离经叛道的行为（如毒品、赌博、帮派活动、有组织犯罪活动和亲密伴侣的问题）。尤其应该考虑 18 岁以下的失踪儿童。也就是说，还有一些其他因素可以考虑，比如相对于成年人他们是如何与同龄人互动的，他们是内向的还是外向的，以及他们是否接受过面对绑架时如何反应的教育。

时间线

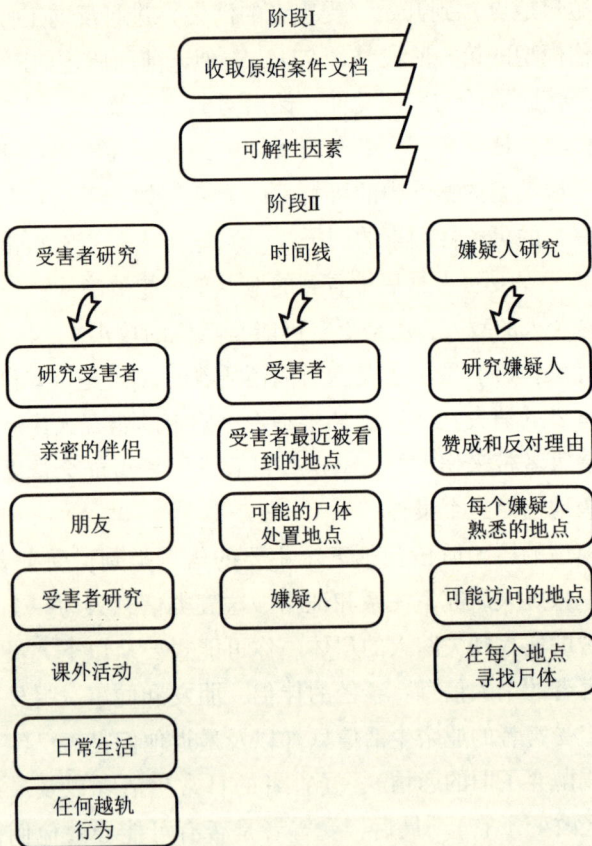

图 7.1（a）　失踪人员冷案评估模型，第 1 部分

阶段I

收取原始案件文档

可解性因素

阶段Ⅱ

关系

与受害者和嫌疑人的关系

关系改变了吗

重新询问的可能性

证人

证据

你最有可能在哪里找到证据

嫌疑人会留下纪念品吗

证据最初被收集了吗

它是否仍然保存和可用

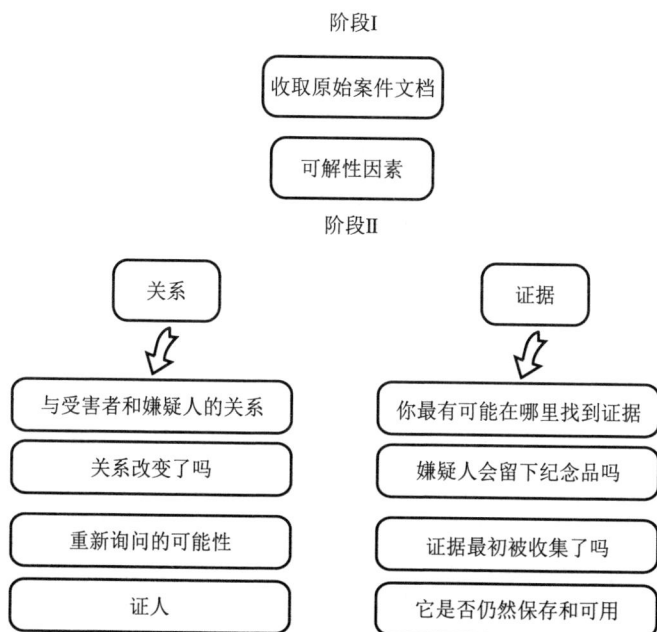

图7.1（b）　失踪人员冷案评估模型，第2部分

你可能想要建立关于以下内容的时间线：第一，在过去的6个月到一年的时间里，受害者的习惯是怎样的，最近改变了吗，他们的日常生活等。第二，如果你知道受害者最后被看到的明确的地点，为那个地点制定一条时间线是很重要的。例如，在一周内监视该地点，确定交通流量、行人流量、任何商业活动（例如园艺工人或修理工）、居住活动以及该地区的总体社会经济状况。该地点的历史背景可能也很重要。例如，过去在犯罪现场或附近是否发生过其他类似的案件？如果是这样的话，行凶者可能已经重返他的狩猎场。如果犯罪是相当新的（即使它不是，仍然值得一试），设置一个路障，并询问每个人在一周之中的某天通常发生什么，以及他们在受害者失踪当天是否看到了不同寻常的事情。

可能的尸体处置地点

可以通过分析嫌疑人来确定可能的尸体处置地点。你可能希望为每个人制定时间线，并尝试确定每个嫌疑人可能使用过的尸体处置地点。在确定了这样一个地点后，确定在你的受害者失踪后，那个地点发生了什么。确定该地点是否有任何种类的建筑物，或者如果它是森林地区，是否被清扫等。在这个地点周围从事商业活动的人可能无意中发现了犯罪现场，甚至不知道发生了犯罪或者以为他们在看动物遗骸，所以采访这些人可能会有所帮助。此外，在许多允许娱乐性狩猎的地区，在游戏季节做宣传可能是有用的。也就是说，张贴传单并向猎人介绍你可能在寻找的东西，不管它是尸体残骸、衣物的残余物还是与犯罪有关的其他物品。最后，嫌疑人的时间线是至关重要的、一目了然的，并且在起诉时是非常有益的。

嫌疑人研究

完成受害者研究后，可以开始缩小嫌疑人的范围。这是因为在通常情况下，犯罪动机可能会暴露在单个的受害者研究中（特别是如果他们在失踪时或者失踪之前从事非法行为，或者他们有婚姻问题等）。也就是说，正如本书所描述的，尽你的最大能力确定你所处理的罪犯类型：权力—自信型、权力—安抚型、愤怒—报复型、愤怒—激动型（这将在第10章讨论）。不同的子类型，尸体处置地点将会有所不同。

如果受害者在自己家中被杀，权力—自信型罪犯会把受害者留在原地；如果受害者被绑架，处置地点将会因绑架地点而异。愤怒—报复型罪犯和愤怒—激动型罪犯很有可能会把受害者放置在隐蔽的、树木繁茂的地区，在那里受害者不太可能被发现。然而，四个类型有一个共同的特点：处置尸体的地点是罪犯熟悉的地点，他可以回来查看尸体是否已经被发现，如果他选择那样做的话，将导向"每个嫌疑人熟悉的地点"的子类别。

关键是要发现每个嫌疑人熟悉的最偏远、孤立的地点。这可能是通过对亲密伙伴和朋友的询问发现的。如，他们喜欢去野营、钓鱼、打猎吗？如果是的话，在哪里？然后你可能希望确定嫌疑人是否有可能重新访问这些地点，并在这些地点安装监视设备（例如，抗风化的磁带录音机、录像机、运动传感器）来监视任何活动。这可能会引导你找到尸体，或者说你足够幸运，先找到它。如果嫌疑人回到现场，它可能会帮助你确认嫌疑人有罪。最后，搜查每个地点以寻找受害者的尸体是至关重要的。

在失踪人员可能参与有组织犯罪的案件中，工业地区或最近建造的居民区可能是抛尸地点，树木繁茂的地区也一样。在笔者审查的一个案件中，最主要的嫌疑人就是这样一个行为人。人们认为，行凶者（参与有组织犯罪的人）将受害者埋在一个由建筑公司建造的房屋的地基下面，这家建筑公司是他所有的，用来掩护洗钱的行为。所有的迹象都支持这一理论，但在那个时候，毁掉一栋价值100万美元的房子并不是完全可行的。然而，当大陪审团正在调查主要嫌疑人时，他试图贿赂法庭的一名官员，随后因贿赂而被定罪。由于这个人80多岁，花费努力和资金来精确定位抛尸地点，从房子下面挖掘受害者的遗体是极不可能的。人们相信，可以通过对犯罪嫌疑人施加压力，在不同地区寻找受害者的尸体，使他采取在正常情况下他可能没有必要采取的行动，从而暴露他自己。

在另一个案件中，受害者卷入一系列非法活动，这使他接触到许多不受欢迎的犯罪类型。受害者因他的缺点而出名，他突然从家里消失，在他的住处留下手机、钱包和其他个人物品，包括汽车和钥匙，此后再也没人看见过他。就像大多数侦探一样，警察把焦点放在嫌疑人身上，他们是受害者的犯罪同伙，这提出了许多看似合理的理由来解释失踪和可能的谋杀。虽然这是一种正常的调查方法，但是没有尸体和物证的支持，因而变得更加困难。行凶者不太可能承认他们的参与，因为没有一具与他们有关联的尸体。我们再次建议，在进行调查时，要特别注意尸体可能被抛弃的地方，并集中调查那些区域。你的努力可能会挖掘出受害者，也可能给犯罪者施加足够的压力，使他们采取暴露他们可能罪行的行动，就像前面提到的案件那样。

8. 教育环境下的冷案调查——荷兰经验

R. A. M. 赫斯霍夫、H. A. M. 海梅里克斯、

J. C. 科诺特、Y. M. 斯波尔曼

荷兰警察学院，阿珀尔多恩，荷兰

1999 年 4 月 30 日至 5 月 1 日的晚上，一起可怕的犯罪发生在芬克洛斯特的弗莱斯兰镇附近，那是荷兰北部的一个小村庄。经过一夜的狂欢，16 岁的玛丽安·瓦斯特拉在离她父母家仅几公里远的一个围场里被强奸和谋杀。很长一段时间，所有的怀疑都指向了芬克洛斯特附近的避难中心，但警方却未能结案。多年来，强奸和谋杀一直未被解决，对荷兰社会产生了巨大影响，尤其是在行凶者一直未被抓住的情况下。几位调查记者对案件和调查过程进行了详尽的分析，并得出结论：警方已经竭尽全力解决这个案件，希望找到凶手，但无济于事。[1-3]这个案件变成了冷案。

该案件于 2007 年重新调查，警方主要进行了 DNA 调查（除了其他调查方法外）。在犯罪地点周围，警方要求男性自愿提交他们的 DNA，以便与犯罪现场的不明 DNA 样本进行比较。以前从未有过如此规模的 DNA 比对。[4]尽管 DNA 检测有可观的提交者，但没有找到一个匹配对象，警方使用的其他调查方法也未能在案件中取得突破。

这一重大事件吸引了媒体和科学界的注意，不久，就有许多关于这个案件的文章和书籍出版。这些出版物也涉及其他冷案，作者们提出了一些关键的问题，并且想知道为什么尽管有警察的

所有努力，这些案件却没有得到解决，而且凶手也一直未被找到。[5-10]

不仅媒体对冷案越来越感兴趣，在警察、地区检察官办公室和政治圈中，冷案（如玛丽安·瓦斯特拉案）在过去的几年中也受到越来越多的关注。[11-13][1]这一趋势的主要原因可能是技术进步，如早先提到的改进的 DNA 技术，常常会导致新的见解和线索的出现。还有对能够帮助解决这些困难案件的受过较好训练的调查人员的呼吁（主要来自政治领域）：一方面，他们可以防止司法错误和冷案的出现；另一方面，备受瞩目的未解决的谋杀案将重新活跃在人们的视野中。

为了满足这一需要，政治界委任警察学院发展了刑事调查硕士（MCI）项目，学生可以获得调查技能和实践方面的学位。从 2012 年开始，这个硕士学位中的课程 ACTESO 特别关注冷案调查。ACTESO 是建议、协调、实施和评估主要调查中使用的策略的缩写。在这门课程中，学生们学习大部分案件是如何被调查的。[2]课程重点放在地区警察部门提交审查的一个实际的冷案上。本课程的目标是将科学知识和专业知识与调查实践结合起来，通过教授法律和行为理论，讨论解决冷案的不同方法，并询问学生他们认为调查应该如何进行。

本章将介绍在 ACTESO 课程中使用的方法。我们不敢说已经找到了冷案调查中的圣杯，而只是希望将此作为一种能够帮助调查的方法。我们先描述荷兰警察制度，然后概述荷兰凶杀案件的

---

〔1〕 冷案受到政治领域关注的一个例子是旨在提高我们调查质量的项目的建立，这是在关于冷案的一个重要的评估报告发表后建立的（Commissie Posthumus，2005年）。在这份报告中，专门提到了获得新调查线索（包括策略的和法医技术的）的冷案审查（Commissie Posthumus，2005 年，第 21 页）。

〔2〕 ACTESO 的重点不只是冷案。在 ACTESO 中强调的其他类型的调查包括高影响力犯罪、巨额犯罪和有组织犯罪。

一些一般的统计数据，以呈现出一个更大的背景。接下来，我们将重点讨论荷兰的冷案调查历史。本章的核心内容将是我们的冷案审查过程的展示，因为我们在警察学院的教育项目中使用了它。[14]本章末尾提供了一个简短的总结和反思。

荷兰警察制度

自 20 世纪 90 年代中期以来，荷兰警方由 26 个地区警察部队和一个国家警察部队组成。这些部队按照国家的指导方针工作，但是在这些指导方针范围内可以自由地创建他们自己的协议。这种分裂导致每一个团队都有自己的协议，因此，可能发生的情况是，没有两个部队在某个方面有同样的工作方式。这意味着不同部队之间的合作有时是困难的。

2013 年 1 月 1 日，荷兰警方进行了一个重大重组，只留下一个国家警察部队，26 个前地方警察部队重组为 10 个区域单位、一个国家单位、一个国家警察服务中心（见图 8.1 和 8.2）。

所有单位都在公共安全与司法部的管理下运行，而自治市的市长则是刑事调查的主管者。这意味着地区检察官是正式主管和负责任何（冷案）调查的人，而首席侦探则负责调查的日常管理事务。地区检察官和首席侦探定期开会讨论调查的进展以及需要采取的任何其他调查步骤。

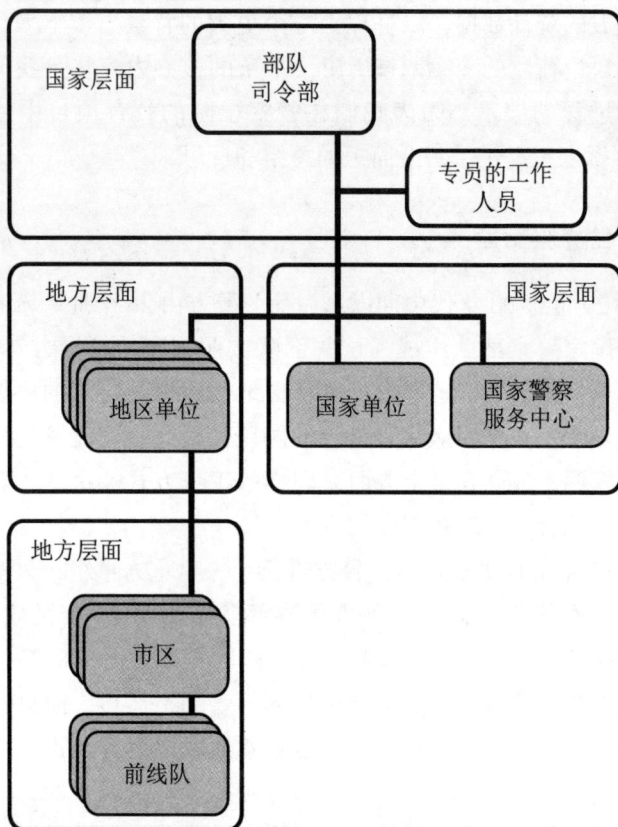

图 8.1　荷兰警察组织结构图

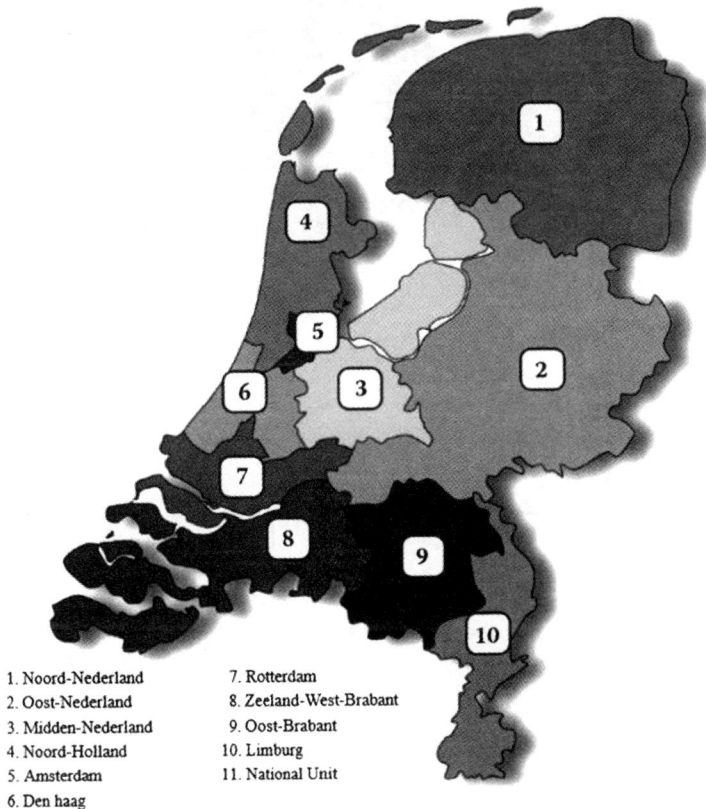

1. Noord-Nederland
2. Oost-Nederland
3. Midden-Nederland
4. Noord-Holland
5. Amsterdam
6. Den haag

7. Rotterdam
8. Zeeland-West-Brabant
9. Oost-Brabant
10. Limburg
11. National Unit

图 8.2 荷兰警察的辖区地图

凶杀案：性质和数量

确定死因时，我们要区分自然和非自然原因。凶杀案件归于后一类。当使用来自 2008 年的代表性数据（见图 8.3）来放大这一类别时，我们发现非自然死亡的最大原因是意外事故（52.1%）。凶杀只是非自然死亡的一小部分（2.8%）。

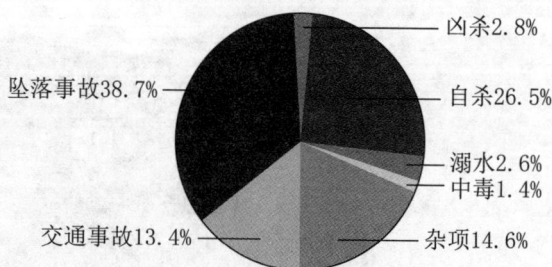

图 8.3　2008 年非自然原因死亡的分布（N=5415）

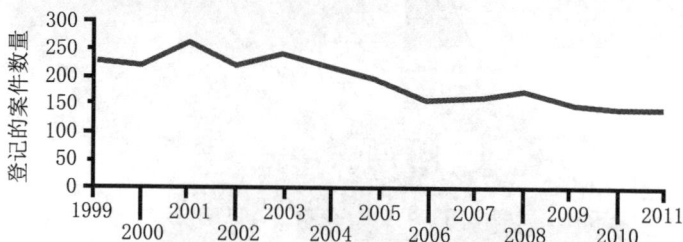

图 8.4　1999—2011 年凶杀案件数量

图中信息是基于中央统计局的信息及荷兰社区的中央行政机关和司法信息。

当我们回看 1999 年到 2011 年的凶杀案发展时，可以看到一个明显的趋势。根据中央统计局 2014 年的官方数据，自 21 世纪初以来，荷兰的凶杀案数量一直在稳步下降，并且在过去 6 年保持稳定（见图 8.4）。

凶杀案的减少打破了 20 世纪 60 年代以来的凶杀案的增加趋势。从 20 世纪 60 年代中期到 90 年代末，凶杀案数量一直在稳步增长。在这 40 年里，凶杀案的数量从每年大约 40 起增加到每年200 起左右。这意味着，在 20 世纪 90 年代末，成为凶杀案受害者的概率比 60 年代中期高出近三倍。[15]

在 1997 年至 2005 年间，每年平均有 229 起凶杀案。在不足1700 万的人口中，这些年来的凶杀率是每 10 万居民中有 1.36 人。

在接下来的 6 年（2006—2011 年）中，这个数字下降了，平均每年有 167 起凶杀案，凶杀率降至每 10 万居民中有 0.99 人。在 2012 年，凶杀率甚至低到每 10 万居民中有 0.85 人，而且全年只有 142 起凶杀案。目前荷兰的凶杀率与其他西欧国家相当。[16]

凶杀案的减少趋势也与在其他国家看到的情况相类似，特别是在美国。尽管美国凶杀案的相对数量比荷兰要高，并且案件减少趋势较早在美国开始，但发展是相似的。[17]

根据斯密特和内乌贝塔（2006）的数据，大多数的凶杀案是由男性犯下的，约占 70%。除了在女性最可能成为受害者的亲密圈子里发生的凶杀案，男性也更可能成为凶杀案的受害者。同时，妇女所犯下的凶杀案中，在亲密关系中发生的凶杀案占绝大多数。在亲密关系中发生的凶杀案占所有凶杀案的 40%，其中，刺伤武器是迄今为止使用的武器中最常见的类型（见图 8.5）。

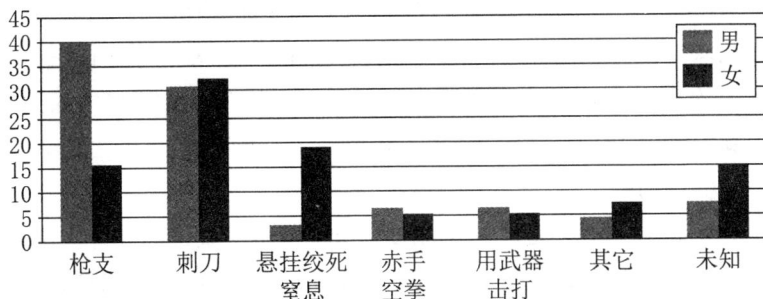

图 8.5　根据行凶者的性别分布的杀人手段

在犯罪环境中犯下的凶杀案（受害者和行凶者参与犯罪活动，在犯罪活动和凶杀案之间存在关联）占所有凶杀案的 20%。在这一类犯罪中，火器是首选武器。而且，大约有一半的受害者来自国外或是移民。超过一半的犯罪者是移民。

冷案调查的历史

由所谓的冷案团队对冷案进行结构化审查和重新处理，在荷兰是一个相对较新的发展趋势。荷兰的第一个冷案团队于 1999 年在荷兰北部的格罗宁根省成立。这支队伍被命名为 onopgeloste ernstige delicten（未解决的重大罪行）。[18] 2000 年 3 月，阿姆斯特丹和乌得勒支决定建立一个联合冷案试点。这两个团队立即取得了巨大的成功。在格罗宁根调查 1997 年关于一名 18 岁女性的谋杀案时，阿姆斯特丹和乌得勒支正在调查 1994 年关于一名 26 岁女性的谋杀案。他们利用新技术重新检查 DNA 证据，将这两起案件合并，并将它们与一名犯罪嫌疑人联系在一起，此人于 1998 年因绑架和强奸一名 72 岁的老妇人而进入 DNA 数据库。[19,20]

政治随即介入，司法部长声称所有的凶杀案和性犯罪都应该被重新调查。2000 年，荷兰成立了一个全国性团队——儿童凶杀案国家团队（Landelijk Team Kindermoorden，LTK），专门审查未解决的儿童凶杀案。该团队审查了 13 起儿童凶杀案和失踪案，重新处理了 11 个案件，因为团队发现了新的线索，并且能够解决它们中的两个。[21,22]

在 21 世纪初，这些团队能够解决一些备受瞩目的案件，这促使其他地区也开始审查他们的冷案。这不是以一种有组织的方式完成的，由于缺乏资源和人力，不是所有的单位都能够真正调查冷案。

随着荷兰警方的重组，区域单位被要求关注他们的冷案。因此，各单位开始清点他们的冷案。然而，这并不会得出荷兰冷案的确切数量，因为冷案的定义在地区之间有所不同。一些单位只考虑未解决的凶杀案，认为这些案件属于冷案类别，而其他单位则使用更宽泛的定义，因此也将其他未解决的重大犯罪，如性犯罪和失踪等，列为冷案。例如，一个使用更严格定义的单位报告

有 22 件冷案（私人交流），而一个使用更广泛定义的单位报告有
158 件冷案（私人交流）。由于这一定义上的差异，人们相信各
单位的冷案总数将从几百件到多达 2000 件。

冷案方法

范莱顿和费尔达[23]的研究表明，有三种普遍的方法来组织冷
案调查：（1）临时或特设的冷案小组；（2）永久性的冷案小组；
（3）半永久性的冷案小组。

形成临时或特设的冷案小组是组织冷案调查最常用的方法。
在这里，一个调查团队一起调查一个具体的冷案。没有给冷案小
组分配标准数量的成员或专家。成员可以来自犯罪区域或该区域
的其他主要调查组。完成调查后，团队就解散了。前面提到的大
多数冷案都是（或将会）由这些特设小组调查的。

然而，一些地区已经建立了永久性的冷案小组。这些小组的
成员已卸去其他所有职务，只从事对重大罪行的重新调查。有两
种方法可以设置这些团队：一些团队做初步的调查/审查，也追
踪他们在此过程中发现的任何线索，而其他团队仅审查案件，并
将他们发现的任何线索移交给其他调查团队，虽然他们经常为实
际调查团队提供支持。

在半永久性的冷案小组中，有永久性成员作为一个核心，辅
之以不断变化的同事，这取决于他们对某些专家协助调查的需
要，比如需要更多或更少人员的调查阶段，以及需要配备人员的
热案调查的数量。[24]

由于荷兰各警察部门的相对独立性，（还）没有标准的方法
来处理冷案。每一个已经开始调查冷案的单位都根据他们所采用
的理念，发展了自己处理冷案的方法。随着之前提到的重组，单
位现在有责任处理他们的冷案。然而，在重组计划中没有提及处

理这些案件需要用到的方式，这使得每一个单位自由地或更为偶然地进行冷案调查。

对调查冷案和组织调查团队的日益增长的需要，导致对在这一领域的知识和培训的需求不断增长。[25]在国家层面，人们结合团队组织和调查方法的最佳实践，以一种统一的有组织的冷案方法工作。下一节将概述荷兰警察学院对冷案调查的处理方法。过去3年里，在我们的教育环境下，这种方法已经进行了测试和改进。

ACTESO 的冷案审查过程

正如前面提到的，ACTESO 课程作为一种整体学习的形式，[26,27] 围绕着来自荷兰地区单位的一个真正的冷案展开。在完成课程后，相关人员向单位交回他们的冷案（重新组织的和完成的案子），伴随对案件机会和（新）线索的全面分析，以及对初步调查的评估和未来实践的建议。

当我们处理冷案时，要对它们进行筛选以寻找可解性因素，这与前面章节中提到的类似。然而，由于我们长期没有审查冷案，并非所有单位都找到了正确的方法。这意味着我们冷案的数量是有限的，而且当它不能满足特定的可解性因素时，我们通常不会奢侈到丢弃一个冷案。尤其是自从每三个月开始两次或三次课，我们每次课都需要一个新的案件。

一般假设

每一个调查都围绕着找出到底发生了什么，得到事件的一个且唯一的真实故事而展开。在审查过程中，我们的重点是得出一个犯罪故事，它尽可能贴近地描述了在案件中真实发生的情况。获得这些答案的方法是提出和回答研究（或调查）问题。结果是这样一种书面场景，即在审判中呈现给法官的最有可能发生的情况以及发现的证据。寻找真实故事的过程包括确定几个解释可用数据的相互矛盾情况的可能性。问题是哪种情况最好地解释了现有的证据。最可能的是对可用的独特证据进行最简单的解释的那种情况。

为什么我们想要如此详尽地描述根据证据我们认为发生的事情？一个原因是，当写故事时，前后不一致、缺失或未知的事实变得明显，并将导致寻找这些缺失的链条的进一步的调查努力。另一个原因是，一个清晰分割和基础良好的情况更容易被法官理解，并有助于使他们相信这个情况。克伦巴赫[28]和斯庞[29]等人指出，刑事案件中50%的证据是由故事的质量（例如可能性、可信度和完整性）构成的，另外一半的证据是解释支持和伪造证据的程度。这意味着最终的定罪只是部分基于事实证据（例如法医证据和策略证据）。这些证据碎片如何组合在一起创造一条完整的证据链，至少是同等重要的。

为了创建这个故事，我们提出了我们需要（和想要）知道的关于这个案件的任何事情的研究问题。这些研究问题将涵盖7个W：是什么，在哪里，什么时候，用什么，什么方式，是谁，以及为什么。我接下来将按照在荷兰使用的假设和场景的模型[30]解释它们。我们从非常少的信息开始，并使用研究问题来指导审查案例文件。这样我们就可以避免跟随初始调查思路所产生的危险。特别是由于这是一个冷案，原来团队的调查路线没能解决这个案子，并且真实的故事甚至可能都不在原始案例文件中，我们认为对这个案子采取全新的观点是至关重要的。这样一来，有更多的机会发现新的调查路线，而有希望的现有的线路仍然会突然出现。[1]

---

〔1〕 如本书所述，虽然基于问题的方法有几个优点，但是也有一些危险需要注意。我们意识到，虽然提出问题能确保有广泛的观点，但它也限制了人们所能发现的东西。你将只会找到你提出的问题的答案。当问题没有得到准确表述，或者用来寻找

现在我们将详细描述冷案审查过程中的不同阶段（图 8.6）。

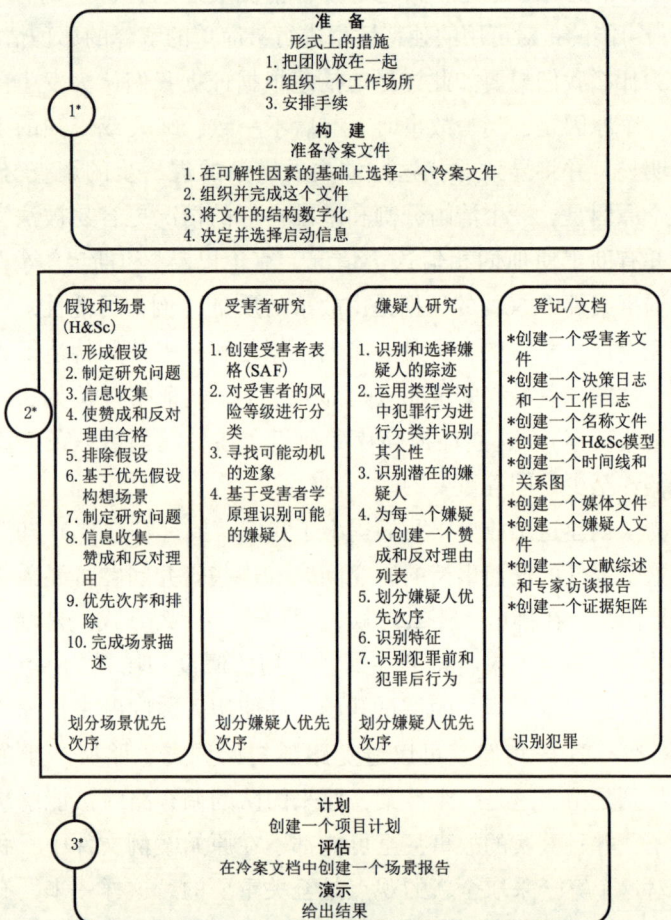

准 备
形式上的措施
1. 把团队放在一起
2. 组织一个工作场所
3. 安排手续

构 建
准备冷案文件
1. 在可解性因素的基础上选择一个冷案文件
2. 组织并完成这个文件
3. 将文件的结构数字化
4. 决定并选择启动信息

假设和场景 (H&Sc)	受害者研究	嫌疑人研究	登记/文档
1. 形成假设 2. 制定研究问题 3. 信息收集 4. 使赞成和反对理由合格 5. 排除假设 6. 基于优先假设构想场景 7. 制定研究问题 8. 信息收集——赞成和反对理由 9. 优先次序和排除 10. 完成场景描述	1. 创建受害者表格（SAF） 2. 对受害者的风险等级进行分类 3. 寻找可能动机的迹象 4. 基于受害者学原理识别可能的嫌疑人	1. 识别和选择嫌疑人的踪迹 2. 运用类型学对中犯罪行为进行分类并识别其个性 3. 识别潜在的嫌疑人 4. 为每一个嫌疑人创建一个赞成和反对理由列表 5. 划分嫌疑人优先次序 6. 识别特征 7. 识别犯罪前和犯罪后行为	*创建一个受害者文件 *创建一个决策日志和一个工作日志 *创建一个名称文件 *创建一个H&Sc模型 *创建一个时间线和关系图 *创建一个媒体文件 *创建一个嫌疑人文件 *创建一个文献综述和专家访谈报告 *创建一个证据矩阵
划分场景优先次序	划分嫌疑人优先次序	划分嫌疑人优先次序	识别犯罪

计划
创建一个项目计划
评估
在冷案文档中创建一个场景报告
演示
给出结果

*在这些活动期间定期举行小组讨论，在这些讨论中，重要的是要考虑现有框架之外的问题。

图 8.6 冷案审查过程

（接上页）文件的术语不完整时，关键信息就会被忽略。

阶段 1：准备

在开展调查工作之前，组织好形式是很重要的。这包括挑选团队成员并安排一个工作地点。关于团队的选择，尽可能拥有一个多样化的团队是很重要的，包括具有不同水平的专业知识、背景、知识、年龄和性别的人。这种变化能够在案件中产生可能对解决案件很重要的新见解。

下一步是组织案例文件。这包括选择案例文件，确保所有文档都被记录，并将案例文件数字化。将案例文件数字化会使得搜索更容易。我们的工作方式需要搜索相关信息而不是阅读整个案例文件，数字化是必要的，因为它使人们能够通过搜索引擎而在一个有时非常复杂的案例文件中快速搜索答案。

阶段 2：分析

在图 8.6 中，分析阶段由四纵列组成。[1]我们将从左到右讨论这些纵列。这个阶段的基础是假设和场景列，它描述了调查分析阶段的不同步骤。其他纵列提供了额外的信息，或者产生一些可以在假设和场景步骤产生作用的东西。这些纵列应该水平和垂直阅读：这些是调查中的并行过程。

假设和场景

在阅读关于假设和场景的以下部分时，应该仔细回顾图 8.6，并在需要时参考它，以全面理解这个过程。

---

〔1〕 这四个纵列都位于一个较大的正方形中。合并这个正方形的原因是要记住每个模型都有它的局限性。严格遵循模型的步骤会导致错误的安全感。记住这一点是很重要的，而且永远不要忘记在盒子外面思考。

第0步：准备。在此阶段，学生无法访问完整的案例文件。他们首先被指示搜索文献，以寻找可能的方法来处理一个冷案文件。虽然我们将他们导向已知的和具体的出版物[31-34]，但是我们也鼓励他们寻找其他来源以获得更多的信息。

这背后的想法是，他们可能从文献中找到可以添加到我们模型里的有用的见解。如前所述，我们并不自称已经找到解决这些问题的最佳方法，我们在不断地特定化和调整我们的模型。特别是由于没有一个案件是相同的，学生可能想要或需要合并和关注特定的元素。我们让他们受到文献的启发。此外，这项文献研究给了他们对将要面对的事物的一种概念，同时也促使他们将此作为自己的调查。它还确保他们没有受到案件信息的污染，并且可以以开放的心态开始调查。

学生从文献中提取的元素通常也是我们已经纳入模型的项目：关注受害者，对所做的决定进行清晰和全面的登记，以及使他们确保调查过程的透明性。

第1步：形成假设。在学生制定了一个调查案件的计划后，他们可以开始进行调查及实际的审查工作。现在提供给他们进行调查的信息有限，与侦探开始处理热门案件时所拥有的信息相似。它限于需要用来回答所发生的核心问题的最基本的事实信息。这通常涉及最初的紧急信息，描述了犯罪现场的日期、时间和地点。这是在一些犯罪现场的照片和受害者的一些人口统计数据（例如姓名、年龄和地址）基础上完成的。

为了防止学生受到他们可能在案例文件中发现的信息的影响，初始信息非常简短。这些信息可能（无意中）引导他们在某个方向上前行。此时，一切仍然是可能的，就像在一个热案中。

在研究了初始信息之后，学生们被问到以下问题：这里发生了什么？为了回答这个问题，他们提出了假设，这些假设是在需要进一步调查的初步可用信息的基础上建立的。[35] 当一个尸体被发现时，通常有四个可能的答案来回答这里发生了什么这个一般性问题。死亡是由于自然原因、意外、自杀还是不正当行为（如凶杀）？在其他类型的犯罪（如失踪人员案件）中，第五种假设通常被命名为"不明原因"，它可以包含任何不符合前四个选项的信息，并且可以在任何时候被重新标记，以符合对可能发生的事情的更具体的描述。

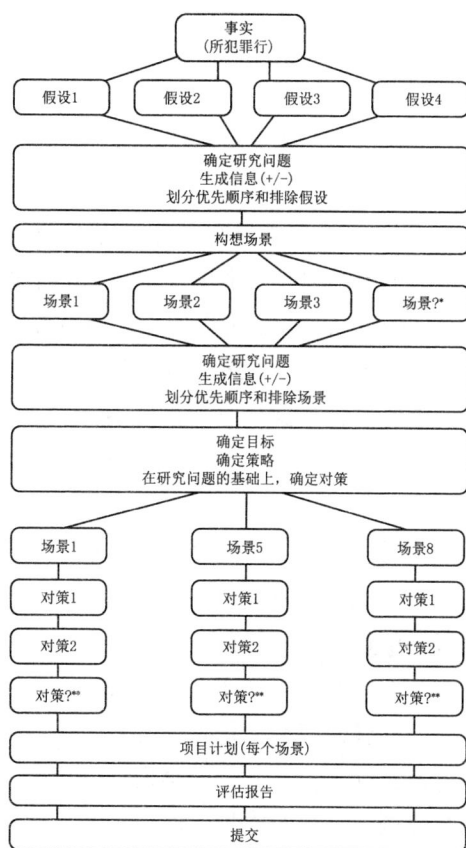

*根据情况，场景的数量会有所不同。
**对策的数量可以根据数量和类型而变化。

图 8.7 假设和场景

学生们被分成几个小组来讨论发生了什么。对于每一个假设（什么问题），他们描述了这些事件是如何导致这个结果的（如尸体）。这些对如何发生的描述被称为（初步的）场景（参见图8.7）。

第 2 步：制定研究问题。在思考案件中可能发生了什么的同时，学生将立即开始制定他们所需信息的研究问题，以便能够排除某些假设（例如，自我造成的伤口的不可能性可以排除自杀），或为某些假设找到支持。这个阶段的重点是排除，这将留下最有可能的假设。

学生们讨论他们所确定的不同选项（他们有没有漏掉任何选项？）和他们的研究问题（它们是否足够具体而清晰地导向他们寻找的答案？），因此，所有的研究问题都是为每一个假设收集的，并记录在一个思维图中，这个思维图将在整个审查过程中保持更新。所有额外的信息和问题都在这个模型中被记录下来。

第 3 步：信息收集。一旦小组包含了尽可能广泛的选项，并且确信没有遗漏重要信息，这个小组就拥有了整个（数字化的）案例文件，并可以开始寻找研究问题的答案，以试图排除假设。这通常是通过将小组分成四个较小的小组来完成的，每个小组都采用一个基本的假设，他们将试图使用案例文件来反驳其他假设。他们通过计算机软件，使用关键词搜索数字化的案例文件，使搜索比阅读每一份宣誓口供更有效率。

在这一点上，有三种类型的文件提供我们最需要的信息：法医和验尸报告，受害者的信息，犯罪现场第一证人的任何陈述。

当案例文件没有（充分地）回答他们的问题时，小组可以选择采访专家和初步调查小组的成员。他们也被鼓励在文献中寻找问题的答案。

请注意，学生进行审查，因此不能进行任何调查行动，如与证人交谈或要求对在原调查中收集的证据进行额外的测试。他们在原始案例文件和他们或被提供案例文件的单位能获得的任何开放情报来源中，寻找他们需要的信息。

第4步：使赞成和反对理由合格。他们找到的答案援引自有特定来源的案例文件。这样做是为了防止做出（错误的）解释，并保留检查在审查中的较早时候所作解释的可能性。接下来，这些引用被标记为支持（+）信息或伪造（-）信息，解释为什么要进行这种分类，并详述作为这种分类基础的理论（科学或常识）。这些潜在的理论可以接受他人的审查，并且它们的真实性可以被检验。

第5步：排除假设。当研究问题被尽可能完全地回答时，讨论每个小组的结果，如果可能的话，排除假设。目标是得出一个假设来进行进一步的审查。当不可能排除一个假设，但是它被发现是一个不太可能的选项时，它可以被放在一边，直到任何必要的额外信息显露。

为了保证审查透明，这些决定和论据都被记录在一个调查日志中，这也与整个审查过程中做出的所有决定保持同步更新[1]。

第6步：构想场景。在小组优先考虑一个假设（通常是犯罪）作为最可能的死亡原因后，先前讲解的程序为这个假设而重复使用。现在学生们将在最广泛的可能性中考虑尽可能多的现实（初步）情境。36他们被鼓励使用文献，因为文献中有一些研究，例如，对杀人动机的研究，学生可以用来补充他们的场景或构想新的场景。37

学生们所构想的场景是初步场景，因为它们通常只包含一或两个句子，所以还没有对事件做出完整的解释。这些场景通常包

---

〔1〕 这一步将在 ACTESO 课程的第 2 周结束时完成。

括此类描述：为何犯罪，以及由谁犯下。这里的目的不是要确定一个具体的嫌疑人，而是要有一个对可能嫌疑人的更为抽象的想法。"谁"将包括一群人，如"一个朋友"或"一个亲戚"，除非一个特定的人能立即被确定。

构想这些场景也要在小组中进行，以确保场景的广泛范围。随后在小组中讨论这些场景。由于学生已经开始研究部分案例文件，他们能够根据可用的信息重新定义由其他组确定的场景。这些场景并不是基于对整个案例文件的分析，因为学生在这个阶段还没有领会文件中的所有信息。陈述的场景被置入假设和场景模型中，并重新分配给学生。这个过程通常将会导致几十个场景。

第 7 步：制定研究问题。下一步是对不同场景的研究问题进行验证和证伪。两种类型的问题都需要考虑，以避免视野狭隘，并形成关于场景的一个基础良好的观点。这些问题需要提供在场景中仍然缺少的额外信息，并描述犯罪的法律定义（例如，这是过失杀人还是一级谋杀）。最后，也鼓励学生使用科学文献和咨询专家来回答他们的问题（并提出新的问题）。

除了在不同场景中所涉及的"谁"[1]以及为什么，也有一些犯罪的因素将会独立于场景，即 7 个 W 中的其他 5 个：

1. 发生了什么（法律定义）？
2. 发生在哪里？
3. 何时发生的？
4. 它是怎么发生的？
5. 它用什么发生的？

---

〔1〕 在荷兰，"谁"代表参与犯罪的任何人，包括行凶者或行凶者们，也包括受害者。关于受害者的信息收集将在"受害者研究"部分讨论。

因为这五个主题在每个场景中几乎都是相同的，所以它们可以被认为是场景的支柱。此外，这些主题的答案也可以被用来验证或证伪这个场景：这个行凶者能否在这个地点，在那个时候，用那个武器，以那种方式犯下罪行？

由于这 5 个 W 的重要性以及它们将导致的相对确凿的证据，相比于是谁以及为什么这类更温和的证据，需要首先调查它们。是谁和为什么在确定犯罪事实之前就已经被构想了，以确保开放的思想和防止案例文件中的信息影响到场景的建立过程。它们已经被确定，但现在被故意留在一旁，以防止对可能的嫌疑人的初步关注。从犯罪事实出发，我们使用的是犯罪驱动策略（与受害者驱动策略相结合）。[1]

第 8 步：信息收集——赞成和反对理由。再一次，在有关场景的信息收集中，研究问题处于主导地位。学生在案例文件、文献中寻找答案，并咨询专家。这 5 个 W 的答案被批判性地讨论、补充和记录，例如时间线、关系图和涉及的人员名单。在审查过程的这一部分花费大量时间，并且使其获得足够的关注是至关重要的，因为它是调查的支柱。

当概念场景被建立并且基于这 5 个 W 被记录下来时，就是时候去调查构想的初步场景（是谁和为什么）了。学生们寻找可以验证或伪造这些场景的证据。在这里，重要的是从场景和伴随的研究问题开始，并使用这些问题来确定什么场景最好地解释了案例文件中可用的证据（这里的一个重要来源是受害者研究报告）。

在这个阶段，调查的第一个主题是"为什么"。在关注一个可能的嫌疑人之前，把注意力集中在动机上的原因在于，可能的动机数量是有限的，而嫌疑人的数量是无穷无尽的。同样，在一

---

〔1〕 第二列的工作——受害者研究，也始于调查开始时。本章后面的"受害者研究"部分对这个过程进行了描述。

个动机中，可以有多个嫌疑人，理论上可以通过证明不可能存在某种动机来排除嫌疑人。此外，把注意力集中在动机上，又能防止太快地集中在一个嫌疑人（或一群嫌疑人）上。当发现一个动机是最可能的动机时，立即对可能的嫌疑人划分优先次序，首先来调查最可能的动机，从而使调查更有效率。

为了对"为什么"这个问题进行完整描述，需识别所有可能的嫌疑人。

与此同时，每一个被发现的信息都要被输入到假设和场景模型中，要么是确认信息，要么是证明某些场景（或场景的一部分）不可能。这导致了场景的调整。

第9步：优先次序和排除。现在收集到的所有信息都用于选择最可能的场景，其目标是对场景划分优先次序，最后确定几个场景（通常是5个或6个）以进行进一步的深入调查。整个过程中的一个关键步骤：在什么基础上我们可以选择一个场景，而不是另一个场景呢？是否有某些指示或其他合理的方法或理由可以指导这个过程？还是我们必须更加主观，并利用我们自己的知识、经验和直觉？

通常，选择是基于事实信息、经验和直觉的结合而做出的。事实信息包括来自案例文件、可用文献和咨询专家的信息。例如，文献可以提供有用的统计信息，可以用来评估不同场景的相对可能性。这些信息可以与以前遇到的类似案件的知识、逻辑推理和一些凭直觉获知的知识结合在一起。

在排除过程中，为了最大限度减少不可避免的主观性的负面影响，学生们首先各自选择场景。如果群体的大多数人基于相同的信息得出关于某些场景的相同结论，那么这个场景的选择是合法的。

如果所选的场景没有导致案件的解决，则没有通过排除过程的场景将被保留在假设和场景模型中以便进一步调查。

现在留给我们的是可管理数量的场景，它们正在被深入研究，以便获得可用信息和进一步调查的机会。[1]

现在的目标是收集足够的信息以获得少量的场景，这些场景将在单独的调查计划中被进一步概述。在整个调查过程中，场景的数量将会不同，这取决于人力、资源等。这是通过将学生分成三个或四个人组成的小组来完成的，每个人都被指定审查一个场景。他们对这种场景进行全面的审查，并在原始调查中对这种场景的调查进行评估。这个评估可以解释案例文件中缺失的信息，也可以帮助确定收集的证据和原始调查中所作的解释的可靠性。如果证据不是以有效的方式收集的，就可能会对证据的价值产生影响。在极端情况下，这可能意味着不能基于此种证据得出结论。

只有到了这一步，是谁的问题（第 7 个 W）才会被深入地讨论。是谁，不仅有确定的最可能的动机（之一）去犯罪，而且也有这样做的手段和机会？我们应对每一个确定的嫌疑人制定一个单独的文件，除了个人信息之外，还应包括任何询问或审讯的宣誓书，关于这个人的时间线，以及他们与受害者的联系。

当个人的审查和评估完成时，团队应聚在一起分享结果。这很重要，因为选择的做出需要在所有团队成员具有相同信息的情况下进行。这是通过提供支撑信息和证伪信息以及进一步调查的可能性来完成的。

接下来再次进入选择过程。荷兰警察学院使用小组支持系统（GSS）来协助这一最终选择过程。[38]GSS 是一个由软件和硬件组成的社会技术系统，在这个系统中，团队可以一起做划分场景优先

---

〔1〕 这一步将在 ACTESO 课程的第 4 周结束时完成。

次序的工作。学生们被要求在 0—100 的范围内对所讨论的场景
的可能性进行单独评估。这个排名依据的是被发现的证据和该证
据的质量或可靠性。然后在团队成员之间运用 GSS 呈现（以百分
比）场景是如何被排列的，以及哪种场景通常被认为是最有可能
的场景。它还显示了个体排名之间的变化。一个显示低变化的场
景被每个人认为是同样可能（或不可能）的，因此不需要被讨
论。然而，在排名中表现出高度变化的场景，显示出低度的一致
性，而应该讨论这种变化的原因（例如，对某些事实的不同解释
会导致这种变化）。在讨论了根源之后，可以重新进行民意调查
以评估该场景的排名。[1]

第 10 步：完成场景描述。这将导致精选数量的场景（1—3
种场景），它们被认为是对在这个案件中真实发生的事情的最可
能的解释，所以会尽可能接近事件的真实过程。下一步是使用从
各自的场景中得到的"是谁"和"为什么"的信息来完成场景描
述（直到现在只描述 5 个 W 的）。随着已经完成的全面审查，我
们能够尽可能详细地完成对事件最可能的过程的描述。每一个场
景都必须被调查，而且必须从逻辑上符合先前的场景，这可能在
犯罪故事中造成漏洞，需要进一步的调查。

这种详细描述的重要性是双重的：一方面，它迫使人们详细
描述不同的场景，从而暴露证据中的弱点和缺失环节。通过进行
额外的调查工作，这些弱点可以被（部分）消除，从而导致一个
完整而可信的犯罪故事。另一方面，这是一种解释所有可用证据
的方法。最可能的场景能比其他场景更好地解释可用的证据（包
括支持证据和证伪证据）。

---

〔1〕 这一步将在 ACTESO 课程的第 11 周结束时完成。

受害者研究

如前所述，关于受害者的信息不仅将为学生在这一阶段的许多问题提供答案，而且在整个审查过程中也是如此。此外，从犯罪现场的事实和受害者的信息开始，可以防止一直对某一犯罪嫌疑人进行关注。受害者研究能使大家对案件形成不同观点。

因此，在调查开始时的假设选择期间，工作人员还试图从案例文件中收集关于受害者的零散信息（参见图8.6）。在荷兰，受害者评估表（Slachtoffer Assessment Formulier or victim assessment form，SAF）被用来以结构化的方式收集和记录受害者的信息。这与前面提到的受害者调查表相似，但是更详细，并且最好由一个行为专家填写。(SAF的样本格式可以在附录B中找到。)

当SAF被完成时，受害者的风险水平是确定的，而嫌疑人可能的动机是不同的。风险水平提供了可能的嫌疑人或可疑群体的信息（例如，行凶者和受害人之间是否可能存在关系）。紧接风险水平，关于受害者的信息本身可以为犯罪提供动机，这可能会导向一个可能的嫌疑人或可疑群体。这些主题都是对假设和场景中形成的研究问题的投入。

嫌疑人研究

如图8.6所示，在调查开始时，正在形成假设，SAF的工作正在进展中，犯罪现场也在调查中。这种基于犯罪的策略的目标是双重的：一方面重构实际的犯罪，另一方面收集行凶者遗留的证据（DNA、痕迹等）。

在犯罪现场收集的信息随后被用来建立犯罪者的行为侧写。这个侧写可用于调查的后期阶段（即假设和场景的第10步）。

来自假设和场景过程和受害者研究的嫌疑人被列出，然后根据可用的证据来陈述对每个嫌疑人的赞成和反对理由。根据这些证据，第一个嫌疑人被选中。然后，将这些嫌疑人与基于犯罪现场的行为侧写进行比较，在调查开始时这个行为侧写已经被做出。首先调查那些最符合这个描述的嫌疑人，调查他们在犯罪之前和之后的行为。这里重要的是寻找行为上的变化，这些变化可以表明嫌疑人经历了一个重大的生活事件（比如犯罪）（第10章）。首先调查表现出最大行为变化的嫌疑人。这一选择将是对场景的选择和排除过程的投入（假设和场景的第10步）。

登记/文档

图 8.6 的第四列显示了应该在调查中使用的基本产品列表。该列的一些内容已经在前面的章节中讨论过了。我们将只概述那些以前没有讨论过的问题。

我们想简单地指出，在审查过程中，记录所作决策及制定它们的依据，是很重要的。缺乏对行为的适当记录是在重新调查一个冷案时遇到的最重要的困难之一。随着数字化的采用，案件档案变得越来越大。对于我们的冷案来说，包含大约 10 Gb（有时是数千页的文档）的信息是很常见的。这种惊人的信息量使得跟踪所有信息并以结构化的方式管理信息变得更加困难。[1]开发一些具有分析性的工具协助信息管理，例如一个名字列表、时间线和显示参与者之间关系的图表，还有记录每一个决定的日志（如前所述），以及使调查过程可视化的假设和场景模型，对于确保调查的透明度和可重复性也很重要。

时间线和关系图在这些类型的调查中是必不可少的，但也应

---

〔1〕 这些大的案例文件是我们采用基于问题的方法而不是阅读整个案例文件的另一个原因。

该用媒体时间线创建一个所谓的媒体文件。这个媒体文件应该包含在犯罪时，但也包括之后（也可能是在案件结束之后），每个媒体对这个故事的报道以及报道时间。跟踪媒体报道是为了知道什么仍然是内部信息（只有犯罪者会有所了解），这在可能的未来审讯中是很有帮助的。

最后，我们想提一下证据矩阵。这是一种补充书面犯罪故事的分析模型，因为它显示了法律条文要素被所收集到的证据证实的程度。它很快让人深刻理解有多少因素没有被（充分）证明，并在向法官提交案件之前保证进一步调查。

阶段3：调查计划[1]

自2003年以来，荷兰警方已经使用标准化的模型，如项目提案和更详细的调查计划。设计这些模型的目的是使调查过程更加有效率和有效。它们帮助指导调查，并使主管能够根据有效的和可比较的论据，决定进行哪些调查以及如何进行。

调查目标

根据优先排序的场景设置调查目标。在每一项调查中，目标通常都集中在重构一个与收集到的证据最匹配的真实的和可信的故事之上。有了真相，目标也可以从验证和证伪场景转换为寻找其他相关人员，确定他们的角色，并将他们带到法庭。

这个目标（或这些目标）需要根据SMART规则制定：具体的、可测量的、可接受的、现实的和时间限制的。一个设定很好的目标可以划定调查的界限，使调查团队更容易保持注意力的集中。

---

〔1〕 这一阶段必须在两周内完成。

制定一个策略

一个（调查）策略是在某一特定时间点使用调查方法以达到一定的目标[39]，并根据调查目标制定的。这是一项计划，说明在这项具体调查的背景下，如何最好地实现这些目标。在对凶杀案的冷案调查中，有一些基本的策略，包括基于犯罪的策略、基于受害者的策略以及基于嫌疑人的策略。

选择调查方法

在选择策略之后，应决定将采用哪些调查方法。这是一套为达到目标而采用的工作方法。[40]例如，如果选择以受害者为基础的方法，我们想要从受害者开始工作以实现我们的目标。为了获得关于受害者的大部分信息，并以最有效率和有效果的方式达到目标，应该使用哪些具体的调查方法？[41]

从前面的例子可以清楚地看到，调查方法的选择是基于之前确定的研究问题。这些问题指示了需要什么信息，现在需要确定最合适的方法来回答这些问题。

当列出所有的调查方法时，就需要对每一种方法的顺序和时间进行一些思考。顺序和时间取决于所选择的策略，但也取决于一种方法对另一种方法使用效果的影响。

结果和提交

所有这些信息（目标、策略和调查方法）都被记录在调查计划中。这是一种标准化的格式，也包含几个管理的领域，如调查的持续时间，可能的嫌疑人，可能的限制或在调查期间可能遇到的障碍，以及来自警察内部和外部的可能的合作伙伴，他们可能有信息或能够以某种方式帮助调查。

将审查和评估的结果提交给单位的代表。这些人可以是以前的团队成员、管理者、地区检察官和其他对案件和结果感兴趣的人。所有使用和创建的文档（日志、分析人员、时间线、假设和场景模型等）也被移交给提供冷案的单位。

总结和反思

我们已经提出了一种我们认为很有前景的冷案调查方法。然而，在教育环境中，我们用它进行工作的方式也带来了一些限制，读者应该意识到。

首先，我们对这个模型的经验是基于在教育项目中我们能够审查的数量有限的冷案。到目前为止，我们已经用这种方法完成了9个冷案研究，这意味着我们的经验相对有限。此外，到目前为止，我们的方法还没有任何结果。尽管有几起案件正在重新审理，或者处于在被我们审查后重新开放的过程中，但没有任何案件被解决或再次被封存。

这给我们的测试环境带来了另一个限制。如前所述，学生不被允许采取任何调查行动，因为我们审查的案件尚未正式重新开放。这意味着我们一直不确定我们最优先处理的场景是否实际上是最可能的场景，因为验证和证伪场景都是以有限的信息为基础进行的。理想情况下，根据我们的模型，这些行动将被采取。

此外，ACTESO课程为期13周，在此期间，在冷案审查和讲座之间分配有不同的时间。因此，学生只有有限的时间来进行审查。所以，对不止一种场景编写一份调查计划是不可能的。其他场景中的机会突出体现在个别评估报告中，而不是在调查计划中被具体说明。

最后，我们的冷案集中在凶杀案上，这限制了我们结论的普遍性。例如，我们没有将这一模式应用于性犯罪或绑架案件的经验。此外，目前还不清楚这种方法是否也可以在热案中使用。我们需要更多的经验和研究来更坚定地陈述我们的案件。

然而，很清楚的是，这种工作方式（基于问题和使用假设及场景进行工作）会激励一个调查团队在得出任何结论之前保持开放的心态并寻找广泛的可能性，从而避免像狭隘视野这样的危险。我们也发现，这种方法使团队能够在有限的时间内（3 个月，分为课程和案件工作）获得案例文件的全面内容，同时对进一步调查的可能性有一个清晰的思路，以及指出原始调查中的关键时刻，这些时刻帮助或阻碍了调查，并可以成为未来调查中仔细考虑的因素。

最后，我们想回顾一下这一章开头的玛丽安·瓦斯特拉案。如前所述，这是一个长期以来未决的冷案。多年来越来越清楚的是，行凶者可能不是一个寻求庇护者，而是芬克洛斯特地区附近的人。总共有 12 名不同的嫌疑人在不同的时间被逮捕，最初主要是寻求庇护者，后来也有来自附近的人，但是在他们中间并不能确认凶手。然而，在 2012 年，当对血液关系的重大 DNA 检测很清楚地会导致这个案件的解决时，一个突破产生了。来自媒体和公众的压力最终导致了立法的改变，使得这种大规模的（自愿的）亲属 DNA 检测成为可能。幸运的是，在 2013 年，来自附近村庄的一个农民，在他的 DNA 被发现与犯罪现场的样本完全吻合之后，承认了强奸和谋杀，警方的所有努力都得到了回报。那年晚些时候，他被判有罪。这是一个很好的例子，说明了通过结合新的法医技术和有策略的调查工作如何来解决一个冷案。

尾注

1. Bakker, B. (2007). Waarom is de moord op Marianne Vaatstra nooit opge-

lost? Amsterdam: Gopher.

2. Vuyk, S. (2010). De mysterieuze dood van Nicky Verstappen. Het verhaal van zijn ouders. Utrecht: De Fontein.

3. Vuyk, S. (2013). Marianne Vaatstra. Het verhaal van haar moord. Amsterdam: Nieuw Amsterdam. 4. Bakker, 2007.

4. Ibid.

5. Derksen, T. (2011). Leugens over Louwes. Deventer moordzaak. Leusden: ISVW uitgevers.

6. Haan, B. (2009). De Deventer moordzaak. Het complot ontrafeld. Amsterdam: Nieuw Amsterdam. 8. Oomens, P. (2012). De zaak Koos H. Dossier van een serie-moordenaar? Voorburg: U2pi bv.

7. Van der Heuvel, J. , and Huisjes, B. 2007. Doden liegen niet. Spraakmakende misdaden in Nederland. Kosmos Uitgevers.

8. Vuyk, 2010, 2013.

9. Pvov. (2005). Programma Versterking Opsporing en Vervolging. Naar aan-leiding van het evaluatierapport van de Schiedammer Parkmoord. Ministerie van Justitie.

10. Pvov. (2010). Eindrapportage programma PVOV. Deel Nederlands Foren-sisch Instituut. Ministerie van Justitie.

11. Kaasjager, J. (2007) Coldcase onderzoek. Opnieuw spitten in oude zaken. Blauw, 3, 6-10.

12. Pvov, 2005.

13. Smit, P. R. , and Nieuwbeerta, P. (2006). Moord en doodslag in Neder-land: 1998 en 2002-2004. Den Haag: WODC.

14. Ibid.

15. Ibid.

16. Van der Wal, R. (2012). Cold case en review. In N. Kop, R. Van der Wal, and G. Snel, Opsporing Belicht (pp. 287-297) . Den Haag: Boom Lemma.

17. Kaasjager, J. (2007). Coldcase onderzoek. Opnieuw spitten in oude zaken. Blauw, 3, 6-10.

18. Van Leiden, I. , and Ferwerda, H. (2006). Cold cases, een hot issue：Toepassingen en opbrengsten van hernieuwd onderzoek naar kapitale delicten. Apeldoorn：Politie en Wetenschap.

19. Pvov, 2005.

20. Van Leiden and Ferwerda, 2006.

21. Ibid.

22. Ibid.

23. Pvov, 2005.

24. Coppoolse, R. , and Vroegindeweij, D. (2010). 75 modellen van het onderwijs. Groningen：Noordhoff Uitgevers bv.

25. Ploegman, M. , and De Bie, D. (2008). Aan de slag! Inspirerende opdrachten voor beroepsopleidingen. Houten：Bohn Stafleu van Loghum.

26. Crombach, H. , Van Koppen, P. , and Wagenaar, W. (1992). Dubieuze zaken：De psychologie van strafrechtelijk bewijs. Amsterdam：Contact.

27. Spong, G. (2013). De breuk. Een van mijn opmerkelijkste moordzaken. Amsterdam：Uitgeverij Balans.

28. Snijders, K. (2011). Hoe temmen we het zevenkoppige monster? Besluitvorming enstraterieopbouw binnen rechercheonderzoeken. Doetinchem：Reed Business.

29. Adcock, J. M. , and Stein, Sarah L. (2011). Cold Cases：An Evaluation Model with Follow-Up Strategies for Investigators. CRC Press：Boca Raton, FL.

30. Davis, C. D. , Jensen, C. , and Kitchens, K. A. (2012). Cold-case investigations. An analysis of current practices and factors associated with successful outcomes. The RAND Corporation：Santa Monica, CA.

31. Jensen, C. , and Nickels, W. (2011). Integrating intelligence methods into criminal investigations. The Mississippi approach to solving cases. Laleia Journal, 20, 58-75.

32. Lord, V. B. (2005). Implementing a cold case homicide unit：A challenging task. FBI Law Enforcement Bulletin, 2, 1-6.

33. Blonk, G. (2007). De link in de veiligheidszorg. Den Haag：Reed Busi-

ness.

34. Heuer, R. (2005). Improving intelligence analysis with ACH. https://www. e-education. psu. edu/drupal6/files/sgam/Improving_ intel_ analysis. pdf.

35. Smit and Nieuwbeerta, 2006.

36. Snel, G. , Mulder, H. , and Van der Niet, A. (2012). Group Support System. Tactisch concept. In N. Kop, R. Van der Wal, and G. Snel, Opsporing Belicht (pp. 122-132) . Den Haag: Boom Lemma uitgevers.

37. Snijders, K. (2012). Strategiedenken binnen rechercheonderzoeken. In N. Kop, R. Van der Wal, and G. Snel, Opsporing Belicht (pp. 253-262). Den Haag: Boom Lemma uitgevers.

38. Van der Sijs, N. , Geeraerts, D. , and Den Boon, T. (2008). Dikke van Dale. Groot woordenboek van de Nederlandse taal. Utrecht: Van Dale Lexicografie.

39. Snijders, K. (2011). Hoe temmen we het zevenkoppige monster? Besluitvorming en straterieopbouw binnen rechercheonderzoeken. Doetinchem: Reed Business.

40. Van der Si js, N. , Geeraerts, D. , and Den Boon, T. (2008). Dikke van Dale. Groot woordenboek van de Nederlandse taal. Utrecht: Van Dale Lexicografie.

41. Snijders, K. (2011). Hoe temmen we het zevenkoppige monster? Besluitvorming en straterieopbouw binnen rechercheonderzoeken. Doetinchem: Reed Business.

III

后续调查策略

9. 将科学技术应用于冷案

阿尔伯特·B. 哈珀

刑事侦查中的科学与科学方法

自米兰达诉亚利桑那州案（1966 年，以下简称"米兰达案"）里程碑式的决定以来，科学在刑事调查中的作用已大大增加。米兰达案限制了警察对嫌疑人进行审讯的权力，尤其是当警察没有警告嫌疑人其有反对自证其罪的权利，且任何自认都会被用来对抗自己时。米兰达案限制了警方通过自认破案的能力，以至于需要将犯罪嫌疑人与受害者或犯罪现场进行详细联系的新方法。当然，科学一直被用来解决犯罪，长达几十年甚至几个世纪，但只有在米兰达案之后，科学解决犯罪的真正力量才被承认。

在警察审讯程序受到限制的时候，信息技术的进步开始了一场人类未知的分析能力的革命。从需要高度精密的微型计算机系统来监测和控制宇宙飞行所需的众多复杂参数开始，美国国家航空航天局的科学计划催生了大量的发明，这些发明导致了使用客观方法调查犯罪的能力。

法医在米兰达案之后的几十年里繁荣发展，成为一种引人注目的、富有魅力的职业，正如《犯罪现场调查》和其他热门电视节目所描述的那样，当局利用科学来解决犯罪、逮捕罪犯，并在类似火箭的时间线上看到他们被定罪。《犯罪现场调查》传递的信息，即犯罪可以通过科学来解决，适用于所有的犯罪调查，无论是热案调查还是冷案调查。

所有依靠科学解决犯罪的调查都有一个共同点，那就是科学是公正客观的。科学方法的客观性产生了结果的真实性，从而清晰地展示了嫌疑人与犯罪之间的联系。当被正确应用时，科学的方法能解决案件。

科学方法从简单的观察开始。为什么一个特定的物证出现在犯罪现场？这个简单的观察通过客观测试被评估，以一个假设问题的形式，假设一个简单的问题：这个证据把嫌疑人和犯罪现场联系起来了吗？如果答案是肯定的，就可以设计额外的问题和测试，进一步完善证据与嫌疑人之间的关系。每一个问题和测试都客观地质疑和完善一个假设。如果答案是否定的，那么调查可以停止，因为嫌疑人与证据有关的假设被否定了，没有进一步的分析可以提供任何新的信息。科学方法的力量和经济性在于它消除了对死胡同式的调查理论的猜测，并引导调查得出正确的结论。最终，所有有竞争力的假设都将被检验，被证明是错误的，并被排除在调查之外。通过排除的过程，剩下的假设是真实的假设和对案件事实的展示。

科学进步，数据库和联系的可能性

当然，物证在科学检测中的应用比简单地将在犯罪现场收集的任何东西送到实验室并进行检测要复杂得多。运用科学方法的逻辑来分析这一证据如何建立或推翻一个假设，也即证据证明力，必须在现场收集的每一项证据上进行。除了确定证据的证明力，调查人员还必须确定证据是否被储存在允许证据被检测或重新检测的条件下，也就是说，必须确定证据是否受到了污染。最后，调查人员必须确定，即使证据是有证明力的且未被污染的，证据是否是充足的，或者监管链（需要确定这一证据是多年前在犯罪现场收集的同一证据）是否被打破。如果存在这些情况，证据的价值就会大大降低，而继续进行评估可能是浪费资源。

DNA 和生物学证据

直到亚历克斯·杰弗里爵士证明 DNA 本身的某些区域可以用来唯一地识别个人（1985 年），DNA 是生命的遗传物质的法医学重要性才被充分意识到。在此之前，法医学一直依赖于红细胞抗原标记，如 ABO、RH 以及其他，HLA 系统的白细胞抗原，以及大量的血清蛋白，将嫌疑人纳入或排除出考虑范围。使用这些基因遗传标记识别个体的能力受到每个基因位点上生产变异的相对较少的多态性等位基因的限制。例如，ABO 系统包含三个不同的等位基因，而最常见的等位基因的频率超过 40%。如果嫌疑人是 B 型血，而遗留在受害者身上的血是 A 型血，那么嫌疑人就可以被完全确定地排除。然而，如果嫌疑人的血型是 A，那么嫌疑人就被包括在美国大约 40% 的人口中，除了嫌疑人作为可能的犯罪者能被包括在内之外，不能得出其他任何结论。在现代 DNA 技术出现之前，定型方法需要大量的血液。如果有足够多的样本，测定其他红细胞抗原的类型或检查血清蛋白多态性，以获得额外的识别力量，在理论上是可能的。

由于这些红细胞和血清蛋白变异是按照孟德尔遗传定律遗传的，一个人的血型是 B、Rh、PGM 2+1+、EsD 2-1 和 GLO 1 的可能性，可以通过简单地乘以各自等位基因的频率来计算。在这个例子中，如果 B 型血的频率约为 10%，Rh- 约为 15%，PGM 2+1+ 约为 20%，EsD 2-1 约为 20%，GLO 1 约为 20%，联合概率为 0.00012（$0.1 \times 0.15 \times 0.2 \times 0.2 \times 0.2$）或总人口的 0.012%，或者是 1000 人中的 1.2 人。这是一个非常少的潜在贡献者，但在一个拥有 100 万人口的城市，将有 1200 人具有这个特征。尽管这一结果具有高度的包容性，但如果嫌疑人在所有被测试位点匹配，那么另一个人可能是真正的行凶者的可能性是很大的。在大多数情况下，实际的识别力更多地近似于1∶100，并且价值有限。

大家认识到DNA分型有基因遗传的相同优势，于是法医血清学被取代。一对等位基因来自母亲，而另一对来自父亲，但在DNA的某些区域有高变区。在这里，DNA会被重复无数次，这些区域可以被识别、分离和分析。DNA在血清学上的作用，不是在每个位点上以有相对有限的3或4个基因变异复制，而是有7、9、13或16个单独的、高度可变的（即稀有的）等位基因可以被复制，并且获得的匹配概率近似于一万亿分之一或更大。千分之一与一万亿分之一的差异是显著性的，也是DNA技术如此迅速取代血清学的一个明确原因。

什么是DNA？

除了成熟红细胞之外，成年人的100万亿个细胞都包含细胞核，为遗传机制提供地方来制造和组装需要保持细胞正常生理功能的数以千计的蛋白质和酶，也为指令机制提供地方来复制细胞。这个令人难以置信的机器是脱氧核糖核酸，或称DNA，它由脱氧核糖糖分子主链和磷酸基团组成，含有四个碱基：腺嘌呤（A）、胸腺嘧啶（T）、胞嘧啶（C）、鸟嘌呤（G）。碱基的完全配对，A到T和C到G，创造了在人类基因组的30亿个核苷酸位置中发现的几乎无限的变化。DNA的双螺旋结构，有两股互补的由重复磷酸分子、糖分子和碱基组成的链，在1953年，沃森、克里克和富兰克林优雅地展示了它们。在细胞分裂之前DNA双螺旋链的复制期间，DNA在一端被打开，并添加了互补碱基：G到C，C到G，A到T，T到A。这种互补结构允许创建一个精确的DNA重复链。当我们试图制造DNA某些区域的多个副本时，将利用 DNA 的这一重要特征。

DNA 本身在细胞核中被进一步组织成染色体，包括 DNA 的特定序列片段和被称为组蛋白的保护性蛋白。在人类体中，有 22 对配对的染色体，编号为 1 到 22。我们从母亲那里得到一个 1 号染色体，从父亲那里得到一个 1 号染色体，独立的 2 号和 3 号染色体等，直到从母亲那里得到 22 号染色体，从父亲那里得到相似的配对的染色体。每个人的母亲都贡献了第 23 条染色体，即 X 染色体，每个人的父亲都贡献了第 23 条染色体，这条染色体可以与来自母亲的 X 染色体是一对，在这种情况下，这个人是女性，或者是 Y 染色体，在这种情况下，这个人是男性。除了第 23 条染色体之外，染色体对相同位置上具有 DNA 碱基对的相同基本序列。这并不意味着成对的染色体是完全相同的；事实上，在大多数个体中，在字母序列（ATCG）或者是每条染色体的重复序列的变化中，都存在由于变异或在染色体复制期间产生的微小差异。这些变异被称为多态性，是使 DNA 将嫌疑人与犯罪现场和受害者联系起来的非常有用的因素。

法医 DNA

在犯罪现场获取 DNA 的机会几乎是无穷无尽的。DNA 可以从与嫌疑人接触的任何物证中获得，也可以从与嫌疑人相关的任何生物学过程中获得。例如，如果在入室盗窃中，嫌疑人在窗玻璃的尖利碎片上割伤了手，嫌疑人的血液将是极好的 DNA 来源，可以将其与犯罪现场连在一起，尽管事实上红细胞没有细胞核并因此没有核 DNA。白细胞或白血球，虽然远没有血红细胞常见，但有核 DNA，在一滴血中有足够数量的 DNA 被分析。在任何调查中，血清学证据的价值都是最重要的，因为它表明了嫌疑人和受害者之间流血联系的重要性，是证明有罪的有力证据。

无论何时，一个人接触到任何表面，皮肤细胞都会不断脱落。调查人员应特别注意嫌疑人可能曾佩戴、触摸或处理过的证据。衣物，尤其是手套、帽子、衬衫、内衣和袜子，与皮肤表面有密切的接触，是 DNA 潜在转移的极好证明。此外，嫌疑人徒手接触的任何表面都可能留有他的皮肤细胞中的 DNA。头发经常出现在犯罪现场。虽然大多数头发都是已经死亡并自然脱落的，但在某些情况下，头发可能会被强力拉扯，而发根中含有核 DNA。在头发中获得线粒体 DNA 的可能也是非常大的。在过去的十年中，DNA 技术最重要的进展之一体现为分析仅代表少数细胞的微量 DNA 的能力。

在性侵案件中，调查人员应该从受害者身上的任何咬痕中寻找来自嫌疑人的唾液，当然还要从受害者、她的衣服和被褥中提取精液。避孕套是一个特别优秀的连接工具，因为内表面将包含男性嫌疑犯的精液，而外表面则有受害者的阴道上皮细胞。

其他类型的物证可能会产生足够数量的 DNA，以便进行分析和识别，包括烟头、咖啡杯和饮料容器等丢弃物。上皮细胞从嫌疑人的嘴唇和唾液转移到物体上，然后这个物体被丢弃。

调查人员不应忽视其他潜在的 DNA 来源，包括尿液、粪便和呕吐物，这可能是与嫌疑人的一种可能联系。

由于下一节所讨论的 DNA 技术的巨大敏感性，调查人员用他/她的 DNA 来污染证据的可能性极高。正如嫌疑人脱落大量的皮肤细胞和毛发一样，调查人员也脱落大量的皮肤细胞和毛发，从而为证据提供了额外的个人 DNA。DNA 污染在涉及 DNA 证据的任何案件中都是一个主要问题，必须由穿着隔离服的调查人员阻止污染，防止生物材料从调查人员转移到证据上。

DNA 技术

在许多案件场景中，DNA 的常规实际应用在一定程度上是由于具有 13 个单独测试一起相乘的巨大的统计分辨能力，从而提供了嫌疑人与犯罪现场个人联系的极大可能性。另一个使 DNA 如此具有价值的因素是，微量的生物物质足以做出准确的测定。使用微量证据样本能力背后的原因是凯利·穆利斯博士在 1983 年发展了聚合酶链反应（PCR）技术。PCR 可以在数小时内无数次地扩增每个相关的 DNA 序列。如果没有能力扩增相关的序列，通常需要超过 100 万次，许多法医样本将无法进行分析。PCR 的工作原理是通过引物分子识别多态 DNA 的特定区域，而这些引物分子是对一股相关序列的补充。然后将特定的序列加热，从而打开 DNA 的双链。链开放后，互补碱基与对应的碱基配对，即 A 到 T，T 到 A，G 到 C，C 到 G，生成两个新的精确的原始 DNA 的副本。然后将溶液冷却，使新链能够结合，溶液重新加热，两个新链重新打开，新的碱基与它们的对应碱基配对，然后冷却成 4 股。4 股变成 8 股，8 股变成 16 股，16 股变成 32 股，在这个过程的 30 次循环后，大约有 10 亿份原始 DNA 的副本存在。

在实践中，商业工具包允许相关 DNA 的许多选择区域同时倍增，这被称为短串联重复（STR）。STR 是染色体上的非基因编码 DNA 在四个碱基对单位中微分次数重复出现的区域。根据重复序列的长度，STR 类似于被称为迷你卫星或微卫星的重复 DNA 序列。选择 STR 进行法医分析，是因为重复单元的短长度使得 PCR 扩增比具有长基对的重复单元简单。重复单元发生的次数是遗传的，而且是高度可变的，因此高度多态性使得 STR 对识别非常有效。

更重要的是，STR 在基因组中是非常常见的，这使得在一个特定染色体上找到一个 STR 相对简单。一个 STR 位于一个染色体上，另一个 STR 位于一个单独的染色体上，这意味着它们共同发生的联合概率是每个等位基因频率的乘积。美国联邦调查局已经确定了位于 12 条染色体上的 13 个独立的 STR，这已经成为所有法医鉴定的基础。在实验室里进行的法医检验被商业工具包简化。商业工具包允许标准化的检测和统一的 DNA 检测结果报告。因为 STR 的尺寸是小的，有 100 到 400 个碱基对，所以通常可以放大短序列的 STR DNA，即使 DNA 的大链被细菌、紫外线照射或其他导致 DNA 变性的因素降解。法医样本通常不那么纯洁，因此，在边缘环境下，STR 会使鉴定成为可能。

在过去的十年里，DNA 技术的一个更重要的发展是分析技术的改良允许在有极少数量的 DNA（近似于 0.1 ng）的情况下进行 STR 分析。大多数实验室需要 0.5 ng 到 1.0 ng 的 DNA，以便在 PCR 过程中扩增样本。低拷贝数（LCN）DNA 分析的出现使几年前不可能的分析成为可能。检测和扩增微小 DNA 的这种不断提高的能力并不是没有缺点，因为这些方法对污染的来源和任意的、随机的变异非常敏感，而后者是放大这种微量 DNA 所固有的。DNA 图谱的解释很复杂，并且可能会为 LCN DNA 图谱的可采性带来法律上的挑战，然而，作为一种调查工具，该方法为发现冷案的调查途径提供了很多希望。

联合 DNA 索引系统（CODIS）

由于 STR 具有极高的个体化潜能以及能够从微小或边缘样本中增加数百万的目标 DNA 副本，美国联邦调查局在 1990 年创建了 CODIS，随后国会通过法案，正式确立了联邦调查局在维护 DNA 数据库方面的卓越地位。CODIS 交叉引用了一个 DNA STR 位点的数据库，该数据库针对被定罪的罪犯，从犯罪现场发现的

DNA 样本，以及来自身份不明的人的 DNA 样本。CODIS 的连接能力使冷案调查获得突破，并使许多案件得以解决，否则这些案件会一直是冷案。CODIS 已经成为冷案调查者在确定未知犯罪者身份方面的最佳资源。

CODIS 的能力是能够匹配或连接多个不同来源的 DNA，包括没有嫌疑人存在的案件。此外，CODIS 数据库连接了地方、州和联邦执法机构，使全国范围内的连接是可行的。CODIS 系统基于一个三层体系，是比以往更大的数据库。首先，地方 DNA 索引系统（LDIS）检测犯罪现场样本，这些样本经过处理、分析，然后输入到本地数据库中。如果 DNA 与 LDIS 中的嫌疑人样本匹配，则可以在不需要进一步搜索数据库的情况下解决这个问题。

如果样本在当地查询无果，那么这些数据就会被上传到州 DNA 索引系统（SDIS），与被判有罪的重罪犯和其他人的犯罪侧写进行额外比较。根据州的 DNA 采样条例，这些人是 SDIS 的一部分。犯罪现场的未知人物也与其他因未解决而未知的样本进行比较，试图将多个案件连接到一个共同的 DNA 图谱。

如果样本在州内查询无果，可以将图谱提交到国家 DNA 索引系统（NDIS）中进行分析比较。NDIS 可以对来自多个司法管辖区的 DNA 图谱进行比较，并跨越州际线连接偏远的犯罪现场。

所有的数据库上传和搜索都局限于公共法医实验室，并由联邦调查局操作和管理。联邦调查局负责维护实验室授权终端的安全网络。如果在不知名的样本和数据库中的罪犯之间显示匹配，这个样本就会被重新检测，并且会生成一个报告，提交给当地的执法机构。这个报告是从嫌疑人处获得已知 DNA 样本的基础，可以将其与来自受害者或犯罪现场的未知 DNA 进行比较。CODIS 在冷案调查中的重要性无论如何被强调都不为过。

在冷案调查中，数据库搜索结果的重要性是巨大的。通过

DNA 匹配将嫌疑人与犯罪现场或受害者联系起来是冷案技术最重要的发展之一。然而，在许多情况下，CODIS（和本地）搜索不能产生精确的 13 个位点匹配，但确实在少于 13 的位点提供了匹配。在这种情况下，调查人员可能希望根据兄弟姐妹、父母、孩子和其他亲属因孟德尔遗传定律而共享许多染色体的事实进行额外的家族搜索。这个搜索可能会揭示一个人是犯罪者的亲属，从而提供一个重要的调查途径。家族搜索的可用性和可接受性在各州之间有所不同，调查人员应当查阅其管辖范围内的州法律。

线粒体 DNA、Y 染色体和其他 DNA 分析

线粒体 DNA

尽管有放大 DNA 微小或边缘样本的可能，但事实是，并非所有的生物样本都含有足够的核 DNA，以提供一个允许进行 CODIS 比较的完整的 STR 侧写。在许多冷案中，生物证据的样本保存在温暖潮湿的环境中，真菌和细菌破坏了通常很小的生物样本。在这些案件中，还有其他的方法来获取能够将嫌疑人与受害者或犯罪现场联系起来的 DNA 图谱。最有用的是线粒体 DNA 的存在，它在每个细胞中都有成百上千的副本。线粒体是每个细胞中的细胞器，它负责将 ATP 转化为细胞的能量。它们在结构上和细菌相似，可能在数亿年前被纳入真核细胞中。线粒体中含有一条由母系遗传的环状 DNA 单链。与核 DNA 一样，线粒体 DNA 也会分解，但由于每个细胞中线粒体 DNA 的复制量庞大，所以经过多年的降解后找到线粒体 DNA 的可能性比发现核 DNA 的可能性更大。此外，在所有类型的毛发，甚至没有根的头发中，都发现了线粒体 DNA。在犯罪现场，毛发是很丰富的，当其他方法失败时，线粒体 DNA 提供了获得有关嫌疑人遗传信息的一种独特

的方法。

尽管线粒体 DNA 在存放较久的法医样本上有很多优势，但遗传模式对线粒体 DNA 的有用性有很大限制。除了一些非常有限的情况外，所有的线粒体 DNA 只能从母亲那里遗传。位于父亲精子细胞鞭毛的线粒体在受孕时被酶破坏。线粒体 DNA 唯一的来源是母亲卵子中的线粒体。随着胚胎的分裂和生长，来自母亲细胞的线粒体在成人体内繁殖和生长。这一事实的法医学含义是，母系血统中的每一个人都有相同的线粒体 DNA，因此同一母亲所生的所有兄弟姐妹，母亲的兄弟姐妹，她的母亲，她的祖母，以及所有其他的母系亲属，都将分享相同的线粒体 DNA 图谱。简单地说，线粒体 DNA 不能被用于识别具有核 STR DNA 所提供的相同秘密程度的个体。许多人可能有共同的母系祖先，并因此被包括在可能的样本来源中。然而，线粒体 DNA 排除嫌疑人的能力是绝对的。

成千上万的线粒体 DNA 图谱虽然不是唯一的，但仍然能够成为一种重要的调查工具。线粒体 DNA 类型是高度可变的，有能力排除超过 99.9% 的潜在贡献者。此外，在失踪人员和未知的受害者案件中，线粒体 DNA 能够提供唯一可能的身份证明。

提取和倍增线粒体 DNA 的分析过程与 STR DNA 非常相似；然而，分析的重点是线粒体 DNA 分子的两个超可变部分。比较分析包括在选定的区域识别 780 个核苷酸碱基（A，T，G，C）的实际序列，并将已知的样本与被质疑的样本进行比较。倘若匹配，美国联邦调查局管理的线粒体 DNA 数据库可以用来确定特定核苷酸序列的频率，然后计算两个样本匹配的概率。同样，调查人员必须记住，一个匹配只意味着嫌疑人和他/她的母系亲属不能被排除在一个被质疑的样本贡献者之外，因为没有任何线粒体 DNA 图谱是独一无二的。

Y 染色体 STR（Y-STR）

就像我们从母亲那里继承了所有的线粒体 DNA 一样，所有的男性都从他们的父亲那里继承了 Y 染色体。Y 染色体有包含核 DNA 的区域，这些区域拥有与其他 22 条染色体上的 STR 完全一样的 STR。这些 STR 的处理方式与其他 STR 序列相同。Y-STR 的法医使用含义与线粒体 DNA 完全相同。不可能有一个独一无二的 Y-STR 图谱。作为索引主体，同一个父亲所生的男性兄弟、他的父亲、他的祖父和所有的父系亲属都有相同的 Y-STR 图谱。这并没有减少使用 Y-STR 识别潜在嫌疑人的调查潜力，但确实将识别个人的区分能力限制至大约 1/2000。

在性侵案件中，通常有女性受害者的女性上皮细胞和数量较少的男性精子细胞相混合，女性细胞与男性细胞的比例可能会阻止 DNA 混合物中的男性成分被看到。在一个常见的反应中，考虑到放大和分析所有 STR 的技术过程，DNA 中男性成分的存在可能会被更普遍的女性 DNA 淹没。解决这个问题的方法是，只放大位于 Y 染色体上的 STR。受限于不止一个男性有这个侧写，这允许对 Y 染色体的可能来源进行鉴定。这在三种情况下尤其有价值：（1）未知的证据样本精液检测呈阳性，除了受害者的 STR 可被检测到以外，没有其他 STR；（2）证据显示有男性-女性混合物的迹象；（3）超过一名精液提供者被怀疑。

单核苷酸多态性（SNP）

除了线粒体 DNA 和 Y-STR 分析外，调查人员应当考虑 SNP 检测的潜力，尤其是在证据样本退化以至于无法识别 STR 位点的案件中。SNP 是单碱基序列变异，在整个基因组中也是非常常见的。SNP 最初是作为识别人类遗传疾病的一种有用的医学程序来发展的。直到最近，SNP 技术才被应用于法医问题，因为 SNP 序列的长度通常很短，更容易出现在高度退化的 DNA 中。因为 SNP

位点通常只有两种可能的等位基因，所以这种区分能力远低于STR。估计约有 50 个 SNP 位点需要经过测试才能达到 STR 的区分能力。

涉及 SNP 的最新研究包括，证明 SNP 在不同的人群中是非随机分布的，因此可以用其来建立样本来源的种族血统。一种特别复杂的 SNP 和其来源的种族血统之间的关联当然是有限的，因为具有混合遗传背景的个体可能没有表现出预期的表型或身体特征。许多实验室正在研究预测证据样本来源的物理外观并且有着有希望的结果。现在可以根据红头发相关基因的 SNP 检测来鉴定有红头发的个体。同样，对 SNP 和眼睛颜色、指纹图谱、其他物理特征的研究也可以为研究人员提供一些关于生物证据来源的物理身份的信息。

非人类 DNA

在少数案件中，非人类生物证据与嫌疑人或受害者的联系可能提供解决案件的必要证据连接。人类经常与狗或猫生活在一起，狗和猫往往会脱落大量的毛发，所以在一个有狗或猫的环境中，动物的毛发几乎不可能不转移到嫌疑人身上。法医研究人员为狗和猫开发了一系列 STR 和线粒体 DNA 测试，它们创造了通过出现在环境中的动物毛发来连接嫌疑人和受害者的潜力。

在其他案件中，植物材料的转移可能提供必要的联系。如果特定种类的植物在犯罪现场所在地很罕见，那么，在犯罪嫌疑人或受害者身上发现的植物证据，是将此证据与犯罪现场联系起来的强有力的联系。

指纹证据

指纹形态变化的法医学应用并不新鲜。在中国，指纹被用作个人识别的一种手段，已经有几个世纪之久。1858 年，威廉·赫歇尔爵士制作了本土印第安工人的手印以识别他们，但第一次确认指纹可以用来识别或排除犯罪嫌疑人的是亨利·福兹博士（1880 年）。到 20 世纪初，人们都知道指纹显示出非凡的个人区分能力，到 20 世纪 20 年代早期，指纹识别几乎已经完全超越了用于识别个体的贝迪永人体分类法。

指纹的生物学发展基础很好。手指、手掌、脚趾和足底表面的掌纹皮肤在第 16 周左右在子宫内发育。表皮下的基底细胞生长迅速，在个体内形成独特的脊状特征，直到死亡和皮肤分解。皮肤的内层——真皮，包括血管、神经和汗腺，这些腺体负责产生湿润和油腻的分泌物，这些分泌物沉积在光滑的表面，以形成纹路和形态学表征。指纹被认为是一个个体所独有的，从来没有人被发现拥有相同的指纹，即使拥有相同 DNA 基因的双胞胎也没有。

指纹分类

指纹是一种特别有价值的识别方法，因为它们很容易被分类为允许手工和计算机辅助识别的特征。第一级分类包括对一个弓形、环形或螺纹模式的确定。这三种基本模式中存在子模式，因此，一个弓可能是平坦或帐篷形状的；一个环可能是尺骨状的或放射状的，这取决于斜面的方向；一个螺纹可以被描述为中央口袋型的、双箕型线或偶然发生的。由爱德华·亨利爵士于 20 世纪早期开发的主要指纹分类系统，依赖于不同手指上不同图案类型的纹线计数的变化。10 印卡系统允许执法机构手工收集、分类和搜索数百万的指纹记录。

二级形态由摩擦脊的详细模式变化组成。一个脊可能会走到尽头。它可能分叉成两个脊，或两个脊可能会聚集形成一个单独的脊。脊可以形成岛屿或点。在孔隙形状、数量和一个与另一个的相对位置的微小细节的模式中，以及脊边缘形态的变化中，发现了额外的区分潜力。这种变化被称为三级，与一级和二级的变化连续一致，允许检查者进行鉴定。在三级形态中，两个手指之间的任何一个无法解释的差异都会得出结论，即被质疑的和已知的指纹来自不同的人，而嫌疑人被排除在外。只有当每个被检查的特征都与指纹一致时，检查者才能断定是同一个人的指纹。

指纹识别的进步

在犯罪现场或在物证上，我们遇到的通常是两种类型的指纹。第一种类型的指纹是肉眼可见或被发现印到软材料上的。在软材料上，没有额外的处理也很容易识别其是指纹。第二种类型的指纹是肉眼不可见的，需要额外处理才可见，被称为潜在指纹。在过去的几十年里，使看不见的指纹显现已经取得了巨大进展。

传统上，潜在指纹是通过在物证或犯罪现场的区域表面涂粉发现的，这些区域因为靠近可能与犯罪有关的物证而有希望。黑色粉末（或白色粉末，取决于背景表面的颜色）喷粉已经被紫外线下荧光粉的使用、氰基丙烯酸酯（超胶）烟熏、强大的法医和替代光源、新型增强剂取代。根据表面的不同，可以应用不同的分析序列来增加发现潜在指纹的可能性。各种可能的方法都要求调查人员与犯罪实验室进行充分的协商，以便在每个案件中确定最合适的方法。

对于冷案调查人员来说，不幸的是，任何以前未被探测到的指纹都能在被存放后的几年里被发现，但指纹的化学反应让这种希望减少。潜在的指纹主要是外分泌汗腺的产物，它是无机盐、各种有机脂类、氨基酸、蛋白质和其他有机化合物组成的含水混合物。如果不受干扰，潜在指纹可能会保存很长一段时间；随着时间的推移，印痕变干，在原始处理过程中或者在证据收集后因为处理不小心，可能很容易地被损坏或擦掉。

先前发现印痕的分析和自动指纹识别系统（AFIS）

就像新技术可能允许冷案调查人员重新检查物证以寻找以前未发现的指纹一样，旧的指纹也可能会为嫌疑人身份的确定提供新的线索。在过去的 20 年里，开发的最重要的技术之一是使用数字增强技术，以消除背景干扰或提高现有潜在指纹的可见分辨率。虽然在一些案件中，这些类型的增强技术可以通过在胶片摄影中使用滤镜来实现，但数字增强软件通常是可用的，相对容易使用，而且在提高现有指纹的外观质量方面非常有效。增强程序包含在大多数商业图片处理软件包中，如 Photoshop 和 CorelDRAW，并在互联网上通过各种可用程序免费提供。

与 AFIS 结合后，图像增强的重要性变得更加明显。AFIS 对于冷案调查人员来说是一个很重要的工具，因为使用老版的 10 印卡，检查人员只能使用 Henry 系统审查有限的记录组。有了 AFIS，一台计算机可以检查数百万条记录，并在几分钟或数小时内为指纹检查人员提供一组排序的候选指纹，以供检查和排除。已知指纹和被质疑指纹的实际比较没有改变。检查人员审查每一个指纹，寻找足够数量的共有的二级和三级特征，准确联系彼此，以得出这两个指纹出自同一来源的结论。不同的是，在 AFIS 系统中选择哪一指纹进行比较的工序大大增加。

集成化自动指纹识别系统（IAFIS）是美国联邦调查局管理的国家指纹和犯罪历史系统。联邦调查局管理着世界上最大的数字化指纹数据库，在刑事主档案中包含了超过 5500 万名主体的指纹和相应的犯罪历史信息。IAFIS 提供自动指纹搜索、潜在搜索、电子图像存储和指纹电子交换以及对全国执法机构的响应。对一个提交了电子指纹的机构的回应可能只有 2 小时。通过逮捕嫌疑人获得的指纹和相应的犯罪历史信息可能由州、地方和联邦执法部门提交。指纹经过本地处理，然后通过电子方式转发给国家或其他联邦机构处理。然后指纹以电子化方式通过联邦调查局的刑事司法信息服务系统的计算机网络传送到 IAFIS 进行处理。10 印卡可能会被邮寄给联邦调查局，然后被转换成电子格式，由IAFIS 处理。

AFIS 为冷案调查人员提供了三个可能的搜索场景。首先，未知的指纹可以与存储在数据库中的已知人员的 10 个指纹图像进行比较。如果没有匹配，未知指纹就可以存储在未解决案件的数据库中，以便将来进行搜索。其次，新的 10 指纹图像可能会被用来搜索先前不匹配的未知指纹。最后，未解决的未知指纹可能与其他未解决的未知指纹比较，从而将单个犯罪嫌疑人与多个犯罪现场联系起来。

除了 IAFIS，许多机构维护地方 AFIS 数据库。对冷案调查人员提出的问题是，未知指纹之前是否通过 AFIS 系统被搜索并且是不确定的。如果是这样，应该重新提交指纹，因为增强提交给AFIS 的数字图像的能力已经极大提高，选择潜在匹配的新算法已经被开发，并且地方 AFIS 和国家 IAFIS 数据库已经逐渐扩大到包括更多被捕人员。当这些因素结合时，需要一个冷案调查人员重新提交任何未确定的指纹，由 AFIS 进行额外搜索。

弹道学证据

将犯罪嫌疑人与犯罪现场联系起来的第三项重大进展是开发了弹壳和子弹的比较数据库。所有的枪支都有独特的个性化特征，因此每把枪都是独一无二的。开枪时，从枪的较硬金属到弹壳和子弹的较软金属上，金属对金属的机械力量创造独特的印记。后膛面标记的使用，撞针印记，弹壳上的弹射标记和陆地印痕，以及其他在射击子弹上的随机条纹，已经被使用了将近一个世纪，以将弹壳和子弹与特定的枪支联系起来。弹壳和子弹与枪支的匹配过程是用比较显微镜完成的，枪械检验员同时查看已知和未知样品。就像指纹识别一样，一个匹配是基于检查人员的经验，他决定已知的和未知的样品是否有足够数量的相同特征，没有任何无法解释的不一致要被考虑。在他看来，样品是发射自同一武器。

相关的比较包括在犯罪现场发现的弹壳和子弹与嫌疑人的枪支的联系。如果枪支是在犯罪现场发现的，那么已知的试射能被用来将这支枪与其他犯罪场景联系起来，或者被保存下来以进行未来的比较。也有可能将来自多个犯罪现场的使用过的弹壳和子弹联系起来，从而显示多起犯罪之间的关联，这也许能通过与多个场景进行关联而提供关于未知嫌疑人身份的有用信息。这些比较对单个检验员来说是非常耗时和费力的工作，他们通常在一个单独机构中工作。将多个事件关联起来的能力受限于特定检查员的记忆，并且多机构的比较几乎是不可能的。

20 世纪 90 年代初计算机数据库的出现，创造了匹配枪支和弹壳以及枪支和子弹的能力，跨越机构管辖权。就像在有指纹的案子中一样，现在，冷案调查人员有可能使用计算机数据库来提供武器和嫌疑人之间的联系，这曾经几乎是不可能的。美国酒精、烟草和枪支管理局（ATF）创建了最初的比较系统，即"停火"，联邦调查局几乎同时创建了一个相互竞争的完全不兼容的系统，称为"毒品之火"。到 1999 年，这两家机构合并成目前的系统——国家集成弹道信息网络（NIBIN），它有能力将发射的弹壳和子弹与区域和国家数据库中的一个特定武器联系起来。

NIBIN 网络由 ATF 管理，ATF 提供设备和培训。ATF 为联邦、州和地方执法部门、法医科学实验室和检察机关管理自动弹道成像技术，这些机构被允许将弹道信息输入 NIBIN。这些机构使用集成弹道识别系统（IBIS）来获取从犯罪现场或已知的犯罪枪支试射中发现的弹壳和子弹上的痕迹标志的数字图像，并通过电子图像比较将这些图像与早期的 NIBIN 条目进行对比。如果在已知和未知之间出现一个高概率匹配，那么枪械检验员将比较原始证据来确认匹配或 NIBIN 命中。自动搜索功能提供了地方、区域或国家的比较，这些比较能够提供犯罪之间的联系，包括如果缺少这个技术则永远不会被识别出的联系。

对于冷案调查人员，NIBIN 打开了可能从未被探索过的连接可能性。重新检查现有的弹道证据，将犯罪现场的弹壳和子弹与嫌疑人的枪支相联系，或将犯罪嫌疑人可能犯下的多重罪行联系在一起，能够为解决冷案提供有价值的信息。与 IAFIS 数据库一样，新的弹道数据不断地被输入到 NIBIN 数据库中，这使得在冷案调查中，重新提交弹道证据以对数据库进行新的搜索尤为关键。新的联系总是可能的，并且应该在每一个有弹道证据存在的情况下做出。

不断发展的技术使得拥有将发射出的子弹和弹壳与枪支联系在一起，将多个犯罪现场联系起来的更强大的能力成为可能。法医技术为子弹和弹壳开发的 3D 自动化 IBIS 系统，提供了传统数据库比较不具备的额外的连接能力。

其它数据库和分析工具

三个主要的国家数据库使冷案调查人员具备了连接 DNA、指纹和弹道证据的能力，除此之外，还有一些更小、更有限的数据库可以用于其他类型的物证，这在某些情况下可能有用。涉及汽车涂料碎片的案件，通常来自肇事后逃逸事件，可能会在国际法医汽车涂料数据查询（PDQ）中得到帮助，它包含与原始汽车涂料有关的化学和颜色信息。美国联邦调查局和加拿大皇家骑警（RCMP）合作创建并支持一种经过验证的和可搜索的汽车涂料数据库，该数据库可用于识别肇事后逃逸恶性事故和其他涉及汽车涂料调查中的被质疑涂料样品的制造者、型号和年份。在有涂料碎片证据存在的这种类别有限的未解决案件中，这是一个非常有价值的调查工具。

其他潜在的重要数据库包括用于鞋印比较的数据库。Tread Mark 和 SoleMate 对在犯罪现场发现的印痕的来源制造商、尺寸、图案和磨损提供比较。TreadMark 是一个拥有超过 5000 个车辆轮胎印痕的数据库，在一些案件中，它可能是嫌疑人汽车与犯罪现场的一个非常宝贵的联系。汽车玻璃的物理特性可以在玻璃证据参考数据库中被搜索到。笔迹可以在由联邦经济情报局维护的笔迹法医信息系统（FISH）中被搜索到，联邦经济情报局还维护着保存有 9500 多种墨水的国际墨水库。虽然应用有限，但现有证据的性质可能使晦涩难懂的数据库成为调查人员特别宝贵的资源。与所有数据库查询一样，随着数据库不断更新，必须反复进行搜索。

除了物证数据库之外，分析工具对重新展开调查也可能有很大的帮助。在许多冷案中，没有人指导新的调查员审查大量纸质文件。冷案分析工具包（CCAT）帮助调查员组织大量的纸质文件，为明智的决策和有效地规划新的行动过程提供基础。由英格索兰咨询公司开发的 CCAT 是一种全面的分析工具，旨在协助执法部门管理先前获取的大量的文件（通过 OCR）和案件事实，允许对数据进行全面管理，同时为所有相关证据提供新的分析视角。CCAT 可以搜索和组织无限数量的电子记录和数据库以及基于 Web 的资源网站。它允许冷案调查人员充分利用先前调查和研究过的材料，来帮助其准备和实施新的调查行动。

结　论

　　冷案调查人员面临着解决日益增多的未解决的凶杀案和严重侵犯案件的艰巨任务。虽然案件未解决的原因是高度可变的，但一些有物证的案件，现在可以使用高度复杂的法医科学方法对证据进行检测或重新检测，这些方法可能在证据第一次被收集时不存在。在一些案件中，证据可能从未被提交，因为证据价值不被认可，或者样本太小以至于不能被那时的技术分析。在一些案件中，证据可能已经被分析过，但能从现代技术的重新检测中受益。在涉及物证的大多数案件中，新的科学发展使得对这些证据的重新评估成为可能，特别是由于综合证据联系项目的发展，如 CODIS、IAFIS 和 NIBIN，它们能够提供来自犯罪现场或受害人的未知的、不能辨认的样本和与嫌疑人有关联的已知样本之间的联系。最近建立的这些数据库为解决冷案提供了一个以前从未有过的机会。冷案调查人员面临的挑战是要认识到案件中物证的潜力，并进行必要的法医分析，以建立物证与嫌疑人、受害者和犯罪现场的关联。

参考文献

1. Bieber, F. R. , C. H. Brenner, and D. Lazer, "Finding criminals through DNA of their relatives", 2006 *Science* 312（5778）, 1315-1316.

2. Bowen, R. , and J. Schneider, "Forensic databases: Paint, shoe prints, and beyond", *NIJ Journal*, 258, October 2007.

3. Butler, J. M, *Forensic DNA Typing*, Elsevier Academic Press: Burlington,

MA, 2005.

4. Coyle, H. M. , *Nonhuman DNA Typing: Theory and Casework Applications*, CRC Press: Boca Raton, FL, 2008.

5. Forensic DNA Databases: Linking Criminals to Crimes, http://www. dna. gov/dna-databases.

6. Gaensslen, R. E. , and K. R. Young, "Fingerprints", in *Forensic Science*, 2nd ed. , S. H. James and J. J. Nordby, eds. , Taylor & Francis: Boca Raton, FL, 2005.

7. Integrated Automated Fingerprint Identification System (IAFIS), http://www. fbi. gov/ hq/cjisd/iafis. htm.

8. Jeffreys, A. J. , V. Wilson, and S. L. Thein, "Individual-specific 'fingerprints' of human DNA", 1985 *Nature* 322, 290.

9. Komarinski, P. D. , "Automated fingerprint identification systems", in *Cold Case Homicides*, R. H. Walton, ed. , CRC Press: Boca Raton, FL, 2006.

10. Lee, H. C. , T. M. Palmbach, and M. T. Miller, *Henry Lee's Crime Scene Handbook*, Academic Press: San Diego, CA, 2003.

11. Melton, T. , "Mitochondrial DNA heteroplasty", 2004 *Forensic Science Review* 16, 1-20.

12. Melton, T. , and K. Nelson, "Forensic mitochondrial DNA analysis", 2001 *Croatian Medical Journal* 42, 298-303.

13. Miranda v. Arizona. 1966. 384 U. S. 436.

14. National Integrated Ballistic Information Network (NIBIN). http://www. atf. gov/publications/factsheets/factsheet-nibin. html.

15. Saferstein, R. , *Criminalistics*, Prentice Hall: Upper Saddle River, NJ, 2007.

16. Spalding, R. P. , "The identification and characterization of blood and bloodstains", in *Forensic Science*, 2nd ed. , S. H. James and J. J. Nordby, eds. , Taylor & Francis: Boca Raton, FL, 2005.

17. Watson, J. D. , and F. H. C. Crick, "Genetical implications of the structure of deoxyribonucleic acid", 1953 *Nature* 171, 964.

18. Walton, R. H. , *Cold Case Homicides* , CRC Press: Boca Raton, FL, 2006.

19. Walton, R. H. , " National Integrated Ballistics Information Network (NIBIN) " , in *Cold Case Homicides* , R. H. Walton, ed. , CRC Press: Boca Raton, FL, 2006.

10. 嫌疑人研究：使用前、中、后犯罪行为开发嫌疑人

理查德·沃尔特　莎拉·L. 斯坦　詹姆斯·M. 爱德考克

本章针对确定谋杀案调查中的主要嫌疑人的方法进行了探讨，该方法在进行冷案评估时被证明特别有用。这种方法需要评估与犯罪前事件、犯罪事实、犯罪后行为有关的信息，而且是完全综合的。因此，该方法对冷案评估人员的主要好处是：在一个冷案评估开始时，调查人员具备拥有所有案件相关信息的优势，而在一个热案中，他们必须依赖于一小股传来信息。这个过程以检查犯罪的核心要素开始，确定一个亚型，随后从一个工作前提向外转移到识别已确定的嫌疑人所具有的相似特征。

虽然调查人员普遍遵守从案件内部向外部工作的经验法则，但是当将焦点从调查的重点转移到一个新的方向上的线索或提示已经被提出时，这种方法确实有可能出错。因此，不依赖于所提供的信息是否与调查有关，对这些线索进行追踪可以迅速假定一些无法被确认或被驳回的嫌疑人。通常，当潜在的嫌疑人名单超过4、11或50人时，在权衡证据的重要性和价值时，它就成了一个主要问题。在此，我们提出了一种方法来解决这种困境，通过利用主要嫌疑人自己的行为协助调查来实现。

我们将提供两个案例研究（一个在本章中，另一个在附录 C

中）来说明通过评估行凶者在犯罪前、期间和之后的行为来识别嫌疑人的过程。然而，重要的是要理解这不是剖析，而是评估在犯罪中发现的行为，寻找有助于识别犯罪者的信号。我们提供了理查德·沃尔特做出的如下解释。

犯罪评估与剖析

为了充分理解犯罪评估与剖析的概念和功能，理解犯罪学和心理学之间的联系与区别是很重要的。为了达到这个目的，我们将犯罪学定义为在社会环境中对犯罪和罪犯的研究。具体而言，这是朝向犯罪模式、询问策略、操作方法、警察工作以及犯罪亚型的可能性。重要的是，与心理学不同，犯罪的语言和概念思想在行为偏差的连续统一体中。或者说，心理学关心的是个人的互动和思考过程。在这里，受学科限制，对个人的兴趣仅限于对病人的诊断和治疗。心理学语言使用了与精神障碍和性反常行为有关的具体定义。心理学又是对行为和思维过程的研究。一旦理解了犯罪学与心理学之间的关系，就建立起了讨论犯罪评估与剖析之间的概念框架的基础。

犯罪评估被定义为对犯罪现场进行评估以确定有证明力的证据的存在或缺失。这些证据可能是物理的、直接的或间接的。眼睛里的一根棍子，用带子绑住的手臂，手铐，能确认证据的存在。此外，缺乏证据可能是缺乏受害者的衣服、身体部位或金钱。鉴于证据的收集，评估人员可以用公认的犯罪模式核对信息，确认案件是凶杀、自杀、意外还是性事故。根据证据的质量和犯罪原型，评估者可以确定与动机结构有关的可能性，以及犯罪行为的复杂性。一旦完成，这些数据就可以产生与"谁、什么、何地、何时、为什么以及如何"相关的精确概率因素。在这里，调查人员可以利用维度信息，制定一个完善的调查策略。犯罪评估过程只在犯罪学连续体内被阐明，因此该方法是有代表性的并经受了检验和验证的，一些法庭允许这种类型的证据被引入诉讼中。

剖析被定义为寻找与可能犯下这类罪行的未知个体类型有关的可能性的投射过程。在这里，重点是罪犯的暗示和可能的行为，心理健康状况，性格问题，动机和性反常行为。在这种模式下，根据数据可以推断出犯罪者的年龄、种族、工作、教育、爱好等信息。此外，剖析者通过寻求个体化身份因素的心理连续统一体，集中于个体之上。

在案件的应用中，当犯罪评估的基本事实不足以协助调查时，心理剖析可以创建罪犯的轮廓图以协助发展潜在的线索。在这种情况下，心理剖析尽管是投射的和推测的，但对调查人员来说可能提供一些有价值的见解和线索。然而，调查人员必须了解这些信息的可信度。此外，虽然犯罪评估是一种观点的主要基础，但心理剖析可以是对原工作的二次增强。鉴于心理剖析的内在投射性质，这一过程并不符合法院的标准。

在区分犯罪评估与剖析的概念之后，可以认为，尽管它们是各自独立的，但并不是相互排斥的。也就是说，当为预期目的在适当的连续体内使用犯罪评估和剖析时，心理剖析可以成为对主要犯罪评估的一种有价值的"强调表达"。因此，这意味着犯罪评估方面的专家可能是，也可能不是心理学家。关键的区别在于，专家必须了解犯罪，而不仅仅是罪犯的可能行为。同样，剖析人员可能是，也可能不是心理学家。在这里，专家不仅要理解犯罪，还要理解行为可能性。诚然，考虑到专业知识，两者都可以同时完成。然而，对于评估者来说，提出适当学科的正确问题是至关重要的。

在一个谋杀案调查中，由于犯罪的复杂性、证据的缺乏或受害者的选择，对谁、什么、何时、何地、如何这些问题的追寻是困难的、难以捉摸和有疑问的。此外，为了避免被发现，行凶者可能已经将犯罪现场安排得类似于意外事故或自杀。此外，许多复杂的因素也会带来误导，而转移注意力的搜索也无济于事。在这段时间里，调查人员可能会收到关于犯罪的善意的和不太善意的建议。因此，在追寻这些线索的过程中，调查人员很容易遵循他们面前的操作理论，而不是考虑案件的实际情况。当这种情况发生的时候，除非有一个重大的突破，能把焦点转移到犯罪现场的证据上，否则案件变成一个冷案的概率将会提高。

在暴力犯罪中，谋杀不会在真空中发生，它有受害者和行凶者。为了达到最终的结果，当有机会这样做的时候，犯罪者必须用一种方法来实现动机。在某种程度上，这是对行凶者的阻碍。因为，尽管行凶者自我感觉很聪明，但通过对犯罪现场的证据进行审查，什么在现场和什么不在现场一目了然，行凶者最终将留下一个关于动机和受害者与行凶者之间关系的能说明问题的记录。也就是说，当调查人员检验针对已知犯罪亚型的直接、间接和实物证据时，无论是整体还是结合来看，事实应该表明犯罪是权力—自信型、权力—安抚型、愤怒—报复型、愤怒—激励（虐待狂）型的。此外，这些亚型将提供关于犯罪是否很可能是有目的的、幻想驱动的、报复或快感杀戮的额外信息。下文将进一步描述这四种亚型。[1]

行凶者亚型

权力—自信型

在非性的权力—自信型中，权力是一个概念术语，指的是创造概念、想法和反映思想的符号的过程。在这里，行凶者选择采取犯罪行动，以获得对个人或对一种情况的控制和支配。一般来说，非性的权力—自信型谋杀是由于贪婪、投资、合同、家庭纠纷、政治，或者是一个简单的飞车射击。在这些情况下，与受害者的分离关系可能是最小的，并且很少需要或不需要与受害者直接接触。例如，谋杀可以通过简单地选择符合行凶者需要的地点和方式射杀受害者来完成。相比之下，性的权力—自信型强奸或谋杀，本质上有一种内在的情感参与，增加了对受害者打击伤害的可能性。也就是说，由于增加的情绪性，犯罪者的需求只能通过对受害者进行直接伤害来满足，例如击打、重击、刺伤、勒死等。

权力—安抚型

在非性的权力—安抚型中，控制、支配和掌握的心理通过白日梦和幻想的发展而得到增强。在这里，权力的脚本和篡夺只是受到想象力不足的限制。导致受害者死亡的犯罪活动，可能包括伪装成英雄的或专业的职业，跟踪富人和名人，为一个臆想的家庭而绑架婴儿，或者使行凶者感到重要和有力的敌对行动。与此相反，性的权力—安抚型利用幻想与目标的或机会主义的受害者建立渴望的或理想的关系。受害者要么是年轻的，要么是年长的，要么在某种程度上被行凶者认为是"受损的货物"。在这里，对受害者的选择，根据他们的年龄或条件，减少了一个健康和适当年龄的人可能对他的权力产生的内在挑战。通常，由于他需要验证，行凶者会要求受害者赞成并评价其所展示的表现。因此，这种类型的行凶者有时被称为绅士强奸犯。然而，当预先计划的攻击出错时，权力的丧失会引发行凶者对受害者的暴力反应。因此，犯罪可能会表现出混乱的场景和可能的死后性行为。

愤怒—报复型

在非性的愤怒—报复型中，针对目标的情绪爆发是为了惩罚被认为是错误的行为，这种行为是真实的或想象的，并且是针对受侵害的犯罪者的。大多数情况下，这种暴力行为表现为打击（击打、刺杀、扼杀等）受害者，直到行凶者平息愤怒。打击暴力的一个例外是纵火罪。例如，在这里，行凶者可能会因为被驱逐而烧毁出租公寓或房屋。尽管如此，行凶者的目标是惩罚、报复和反击受害者。一般来说，目标受害者是一个有能力去谴责、批评、嘲笑或激起侵略者受伤害感觉的人。在这一类犯罪中，受害者可能是一个人、一个企业、一个群体、一个地主、一个儿童性骚扰者等。与此相反，性的愤怒—报复型罪犯常常被女性激怒，同时也被女性吸引。因此，当使用女性来激发他的依赖性/仇恨时，行凶者将她们作为自己失败的陪衬和替罪羊。通常，目标受害者与行凶者年龄相同或受害者比行凶者的年龄大，因为通常这个群体有羞辱或责骂的权力。年龄范围的例外是一个年轻的女人，她可能是一个拒绝他的信用卡的商店职员，一个威胁揭露性虐待的继女，或者是一个女性监督者。大多数情况下，这个群体中的主要目标受害者是母亲、阿姨、妻子和女朋友。然而，由于行凶者与被害人之间的病态联系，杀害主要目标变得不可接受。因此，犯罪者可以寻找一个替代目标，以实施本应对主要目标实施的犯罪。在犯罪中，暴力可能会持续到受害者死后。情绪被宣泄之后，行凶者将摆放尸体，使其眼睛远离出口。同样地，行凶者不会感到内疚，并带着一种良好和洁净的感觉离开犯罪现场。

愤怒—激励型

在非性的愤怒—激励（虐待狂）型中，破坏人体的持久的和仪式化的过程本身就是目标。在这里，尽管有无数的方法和计划，但虐待狂的核心要素是受害者的依赖、恐惧和堕落。虽然可能使用广泛的幻想，但非性的愤怒—激励型对此并无要求。受害者可能是熟人或陌生人，男性或女性，成人或儿童。在这个子集里，犯罪可能是父母虐待孩子（燃烧、饥饿、捆绑等），男性虐待情敌（羞辱、奴役、斩首等），以及与战争有关的杀害士兵（殴打、燃烧、不完全绞杀、被掩饰的砍头、性肢解、把活着的囚犯扔进火坑）。与此相反，性的愤怒—激励型在破坏身体和精神的精心安排的场景中增加了幻想的成分。在这里，犯罪者设计实施方案来迷惑受害者——提供虚假的希望，然后又摧毁希望的"欺诈游戏"。这些杀戮的满足感是在杀戮过程中得到的，而不是死亡本身。通常，受害者的选择来自于象征性的类别或特征，如头发颜色、身材、年龄或恋物兴趣。受害者通常是妓女、吸毒者、护士、儿童、学生和高雅的老妇人。在方法上，行凶者将通过二次性机制，如捆绑、插入等，来获得性快感。此外，愤怒—激励型犯罪者可能会有恋尸癖或同类相食行为。

总　结

下文提供了有关四种犯罪亚型的额外信息，在调查过程中可能会遇到。请记住，在一些案件中，特征可能会在某种程度上重叠，或者你可能会看到两个亚型出现。

权力—自信型

攻击是预先计划的。

有力的攻击和恐吓。

抓住并保持对受害者的控制。

使用夸张的大男子主义的过度反应。

寻找男子气概、控制和支配。

语言是指挥的和命令的。

伤害受害者是有目的的，不是娱乐的。

与性有关的暴力是敲击的（殴打、切割、绞杀）。

把武器带到犯罪现场并在杀人后带走。通常，武器是正常影像的一部分（枪、刀、绳等）。

尽管暴力可能是严重的，但没有对身体的毁损。

除非有人知道，否则谋杀并不"算数"；觉得需要自夸。

权力—安抚型

预先计划强奸而无计划过度杀害受害者。

被幻想和过度理想化的诱惑和征服驱使。

寻求受害者的口头确认（如绅士强奸犯）。

当受害者不屈服于计划好的诱惑时，幻想就会崩溃，情感爆发会导致杀戮。

通常，死后毁损。

往往导致组织混乱的犯罪现场。

选择的受害者可能比行凶者更年轻或更年长。如果受害者被认为是"损坏的货物"，那么年龄也可能是相似的。

武器可以是衣服、拳头和刀。

如果性行为发生，很可能是在死后。

身体可能有插入。

愤怒—报复型

攻击是情景计划的。

程式化的暴力攻击。

暴力攻击和过度杀害受害者。

受害者的眼睛远离出口。

被与成年女性不好的关系惹恼。

由女人责骂促成的攻击。

受害者往往是预期受害者的替罪羊/替代。

受害者被选择是因为她在罪犯附近居住或工作。

受害人可能被预先选定直到犯罪者对愤怒/挑战做出冲动反应。

虽然行凶者可能会开车到达犯罪现场，但最后 200 英尺是步行的。

愤怒—激励型（虐待狂）

凶杀案是预先计划的，目的是使受害者感到恐惧和痛苦。

是在杀害连续性中，而不是在死亡中找到满足感。

贪得无厌的欲望表现为依赖、恐惧和堕落。

在寻求支配和掌握的过程中，公开的性动力可能会被延迟和减弱。相反，有一种二次性机制的兴起，这种机制允许情绪上满载力量的想法变得活跃，并满足行凶者对受害者的征服。

受害者选择可能是男性/女性，符合犯罪者需要的象征性类别，如妓女、护士、儿童、学生和高雅的老妇人。

互补的恋物癖的兴趣可能是金色长发，特殊的鞋子，大乳房，或华而不实的衣服。

一旦受害者遇到了欺骗和/或诡计，行凶者将试图对其进行隔离以便控制。

随着幻想系统被实施，行凶者可能会表现出情绪波动，用一种有条不紊的方式来恐吓受害者。

在杀戮前，可能有燃烧、切割、清洗、擦伤和捆绑的证据。

与自然、意外或自杀导致的死亡不同，凶杀是唯一具有后犯罪行为的死亡方式。也就是说，虽然受害者的身体已经死亡，但行凶者仍然能从杀戮中得到满足。行凶者的后犯罪行为无意中继续留下证据，供调查人员捕捉并使用，以辨认和最终起诉。

由于犯罪现场证据是调查的开始和关联，与适当的犯罪亚型相比较，存在或缺失的证据成为评价其他数据、信息相关性和理解案件的黄金标准。

凶杀/谋杀是有动机的。以特定的方法，并且在特定的时间和地点，这一事实表明行凶者有足够的理由袭击并杀死受害者。无论行凶者是否充分暴露在受害者面前，他/她都有原因、方法和时间来攻击目标。这些在杀人之前发生的行为是前犯罪行为。考虑到受害者的性质，可能许多人想要受害者死亡。因此，当调查每一个可能的嫌疑人时，调查人员可以确定受害者与嫌疑人的关系，双方之间的冲突，以及杀害受害者给嫌疑人带来的预期利益。利用犯罪现场所创建的标准，可以将犯罪现场犯罪亚型与前犯罪行为嫌疑人名单的犯罪亚型进行比较。事实上，犯罪现场犯罪亚型和嫌疑人应该是一样的。特别是，如果犯罪被确定是权力—自信型，那么嫌疑人的动机和关系结构也应该是如此。

此外，与传统思想相反，谋杀并不是在肉体死亡时结束，而是当行凶者停止从杀戮中获得满足时结束。在某些情况下，这可能是几天或几年！相应地，这些行为因发生在杀戮行为之后而被称为犯罪后行为。在这里，调查人员可以选取在前犯罪行为嫌疑人名单中列出的相同受试者，确定每一个嫌疑人是否受益于贪婪、权力、保守秘密、性满足或仇恨。此外，正如在前犯罪行为分析中一样，调查人员使用犯罪证据和犯罪的亚型来衡量后犯罪行为的嫌疑人的行为。主要嫌疑人的前、后犯罪行为应当与犯罪描述和分析相匹配。例如，如果犯罪是权力—自信型，主要犯罪嫌疑人应该在前、后犯罪行为中表现出权力—自信的特征。此外，如果主要嫌疑人在审查的范围内，犯罪前和犯罪后的记录应包含若干与犯罪有关的有利联系。如果没有，可能表明进一步调查的方向或主要嫌疑人还没有被列入名单。

在一个给定的包括五个可能嫌疑人的名单中，如果一个特定的人有对动机和与受害者的关系来说很重要的许多条目，则这个人的后犯罪行为应该被检查，以确定那个人感知或实际获得的东西的数量和质量。通常情况下，因杀戮的类型不同，这些物品的范围可能从 25 到 40 不等。或者，名单上的其他四名嫌疑人都没有任何前、后犯罪行为超出可能会不喜欢受害者的范围，例如，因为一桩糟糕的汽车交易，可以用代数的方法划掉它们，以清除不相关混乱的领域。

注：可能有一人或多人参与谋杀。如果是这样的话，对每个人都应该列出关键项目和彼此之间的关系。

对于主要的犯罪嫌疑人，一旦收集了数据并正确地进入了示意图，就可以通过犯罪标准从前犯罪行为中提取方向向量，并横向进入后犯罪行为。向量代表在犯罪之前、期间和之后的联系。因此，这可以在不同的一致性点上做很多次。实际上，这意味着主要的主体通过行动和语言帮助排除所有其他人。

方　法

如前所述，这个过程的第一个阶段是确定犯罪特征和行为。一般性的例子可以在表 10.1 中看到。

10. 嫌疑人研究：使用前、中、后犯罪行为开发嫌疑人

表 10.1　中犯罪行为示例

前犯罪行为	中犯罪行为	后犯罪行为
	通知：	
	·日期	
	·时间	
	·地点等	
	现场：	
	·有组织的	
	·无序的	
	·物品缺失等	
	尸体位置：	
	·正常的	
	·掩饰的或摆弄的	
	·异常发现或潜在的签名问题	
	·尸检结果	
	死因：	
	·射击伤	
	·刺伤	
	·绞死	
	·其它	
	创伤模式	
	等	

中犯罪行为

罪犯在犯罪现场表现出来的和实施的犯罪行为是其之前和之后所有行为的关键。因此，作为标准，它首先在前犯罪行为与后犯罪行为之间建立。犯罪行为的数据应该包括通知的时间、地点和尸体位置、受伤的持续时间（钝力外伤、枪伤、刺伤、窒息等）、尸体的死后控制以及旁证（衣服、金钱、身体部位等）的存在或缺失。最后，这部分应该包括有关主要和次要死因的尸检结果。

前犯罪行为

这一类别延伸到由调查人员报告或发展的所有人，这些人可能与受害者发生冲突或事实上造成了受害者的死亡。根据受害者的风险因素的类型，这个数字可能从 1 到 10 或更多不等。为了数据输入的目的，本栏应该位于犯罪行为栏的左侧。每个嫌疑人都应该被单独列在这一栏的顶部并留下空间，在名字下方输入重要的嫌疑点。

通常，这里列出的信息是间接的，需要证据证明。因此，应当注意信息的来源。

大多数情况下，这里的信息是指受害者与被提及的嫌疑人之间的关系。有时，它可能是关系破裂、嫉妒、恐惧、仇恨、爱、控制、贪婪、性行为、商业冲突，或者无数其他潜在的原因。此外，极为重要的是，要注意举报者或证人是否掌握了被指控事实的第一手资料，或者它是否通过未被证实的途径或谣言制造者而被获得。

注意：一般情况下，证人的观察，听到的谈话，或信息趣闻，不能单独作为证据。然而，当与其他的旁证联系成为一个网络时，它可以变得相关并升级成一个可信的声明。

在上述评论的基础上，仍然有着一、二或三种关于受害者的不友好的评论，即受害者的死亡事件确实不是杀手制造的！事实上，主要嫌疑人应该表现出明显的或潜在的焦虑、动机，或从受害者的死亡中获益的理由。

后犯罪行为

在犯罪之后，凶手可能会秘密地或不被察觉地鲁莽行事，从无赖行为中获益。通常情况下，尽管行凶者处于警戒状态，并试图保持谨慎，但行凶者将会向基础精神病理学提供情报和知识。因此，根据亚型的风格，通过一定的行为，行凶者可能会漫不经心地进行冒险而暴露他的本性。

根据谋杀的亚型，后犯罪行为可能会有所不同：吹嘘杀戮，在葬礼上的不恰当行为，贬低受害者并夸大他们自己的重要性，试图找一个托词，试图介入调查，制造虚假的场景，新的关系或婚姻，金钱或保险收益，受害者所知的秘密，由于受害者的死亡而获得提高的权力基础，感情和文字内容的脱节（声称他因失去妻子而伤心欲绝时却微笑），生活方式改变，或者对受害者死亡感到满意。

案例研究 1[2]

我们将使用来自威斯康星州哈德逊的一个案件，来说明这种嫌疑人的识别方法（嫌疑人研究）。2002 年，一个中西部小镇经历了一场双重谋杀，一名 39 岁的备受尊敬的殡仪馆主任和一名实习生被害。两名受害者都是在殡仪馆的办公室被枪杀的。除了枪伤和弹壳，在现场没有发现有价值的证据，如指纹、DNA、盗窃或抢劫场景。事实上，袭击者似乎是有目的地进入房间并行动，然后离开了大楼。大约 15 分钟后，来做常规业务的当地验尸官发现了两具尸体。后来，在一次路障搜查中，一名目击者说他看到一个身材高大的男子，身穿白色 T 恤，黑色长裤，戴着一顶棕色灯芯绒帽子，在凶杀案发生时离开大楼，进入了一辆大轿车。困惑于这起不同寻常的谋杀案，调查人员开始寻找案件线索。最终，他们有很多潜在的线索，与各种可能的动机有关，包括拒绝在谋杀现场为受害者举行最后仪式的当地的牧师。尽管有这些可疑的线索，但在前进的过程中，对事实的审查终成泡影，除了牧师瑞恩不能被排除。也就是说，尽管其他人可以用代数方法被排除出嫌疑人的范围，但从名单中排除牧师瑞恩的企图却因为他持续展示的危险信号而受阻。我们利用这个案例来说明嫌疑人身份识别的过程。表 10.2 显示了中犯罪行为的简要数组。表 10.3 和表 10.4 分别反映了犯罪前和犯罪后的指标。

表 10.2　案例研究 1 的中犯罪行为结果

1. 2002 年 2 月 5 日 13 时 40 分，接到来自殡仪馆的 911 报警电话，表明需要帮助，有一起造成两死的明显谋杀。

2. 警察到达后保护了大楼，并在大楼的办公室里发现了两具尸体。

3. 39 岁的殡仪馆主任被发现坐在办公椅上，额头上有一处枪伤。他已经死了。

4. 第二名受害者是一名 22 岁的实习生，他被发现瘫倒在第二张椅子的后面。他头部中弹，右小指上有一处擦伤。他已经死了。

5. 第三颗子弹是在一面破碎的镜子后面发现的。（据信，罪犯第一次向实习生开枪时打伤了他的手指，子弹被卡在镜子后面的墙上。）

6. 没有证据表明这两名受害者有自卫的伤口和/或抵抗。

7. 办公室和建筑的其余部分都没有被破坏。（受害者的外套放在椅子的后面，移动电话在原位保持直立。）

8. 尽管第二个受害者的钱包一目了然，但它留在了原处。没有抢劫或盗窃的证据。

9. 在现场留下的唯一物证是用过的子弹壳。没有指纹、DNA 或脚印的证据。

10. 后来，一名目击者报告说，在攻击发生时，他在街角停下来，看到一个身材高大的戴着一顶棕色灯芯绒帽子、穿着白色 T 恤和黑色裤子的男子从殡仪馆出来，走到一辆黑色大轿车上。

11. 在犯罪现场周围布置了一条非常严密的警戒线，很少有人（以需要知道为基础）知道受害者发生了什么以及是如何发生的。

12. 尸检结果证实，两名受害者都死于头部枪伤。

表 10.3　案例研究 1 的前犯罪行为结果

1. 2002 年 2 月 5 日之前的几个月，教堂秘书报告说看到教区牧师瑞恩在教堂的楼上用一把假想的枪向他不喜欢的教区居民开火。

2. 几年来，殡仪馆主任和家庭成员都参加了教会。虽然被主任的家人接受了，但是由于看起来戏剧的和古怪的行为，牧师还是被有保留地看待。有时牧师被邀请到主任家里参加聚会。

3. 作为一个在社区里非常受尊敬和有风度的领导者，在商业和教会活动中，殡仪馆主任是众所周知的解决问题的人。这样，他将体面地面对任何问题并寻求补救，对于教会问题也是如此。因此，殡仪馆主任和牧师会在各种问题上"争论不休"。

4. 虽然殡仪馆主任知道牧师是一个持枪狂热者，在自家的冰箱里储存了松鼠肉，并会在一些问题上变得过分热心，但是他没有评论这些事情。然而，当一个年轻的高中教友来到他面前，报告说牧师为性服务而给年轻人提供酒精的时候，殡仪馆主任感到非常震惊并就牧师的行为与其对峙。

5. 在受害者死亡之前，牧师向一个朋友透露，他和殡仪馆主任发生了一场激烈的口头之争。

6. 虽然没有被证明是事实，但我们间接推断是殡仪馆主任给了牧师 12 个小时来重新评估他的职位，通知主教并辞职。否则，殡仪馆主任会亲自通知主教并采取行动。

7. 2002 年 2 月 4 日，殡仪馆主任重新安排了他的日程，以便在 13 时与一个"特别"的人会面，这个人的名字没有特别指明。由于前一天晚上与教区牧师讨论的事情被认为具有需要保密的性质，据信，殡仪馆主任安排与他会面，以促成事情的最终解决。

8. 在主教面前，教区牧师没有提到殡仪馆主任，也没有承认、讨论或暗示任何自己的不法行为。

9. 牧师保留了他的工作。

表 10.4 案例研究 1 的后犯罪行为结果

1. 2002 年 2 月 5 日 14 时 30 分，牧师告知一群当地修女，在殡仪馆发生了一场悲剧，遇难者被枪杀。此时，特警队还没有完成对大楼的搜查。此外，死亡原因是被高度保密的，只有几个侦探知晓。

2. 2002 年 2 月 5 日 16 时 45 分，打电话请牧师在殡仪馆为遇难者举行最后的仪式。他拒绝了。

3. 2002 年 2 月 5 日 18 时，牧师告诉教堂秘书，他不知道该对殡仪馆主任的家人说些什么。尽管如此，他还是和一个朋友一起去了，并进行了一次不自在的拜访。

4. 几天后，牧师为遇难者进行了葬礼服务。

5. 在寻找可能的线索的过程中，调查人员询问了牧师，并问是否有人承认或暗示了谋杀的动机。作为回应，牧师暗示殡仪馆主任和他的秘书可能有非法的事情。这一线索后来被证明是不真实的。

6. 后来，当警察得知与谋杀案有关的内幕信息被修女们知道时，牧师声称有几种不同的信息来源。这再一次被证明是不真实的。

7. 当被问及关于谋杀可能动机的进一步想法时，他表示，他听说殡仪馆主任可能与黑手党有关。这不是真的。

8. 当被问及在谋杀案发生时的下落时，牧师变得慌张，提供了许多互相矛盾的陈述，并且在几个小时的时间里不能明确地叙述。

9. 当被问及他为了性行为而向未成年男孩提供酒精时，他否认有任何不当行为。后来，他报告说只是给他们提供性教育。

10. 牧师否认犯了谋杀罪。

11. 牧师向警方提供了大量的枪械和刀。

12. 牧师抱怨/吹嘘成为谋杀案的主要嫌疑人。

13. 牧师搬到另一个教区。

14. 当被要求参加第二轮询问时，牧师声称自己太忙了。然而，打给主教的一个电话改变了他的想法。

15. 持搜查证搜查住宅时，侦探们发现了一顶棕色灯芯绒帽子，武器，一台包含被删除了的数百封发给年轻男孩的露骨的色情电子邮件的电脑，以及含有儿童色情的照片。

16. 牧师向一位朋友/教区居民承认他和殡仪馆主任在谋杀前一晚有过激烈的争吵。

17. 当被问及犯了罪的凶手该怎么办时，他认为那个人应该自杀。

18. 几周后，牧师自缢而死。

表 10.5　案例研究 1 的前、中、后犯罪行为结果的合并

前犯罪行为结果	中犯罪行为结果	后犯罪行为结果
1. 2002 年 2 月 5 日之前的几个月，教堂秘书报告说看到教区牧师瑞恩在教堂的楼上用一把假想的枪向他不喜欢的教区居民开火。2. 几年来，殡仪馆主任和家庭成员都参加了教会。虽然被主任的家人接受了，但是由于看起来戏剧的和古怪的行为，牧师还是被有保留地看待。有时牧师被邀请到主任家里参加聚会。3. 作为一个在社区里非常受尊敬和有风度的领导者，在商业和教会活动中，殡仪馆主任是众所周知的解决问题的人。这样，他将体面地面对任何问题并寻求补救，对于教会问题也是如此。因此，殡仪馆主任和牧师会在各种问题上"争论不休"。4. 虽然殡仪馆主任知道牧师是一个持枪狂热者，在自家的冰箱里储存了松鼠肉，并会在一些问题上变得过分热心，但是他没有评论这些	1. 2002 年 2 月 5 日 13 时 40 分，接到来自殡仪馆的 911 报警电话，表明需要帮助，有一起造成两死的明显谋杀。2. 警察到达后保护了大楼，并在大楼的办公室里发现了两具尸体。3. 39 岁的殡仪馆主任被发现坐在办公椅上，额头上有一处枪伤。他已经死了。4. 第二名受害者是一名 22 岁的实习生，他被发现瘫倒在第二张椅子的后面。他头部中弹，右小指上有一处擦伤。他已经死了。5. 第三颗子弹是在一面破碎的镜子后面发现的。（据信，罪犯第一次向实习生开枪时打伤了他的手指，子弹被卡在镜子后面的墙上。）6. 没有证据表明这两名受害者有自卫的伤口和/或抵抗。7. 办公室和建筑的其余部分都没有被破坏。（受害者的外套放在椅子的后面，移动电话在原位保持直立。）8. 尽管第	1. 2002 年 2 月 5 日 14 时 30 分，牧师告知一群当地修女，在殡仪馆发生了一场悲剧，遇难者被枪杀。此时，特警队还没有完成对大楼的搜查。此外，死亡原因是被高度保密的，只有几个侦探知晓。2. 2002 年 2 月 5 日 16 时 45 分，打电话请牧师在殡仪馆为遇难者举行最后的仪式。他拒绝了。3. 2002 年 2 月 5 日 18 时，牧师告诉教堂秘书，他不知道该对殡仪馆主任的家人说些什么。尽管如此，他还是和一个朋友一起去了，并进行了一次不自在的拜访。4. 几天后，牧师为遇难者进行了葬礼服务。5. 在寻找可能的线索的过程中，调查人员询问了牧师，并问是否有人承认或暗示了谋杀的动机。作为回应，牧师暗示殡仪馆主任和他的秘书可能有非法的事情。这一线索后来被证明是不真实的。6. 后来，当警察得知与谋杀案有关的内幕信息被修

前犯罪行为结果	中犯罪行为结果	后犯罪行为结果
事情。然而，当一个年轻的高中教友来到他面前，报告说牧师为性服务而给年轻人提供酒精的时候，殡仪馆主任感到非常震惊并就牧师的行为与其对峙。5. 在受害者死亡之前，牧师向一个朋友透露，他和殡仪馆主任发生了一场激烈的口头之争。6. 虽然没有被证明是事实，但我们间接推断是殡仪馆主任给了牧师12个小时来重新评估他的职位，通知主教并辞职。否则，殡仪馆主任会亲自通知主教并采取行动。7. 2002年2月4日，殡仪馆主任重新安排了他的日程，以便在下午13时与一个"特别"的人会面，这个人的名字没有特别指明。由于前一天晚上与教区牧师讨论的事情被认为具有需要保密的性质，据信，殡仪馆主任安排与他会面，以促成事情的最终解决。8. 在主教面前，教区	二个受害者的钱包一目了然，但它留在了原处。没有抢劫或盗窃的证据。9. 在现场留下的唯一物证是用过的子弹壳。没有指纹、DNA或脚印的证据。10. 后来，一名目击者报告说，在攻击发生时，他在街角停下来，看到一个身材高大的戴着一顶棕色灯芯绒帽子、穿着白色T恤和黑色裤子的男子从殡仪馆出来，走到一辆黑色大轿车上。11. 在犯罪现场周围布置了一条非常严密的警戒线，很少有人（以需要知道为基础）知道受害者发生了什么以及是如何发生的。12. 尸检结果证实，两名受害者都死于头部枪伤。	女们知道时，牧师声称有几种不同的信息来源。这再一次被证明是不真实的。7. 当被问及关于谋杀可能动机的进一步想法时，他表示，他听说殡仪馆主任可能与黑手党有关。这不是真的。8. 当被问及在谋杀案发生时的下落时，牧师变得慌张，提供了许多互相矛盾的陈述，并且在几个小时的时间里不能明确地叙述。9. 当被问及他为了性行为而向未成年男孩提供酒精时，他否认有任何不当行为。后来，他报告说只是给他们提供性教育。10. 牧师否认犯了谋杀罪。11. 牧师向警方提供了大量的枪械和刀。12. 牧师抱怨/吹嘘成为谋杀案的主要嫌疑人。13. 牧师搬到另一个教区。14. 当被要求参加第二轮询问时，牧师声称自己太忙了。然而，打给主教的一个电话改变了他的想法。15. 持搜查证搜查住宅时，侦探们发现了一顶棕色灯芯绒

前犯罪行为结果	中犯罪行为结果	后犯罪行为结果
牧师没有提到殡仪馆主任，也没有承认、讨论或暗示任何自己的不法行为。 9. 牧师保留了他的工作。		帽子，武器，一台包含被删除了的数百封发给年轻男孩的露骨的色情电子邮件的电脑，以及含有儿童色情的照片。 16. 牧师向一位朋友/教区居民承认他和殡仪馆主任在谋杀前一晚有过激烈的争吵。17. 当被问及犯了罪的凶手该怎么办时，他认为那个人应该自杀。18. 几周后，牧师自缢而死。

表 10.5 将信息列在一个表中，因此可以得出相关性。此表显示，适当的向量限制牧师成为一个并且是唯一一个可能犯下谋杀罪的人。为了进一步阐述，让我们研究一下可以在表 10.5 中找到的相关性。主体所表现的前、中、后犯罪行为之间的相关性以及主体行为变化之间的相关性将会得到证明。值得注意的是，调查人员的希望在于观察前、后犯罪行为的显著差异，比如主体在犯罪前不喝酒，而在之后开始喝酒。这个简单的事实可以作为一个指标，与其他间接证据相结合，表明嫌疑人参与了犯罪活动。现在我们将继续对牧师的行为进行评估。

采取适当的方式，在前、中、后犯罪行为之间进行相关性分析。首先是检查案件的已知事实，即犯罪和犯罪现场本身所固有的事实。为了开始对现场进行分析，必须考虑表 10.1 中列出的几个因素。这些因素包括但不限于通知、现场、尸体位置、异常的发现、尸检结果、死因和创伤模式，将为评估者和后续调查人员（们）指示可能的犯罪动机，以及他们所寻求的罪犯的类型。

为了分析，我们将只提到与上述因素有关的案件事实。以下所有事实都可以在表 10.2 列出的中犯罪行为中找到。通知日期、时间和地点如下：2002 年 2 月 5 日 13 时 40 分，接到来自殡仪馆（犯罪现场）的 911 报警电话，表明发生了一起谋杀案。在现场，调查人员发现了两具尸体：39 岁的殡仪馆主任和 22 岁的实习生。这个现场本身是高度组织化的：没有证据表明这些尸体被摆弄，没有抢劫，没有死前的折磨，没有对死者的死后毁容等。罪犯只是走进去，开枪，然后走了出去。尸检随后得出结论，两名受害者都是死于头部枪伤。

这个案例符合权力—自信型的标准。主要嫌疑人牧师瑞恩的前、后犯罪行为也同样是权力—自信型。

注意：尽管性问题是犯罪前的一部分，但犯罪却是非性的。（请参阅"类型学研究"和尾注引文，以获得对亚型和指标的全面描述。）

鉴于犯罪事实现在已经确立，让我们转向关联前、中、后犯罪行为的过程。在追捕权力—自信型的罪犯时，调查人员必须牢记这种人的个性的一个关键方面：除非有人知道，否则犯罪不会"算数"。也就是说，罪犯有一种强烈的需要去吹嘘他的行为。因此，牧师介入犯罪的最有说服力的指标之一，是他告诉一群当地修女，在殡仪馆发生了一起谋杀案，并告诉他们受害者是被枪杀的。这是在 14 时 30 分，在警察向公众发布与犯罪有关的任何信息之前。

现在，让我们把前犯罪行为和后犯罪行为与犯罪事实联系起来。第一个要解决的问题是用来犯罪的武器，那是一把枪。关于前犯罪行为，人们注意到教会秘书经常看到牧师在他的办公室里用一把假想的枪向他不关心的教区居民开枪。在后犯罪行为方面，牧师向警方提供了大量枪支（见表 10.3 和表 10.4）。

牧师所展现的前、后犯罪行为的其余部分主要是情感性质的。谋杀背后的动机最终被发现，是殡仪馆主任将要报告牧师性侵了一个小男孩。谋杀案的诱因（以及犯罪前行为）是 2002 年 2 月 4 日牧师和殡仪馆主任的一次会面，在此期间，殡仪馆主任就牧师性侵事件与其对峙。

牧师展现的后犯罪行为在性质上变得越来越不稳定。在告诉修女们关于谋杀的事之后，牧师被叫到殡仪馆主持最后的仪式，但他拒绝了。然而，在本周晚些时候，牧师确实为两名受害者提供了葬礼服务。在本周晚些时候，当警方对牧师进行采访时，他再次展示了自己的权力—自信倾向，因为他暗示殡仪馆主任和他的秘书可能有违法行为，从而打破了忏悔的封印。这不是为了让调查人员偏离轨道，而是被警察审问激起了自我意识，让他觉得自己很重要，并觉得有必要炫耀。这一事件之后，牧师继续向警察提供在犯罪时关于他下落的有冲突的报告：他是怎样第一次听说了谋杀并能够将信息传递给修女们，并且他声称枪击事件的动机可能与黑手党有关，再次试图摆脱警方。最后，当被问及他认为谋杀案凶手应该发生什么时，他断言这个人应该自杀。最终发现，牧师确实性侵了小男孩；在最后一次询问几周后，牧师自缢而死。

与主要嫌疑人的明显意图相反，对前、中、后犯罪行为的检查成为认定他是行凶者的关键证据。具有讽刺意味的是，行凶者，而不是调查人员，提供了针对主要嫌疑人的关键证据！也就是说，尽管行凶者有阻挠调查和潜在逮捕的努力，但正是由行凶者提供的谎言、欺骗和分散注意力才导致了结论。再一次，像萤火虫和火一样，行凶者被识别，且被他恶意的贪婪和他自己的行为毁灭。

! 前犯罪行为	! 中犯罪行为	! 后犯罪行为
1	3, 4, 5, 9, 12	1, 11
2	3, 6	1, 2, 3, 4, 16
3	3, 6, 8	2, 5, 7, 16
4	3, 7, 8	9, 15, 16
5	3, 7, 8	1, 2, 3, 4, 16
6	3	9, 15, 16
7	3	8, 10, 12, 16
8	NA	13, 14
9	NA	17, 18

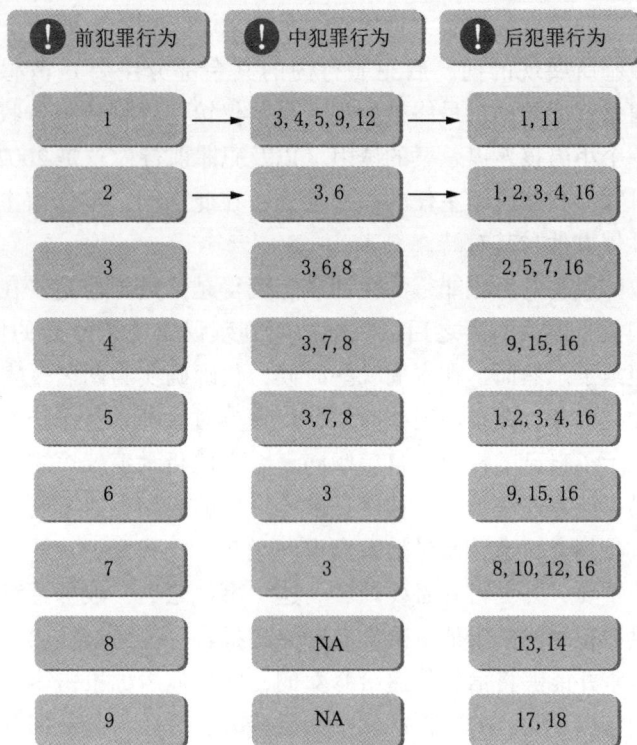

图 10.1　案例研究 1 犯罪行为相关性

如表 10.5 和图 10.1 所示，主要嫌疑人与犯罪之间的向量连接的数量越大，在所有嫌疑人中，行凶者对该受害人有实施犯罪的动机、方法和机会的可能性就越大。最后，往往是他们自己的行动、行为和言辞，使证据达到了关键程度。一个理性的人会得出结论，排除所有其他人，证明犯罪者是有罪的。

图 10.1 是一个表示相关性的图。应该从左到右阅读标记为前、中、后犯罪行为的每一纵列。前两行中的箭头应进一步阐明这个方法。每个框中的数字是在表 10.5 中每一列所表示的数字。虽然传统的关联方法是在相关的项目之间画线，但为了视觉清

晰，我们选择绘制这张图。在审判期间，这张图也可能对陪审团有用，因为它更清楚地描述了前、中、后犯罪行为之间的相关性。重要的一点是要注意到，尽管在图表中相关性从前犯罪行为开始，但是相关性是不固定的。例如，如果一个人从后犯罪行为开始，并以相反方向朝着前犯罪行为移动，那么编号的相关性就会保持不变。

现在，让我们来研究一下如何使用图 10.1 向调查人员或陪审团/检察官描述前、中、后犯罪行为之间的相关性。为了解释这个，前犯罪行为之间的联系被标为 1，犯罪期间犯罪现场因素标为 3、4、5、9、12，后犯罪行为因素标为 1 和 11，它们之间的关系将在图 10.1 中讨论。如表 10.5 所示，前犯罪行为 1 描述如下：

2002 年 2 月 5 日之前的几个月，教堂秘书报告说看到教区牧师瑞恩在教堂的楼上用一把假想的枪向他不喜欢的教区居民开火。

这种前犯罪行为与以下犯罪期间犯罪现场因素有关：

3. 39 岁的殡仪馆主任被发现坐在办公椅上，额头上有一处枪伤。他已经死了。

4. 第二名受害者是一名 22 岁的实习生，他被发现瘫倒在第二张椅子的后面。他头部中弹，右小指上有一处擦伤。他已经死了。

5. 第三颗子弹是在一面破碎的镜子后面发现的。（据信，罪犯第一次向实习生开枪时打伤了他的手指，子弹卡在镜子后面的墙上。）

9. 在现场留下的唯一物证是用过的子弹壳。没有指纹、DNA 或脚印的证据。

12. 尸检结果证实，两名受害者都死于头部枪伤。

最后，前犯罪行为能够与后犯罪行为因素 1 和 11 关联，其描述如下：

1. 2002 年 2 月 5 日 14 时 30 分，牧师告知一群当地修女，在殡仪馆发生了一场悲剧，遇难者被枪杀。此时，特警队还没有完成对大楼的搜查。此外，死亡原因是被高度保密的，只有几个侦探知晓。

11. 牧师向警方提供了大量的枪械和刀。

牧师的前犯罪行为，即他用想象中的枪指着那些他不喜欢的教区居民，至少展示了他想象着谋杀的能力，以及他最有可能用来进行谋杀的武器———一支枪。犯罪期间犯罪现场的因素，主要是用来杀死受害者的武器———一支枪，与牧师的前犯罪行为相一致。最后，作为一个实施了这些谋杀的权力—自信型的人，牧师感到有必要吹嘘杀戮，这是权力—自信型人的典型个性。因此，告知修女们所发生的谋杀案，以及揭示受害者被杀方式的后犯罪行为，都能与前犯罪行为的因素 1 相关联。向修女们炫耀和假想枪击不喜欢的教区居民之间的关系，在行为上是合乎逻辑的，因为这两种行为都表明了一种权力—自信个性类型，他们感到需要对受害者施加权力、控制和支配。

上述解释是为了表达关联前、中、后犯罪行为的重要性。单独来看，这些行为对调查人员来说可能微不足道。然而，当每个嫌疑人的行为按时间顺序和作为一个整体被展示时，集合的行为最终会识别出行凶者。那就是说，彻底开发所有潜在的嫌疑人的准确的前、中、后犯罪行为和时间线，对调查人员来说是至关重要的。一般来说，前、后犯罪行为之间的分歧越大，被调查的人是行凶者的可能性就越大。

正如本章前面所述，中犯罪行为这一栏的目的是通过分析犯罪现场的各种因素，为评估人员和调查人员提供行凶者的准确心理画像。通过检查通知问题、现场问题（有组织的与无组织的）、尸体位置（筹划的与自然的）、异常的发现或签名、尸检结果和创伤模式，通常可以识别出犯罪者的亚型。回顾一下，四种亚型是权力—自信型、权力—安抚型、愤怒—报复型、愤怒—激励型。

一旦一种亚型被界定，调查人员就应检查与亚型分类一致的嫌疑人的前犯罪行为与后犯罪行为之间的关联。在大多数情况下，前、中、后犯罪行为表现为最相关的嫌疑人是行凶者。相反，如果在前、后犯罪行为之间明显缺乏相关性，那么这种模式可能对排除嫌疑人有用。从图 10.1 中可以看出，牧师的前、中、后犯罪行为之间展现了相当多的关联。他的行为也变得越来越不稳定，以自杀告终。因此，考虑到关联的数量和行为的广泛范围，可以推断出牧师确实在殡仪馆实施了谋杀。

在某些情况下，多个嫌疑人在调查中蒙蔽了调查人员的双眼，一个示意图可以澄清问题并使调查搜索返回到一个可管理的层次。同样，在案件是部分或完全间接的情况下，该方法可以为案件解决提供证据。

斯科特·彼得森案在调查和审判上是著名的，它在性质上主要是间接的，也即，鉴于直接物证的缺失或稀少，对主体的双重生活方式、误导性陈述、不大可能的场景（在圣诞夜钓鱼）、制作水泥块、改变外貌、积累现金以及为了墨西哥旅行而准备的伟哥进行调查。因此，当这些问题与无数的进一步的情况交织在一起时，独一无二的犯罪模式就出现了，他是行凶者。有许多间接证据与无法被解释或排除的罪行有关或从中推断出来。陪审团驳斥了他的辩护主张，并排除合理怀疑，认为他应对犯罪负责。同样地，在案例说明和许多导致定罪的案件中，与"谁、什么、何时、何地、如何以及为什么"有关的证据的相关性和效力，对确定行凶者的动机、方法和机会变得至关重要。

上述方法可以用来支撑和阐明一个物证薄弱的案件。

案例研究 2

请参见附录 C。

结　论

本章和附录 C 是为了最大限度地利用一个案件中的可用证据。为了避免错误地关注"谁看起来是嫌疑人"这个陷阱，这种方法利用了行凶者的行为和精神病理学来确定他是对犯罪负责的人。欲了解有关这一过程的更多信息和研究资料，以及利用这些亚型来确定嫌疑人，应当审查下一节和附录 E 所列的材料。[1]

类型学研究

1. Bennell, Craig, Bloomfield, Sarah, Emeno, Karla, and Musolino, Evelyn, "Classifying serial sexual murder/murderers: An attempt to validate Keppel and Walter's (199) model", 2013 *Criminal Justice and Behavior* 40 (1), 26–39.

2. Copson, G., Coals to Newcastle? Part I: A study of offender profiling (Police Research Group Special Interest Series, Paper 7), London: Home Office Police Department, 1995.

3. Copson, G., Badcock, R., Boon, J., and Britton, P., "Articulating a systematic approach to clinical crime profiling", 1997 *Criminal Behavior and*

---

　　〔1〕　虽然拜内尔等人的研究（2013 年）反对凯佩尔和沃尔特的亚型过程的有效性，但是最近完成的一项新研究证实了这个概念，有 95% 的概率具有统计学意义。第二个研究的关键之一是，它评估了 900 多个案件，而拜内尔等人评估了 53 个案件，因此增加了更有效的可能性。这项新研究应该在 2014 年底或 2015 年初公布。

Mental Health 7, 13-17.

4. Douglas, J. E. , Burgess, A. W. , Burgess, A. C. , and Ressler, R. K. , *Crime Classification Manual*, Lexington, MA: Lexington Books, 1992, 2006.

5. Folino, J. O. , "Sexual homicides and their classification according to motivation: A report from Argentina", 2000 *International Journal of Offender Therapy and Comparative Criminology* 44 (6), 740-750.

6. Geberth, V. J. , *Practical Homicide Investigation: Tactics, Procedures, and Forensic Techniques*, 3rd ed. , Boca Raton, FL: CRC Publishing, 1996.

7. Geberth, V. J. , and Turco, R. N. , "Antisocial personality disorder, sexual sadism, malignant narcissism, and serial murder", 1997 *Journal of Forensic Sciences* 42 (1), 49-60.

8. Groth, A. N. , Burgess, A. W. , and Holmstrom, L. L. , "Rape: Power, anger, and sexuality", 1977 *American Journal of Psychiatry* 134, 1239-1243.

9. Godwin, M. , "Reliability, validity, and utility of criminal profiling typologies", 2002 *Journal of Police and Criminal Psychology* 17 (1), 1-18.

10. Goodwill, A. M. , Alison, L. J. , and Beech, A. R. , "What works in offender profiling? A comparison of typological, thematic, and multivariate models", 2009 *Behavioral Sciences & the Law* 27 (4), 507-529.

11. Hazelwood, R. R. , and Burgess, A. N. , *Practical Aspects of Rape Investigation: A Multidisciplinary Approach*, New York: Elsevier North-Holland, 1987.

12. HITS murder form. (1995). Seattle, WA: Washington State Attorney General's Office.

13. Holmes, R. M. , and Holmes, S. T. , *Profiling Violent Crimes: An Investigative Tool*, Thousand Oaks, CA: Sage, 1996.

14. Holmes, S. T. , and Holmes, R. M. , *Sex Crimes*, 2nd ed. , Thousand Oaks, CA: Sage, 2002.

15. Hunter, J. A. , Hazelwood, R. R. , and Slesinger, D. , "Juvenile-perpetrated sex crimes: Patterns of offending and predictors of violence", 2000 *Journal of Family Violence* 15 (1), 81-93.

16. Johnson, G. , "VICLAS: Violent crime linkage analysis system", 1994

RCMP Gazette 56 （10）, 5-22.

17. Keppel, R. D. , "Signature murders: A report of several related cases", 1995 *Journal of Forensic Sciences* 40, 658-662.

18. Keppel, R. D. , *Signature Killers*, New York: Pocket Books, 1997.

19. Keppel, R. D. , and Birnes, W. J. , *Serial Violence: Analysis of Modus Operandi and Signature Characteristics of Killers*, Boca Raton, FL: CRC Press, 2009.

20. Keppel, R. D. , and Birnes, W. J. , *The Psychology of Serial Killer Investigations: The Grisly Business Unit*, San Diego, CA: Elsevier, 2003.

21. Keppel, R. D. , and Birnes, W. J. , *The Riverman: Ted Bundy and I hunt the Green River Killer*, New York: Pocket Books, 1995.

22. Keppel, R. D. and Walter, R. , "Profiling killers: A revised classification model for understanding sexual murder", 1999 *International Journal of Offender Therapy and ComparativeCriminology* 43 （4）, 417-437.

23. Keppel, R. D. , and Weis, J. P. , "Time and distance as solvability factors in murder cases", 1994 *Journal of Forensic Sciences* 39, 386-401.

24. Maniglio, R. , "The role of deviant sexual fantasy in the etiopathogenesis of sexual homicide: A systematic review", 2010 *Aggression and Violent Behavior* 15 （4）, 294-302.

25. McCabe, M. P. , and Wauchope, M. , "Behavioral characteristics of men accused of rape: Evidence for different types of rapists", 2005 *Archives of Sexual Behavior* 34 （2）, 241-253.

26. Morneau, R. , and Rockwell, R. , *Sex, Motivation, and the Criminal Offender*, Springfield, IL: Charles C. Thomas, 1980.

27. Pardue, A. , and Arrigo, B. A. , "Power, anger, and sadistic rapists: Toward a differentiated model of offender personality", 2008 *International Journal of Offender Therapy and Comparative Criminology* 52 （4）, 378-400.

28. Robertiello, G. , and Terry, K. J. , "Can we profile sex offenders? A review of sex offender typologies", 2007 *Aggression and Violent Behavior* 12 （5）, 508-518.

29. Santtila, P. , Pakkanen, T. , Zappala, A. , Bosco, D. , Valkama, M. , and Mokros, A. , "Behavioral crime linking in serial homicide", 2008 *Psychology*, *Crime & Law* 14 (3), 245-265.

30. VICAP form. , Washington, DC: Federal Bureau of Investigation.

31. Warren, J. I. , Hazelwood, R. R. , and Dietz, P. E. , "The sexually sadistic killer", 1996 *Journal of Forensic Sciences* 41, 970-974.

32. Warren, J. , Reboussin, R. , Hazelwood, R. R. , Cummings, A. , Gibbs, N. , and Trumbetta, S. , "Crime scene and distance correlates of serial rape", 1998 *Journal of Quantitative Criminology* 14 (1), 35-59.

33. Woods, L. , and Porter, L. , "Examining the relationship between sexual offenders and their victims: Interpersonal differences between stranger and non-stranger sexual offences", 2008 *Journal of Sexual Aggression* 14 (1), 61-75.

34. Woodworth, M. , and Porter, S. , "Historical foundations and current applications of criminal profiling in violent crime investigations", 2000 *Expert Evidence* 7 (4), 241-264.

尾注

1. Keppel, R. D. , and R. D. Walter, "Profiling killers: A revised classification model for understanding sexual murder", 1999 *International Journal of Offender Therapy and Comparative Criminology* 43 (4), 417-437.

2. Hudson Police Department, Hudson, Wisconsin. 2005. See also documentary, Fifth Commandment, Forensic Factor V, Discovery Channel of Canada, 2009.

11. 与冷案有关的调查询问问题和注意事项

詹姆斯·M. 爱德考克　莎拉·L. 斯坦

近年来，询问的话题，特别是"审讯"，受到来自世界各地的社会科学家们的过多关注。我们不打算讨论任何已浮出水面的关于恐怖分子或水刑的问题，因为它们与冷案调查无关。在英国、荷兰和其他国家，审讯一词不再被使用，因为他们已经将对证人和嫌疑人进行询问的整个过程重新命名为"调查性访谈"。[1]这种对执法人员获取证人和嫌疑人信息的方式的反应似乎已经浮出水面，部分原因是在英国和其他国家以及美国的刑事案件中发现的"虚假供词"。昭雪计划报告说，在免罪的案件中[2]，25%的案件有虚假供述。这是一个真正的问题吗？是的，在一定程度上是这样的，特别是当易受攻击的嫌疑人或处于危险类型的人（主要是有精神疾病的人或青少年）被权威人物询问时。

让我们超出供述的范围，进入我们今天所知道的整个询问和审讯过程吧。在过去的几年里，犯罪调查教科书对询问和审讯过程都写了同样的东西。关于询问，这些教科书指导读者回答"谁、什么、何时、何地、如何以及为什么"这些主要问题；要了解不同类型的证人，从健谈的到胆怯的人，到不情愿的人，不诚实的人，以及拒绝交谈的人；要了解如何进行说服询问。此外，他们还会描述在认知询问中发现的四步过程，经常将其与在催眠访谈期间进行的询问过程联系在一起。所有这些对调查人员来说都很有帮助，尽管是基本的。

关于审讯，这些犯罪调查教科书的作者仍然在同一条轨道上。例如，如何进行适当的米兰达权利警告，如何布置一个审讯室，为什么有些人承认而有些人不承认犯罪，可能包括控诉策略的方法，让嫌疑人感到内疚，能证明嫌疑人在现场的压倒性的物证，都是为了获得有罪的承认或忏悔。尽管询问和审讯一直是我们所用词汇的一部分，但审讯这个词由于它所反映的含义而变得不那么受欢迎了。

在他们对审讯过程的攻击中，研究人员已经明确地将瑞德技术[3]作为促成虚假供认问题的最重要的因素。虽然我们不打算用这种媒介来辩论这个问题，但在参加了瑞德的询问和审讯的常规和高级课程之后，我们了解到，审讯过程对心理上的要求很高。然而，爱德考克坚信，考虑到缺陷的话，与其说是技术的问题，不如说是审讯人员的问题，因为在所有的可能性中，审讯人员使用了变化的瑞德技术，并没有准确按照他们被教导的步骤进行。与测谎仪和测谎检验人员一样，最终的结果只和检验人员一样好。此外，任何人都不应仅根据一个供述被定罪；应该总是有确凿的证据，侦探们有义务去获得这些证据来支持供述。坏人一直对我们撒谎，所以为什么嫌疑人的承认或坦白会有所不同呢？在我们有关坦白的经验中，总是有一些真相被坦白者进行编造（充满了虚构的谜题），以致看起来并不都是坏的。因此，只有部分正确的坦白或承认需要通过额外的调查或支持物证进行验证。

在瑞德网站[4]上，一篇描述人们为什么坦白的文章被放在了"调查员提示"部分。这篇文章讨论了有形收益、保护爱人、低智商/年轻罪犯、强制、威胁、精神疾病和错误的记忆等动机。它强调，虽然这些并不是包罗万象的，但每个案件都必须根据其自身的长处和"整体情况"来评估，而不仅仅是坦白。瑞德随后建议调查人员仔细考虑以下事项：

1. 审讯时嫌疑人的状况
   a. 身体状况（包括药物和/或酒精中毒）
   b. 心智能力
   c. 心理状况
2. 嫌疑人的年龄
3. 嫌疑人有关执法的先前经历
4. 嫌疑人对语言的理解
5. 审讯时长
6. 嫌疑人在供认中供述的详细程度
7. 供词和犯罪之间的确证程度
8. 审讯和供述时证人在场
9. 嫌疑人在审讯期间的行为
10. 努力应对嫌疑人的身体需求
11. 任何不当审讯手段的存在

　　任何调查的实质都分为三种信息来源：物证，参与者的行为行动，以及主要通过询问和审讯获得的信息片段。毫无疑问，适当进行的询问对任何调查都是至关重要的，尤其是重大案件。传统上，针对执法机构的课程被称为"询问和审讯"，然而大部分的教学集中于审讯，很少涉及受害者和证人的实际询问过程。[5] 一个人在成为高效的审讯者之前，必须熟练地进行适当的询问。我们还认为，这是另一个导致案件继续或变"冷"的因素。

　　问题不仅在于缺乏适当的询问技巧，还在于缺乏适当的案件管理，在这些情况下，重要的证人被完全忽视，从未接受过询问。在此，我想到一个直到今天还在困扰我们的案件：在整个案件中，众多目击者告诉警察和其他人，行为人A、B、C都参与了杀害一个人，事实上，正好是三人中的一人被偶然听到告诉某人他在那里并看到了。然而，他们中没有一人在那时或之后接受过采访。当然，这些证人并不是最可靠的类型，因为他们是妓女和吸毒者，但当有那么多的信息指向同一个方向时，人们应该怀疑那里有一些真相。而且，如果没有其他信息的话，这些信息应该被检查并被认定无效。它被遗漏了，很可能是因为没有人仔细审查档案中的信息来确保所有需要做的事情实际上已经完成了；这一切都是为了让我们相信，在警察部门，我们需要一线监督者定期复查案件。他们并不是要去猜测和微观管理侦探，而是要确保他们仍在轨道上，不要形成狭隘的视野，并通过线索优先次序和可靠的调查计划来节省他们的时间。

所有这些都与询问过程以及我们如何从众多类型的证人那里获取信息有关。在许多社区，住在那里的人不情愿或固执地不与警察交谈。他们必须住在那里，而你不是。他们要么对警察高度漠视，要么担心因为对警察讲话而遭到坏人的报复。然而，对于冷案调查，时间是站在我们这边的，因为这种对可能被伤害的恐惧已经消失了，并且当你在几个月到数年后再回来时，那可能已经不再是一个真实存在的威胁了。

询问过程

让我们回到作为侦探工具的询问过程。询问的目的是获取发生了什么、怎样、为什么、谁做的等信息。为了有效地利用这个工具，询问人员需要对问题的类型以及何时询问他们有充分的把握（例如开放的、封闭的/直接的、暗示的/引导的）。

第一个是开放式提问。开放式问题不允许是或不是的回答，而是需要开放的答案，这样回答者会讲述他们看到的、听到的故事。一个例子就是："告诉我这里发生的一切。"这些类型的问题引起了证人的充分回应。然后是澄清型问题，用来填补证人故事中可能存在的任何空白（例如，时间缺口，没有进一步查明的人，限定短语）。

第二个是封闭的/直接的问题，它是为了引导一个人给出特别的态度或答案而设计的。一个例子是："在 1900 小时之前你和受害者有过接触吗？"正如你所看到的，这些问题几乎总是引出一个不清晰的是或不是的回答，直到询问人员提问。除非你在寻求这种类型的直接回应，否则这些问题只应当在开放式问题被充分探索和回答后使用。一般来说，直到你接近询问尾声的时候，这些都不会被使用，并且需要更直接，以便获得所发生事情的真相。

第三个是暗示的/引导的问题。这些都是非常危险的，因为在问问题的过程中，询问人员在告诉证人他们想听到什么回应。例如，"逃跑的车是一辆红色的别克吗？""被用来逃跑的车辆是什么颜色和类型的？"在采访儿童时，这些提问尤其有问题，因为这可能会诱导年轻的证人或受害者，向他们暗示我们正在寻找的答案。

这里最重要的一点是，尽可能多地利用开放式问题。我们需要知道他们看到的和听到的，而不是我们认为他们看到的或听到的东西。受害者或重要的目击者可能看到了发生的事情，但是他们要么精神受到创伤，要么不情愿，当询问他们时，我们可以考虑利用认知询问。它对帮助目击者（或受害者）回忆他们在事件中看到的东西特别有帮助。认知询问是一个包括四个步骤的过程：

步骤 1——重建事件过程。询问者首先要求目击者回忆事件是如何开始的，并引证他们看到的周围的情况。这可能包括环境、天气、照明、清洁等。

步骤2——指示证人报告一切。在这个问题上，他们被要求讲述所有的事情，不遗漏任何细节，并提示证人即使是最小的部分也可能有证据价值。

步骤3——对事件进行回顾，但顺序不同。正是在这里，询问人指示证人在问题涉及的时间范围内从不同的点回忆，他们可能被要求倒转事件的顺序。

步骤4——变换角度。在这个问题中，证人被要求转变他/她的角度或把角色转化为事件中的其他人，以从另一个角度/观点考虑那个人所可能看到的。[6]

尽管多年来我们已经获悉了这个过程，但我们从未听说过有人实际使用它，尤其是在美国。当然我们没有和美国的每一位警官交谈过，但是我看到很少有人利用认知询问。在英国，这种技术被大量使用。有趣的是，维杰[7]认为认知访谈技术也可能对嫌疑人询问很有帮助。有了这个概念，他写道，利用"倒序"步骤，会使欺骗的人出差错并在其陈述中出错。当这种情况发生时，询问人应该更多地在那些领域集中精力，以寻找供述。这确实有可能成为一种很好的技术。

正如瑞德所说，无论何种技术，侦探应该总是根据"整体情况"来评估供述，并通过后续调查来验证所有的自认或供述。

行为分析访谈

用于帮助侦探判断一个人是否具有欺骗性的较好的技术之一是行为分析访谈（BAI）。[8]虽然维杰完全不同意，但是它作为一个有效的获取"指示"的过程是有优点的。注意，我们说的是"指示"，那些都是可能的欺骗的标志，而不是绝对的，只是一个需要进一步澄清和调查的标志，以证实或否定所说的内容。根据霍瓦特、布莱尔和巴克利的研究：

BAI 是唯一一种提问方法，被专门开发出来帮助调查人员将可能"有罪"的人与不可能有罪的人区分开来。在典型的应用中，BAI 是一种用来集中审讯工作的预审访谈；然而，它也可以被独立使用，来对有固定的和相对大量的"嫌疑人"的案件中的调查工作进行限定。[9]

BAI 包含了一系列的问题，旨在引起被询问者可能会产生的语言或身体上的回应行为，而受过适当训练的询问人可以通过评估认定其是欺骗性的还是真实的。同样，这些都是指示——只不过是可能欺骗的指示。询问人被教导要问一系列问题，同时注意到被询问者所表现出来的语言和身体反应。在开始的时候，询问者会问这个人通常的人口统计问题，期待获得中立性的回答。然后他继续回答一系列问题，在这些问题中要注意他语言和身体的反应。[10]

访谈的原因

这个人对访谈目的的理解是什么？

历史/你

询问者告诉对方她/他在调查什么，并告诉对方如果他们犯了罪，他们应当现在告诉询问者。

了解

然后询问者问对方是否知道谁犯了这个罪。

怀疑别人

"你怀疑是谁实施了这个行为？"

为别人担保

然后，对方被要求说出那些他们认为应该超出任何怀疑——

那些不可能做出这种行为的人的名字。

态度

这个人被问到对接受有关这个犯罪的询问有何感受。

可靠性

他们认为到底发生了什么。例如，钱真的被偷了吗？受害者是被迫发生性关系的吗？这个人被问道："当原告说你偷了钱时，他们在撒谎吗？"

机会

然后，询问者问这个人，他们认识的所有人谁有最好的机会去犯罪。

动机

"你认为为什么有人这么做？"

思考

问："你有没有想过做这样的事情，即使你没有完成它？"

反对

让这个人告诉询问者他们为什么没做这样的事情。

惩罚

问这个人他们认为犯了这个罪的人应该发生什么。

调查结果

问这个人他们认为这次关于他的调查将怎样结束。

第二次机会

问被询问者犯了这个罪的人是否应该有第二次机会。

不在场证明

此时，询问者从被询问者处引出一个不在场证明。

告诉所爱的人

"你告诉过你的家人你正在接受关于这个犯罪的询问吗？"

这份名单并不是包罗万象的；它提供了可选的问题，可以帮助确定真实性与欺骗性。包括以下问题：受访者是否认为其他人可能将他作为嫌疑人？他们认为什么会将他们排除出嫌疑人的范围？他们在过去接受过关于这种类型犯罪的询问吗？有人接近或跟他们谈论这一事件吗？他们愿意接受催眠来为询问者重建在事件发生时他们在哪里和他们在做什么吗？实施这一行为的最简单的方法是什么？同样，所有这些问题都着眼于观察语言和非语言的行为。

规定的访谈

当涉及询问和审讯时，你永远不会收到太多的信息。出于这个原因，在进入谋杀类型学和审讯策略之前，我们想要介绍道格拉斯等人的《犯罪分类手册》第 3 章的内容，该章标题为"规定的访谈：连接询问和审讯与犯罪分类"。[11]这本手册应该被所有侦探阅读，并作为处理热案或冷案的指南。而且，正如我们所指出的，这本手册与规定的访谈的连接是最重要的。

需要进行大量的调查工作，以便为这种类型的访谈做准备，特别是考虑到你可能只有一次机会去询问嫌疑人，因为一旦他请求律师，你就不能再询问他们了。因此，你准备得越充分，获得承认或供述的可能性就越高。对于冷案，除非你成功地通过以下四个步骤为询问做好准备，否则绝对没有理由对任何嫌疑人进行询问。

数据收集

必须使用全面和细致的数据收集系统来重建犯罪的各个要

素。这是确定所有要素都符合法律规定的主要因素。

评估

需要评估数据与犯罪的相关性。客观判断信息的价值，并确定其是否适用于犯罪的要素。

分析

侦探必须做的不仅仅是确定每个元素是否完整，还需要组织和剖析信息，从而观察犯罪相关部分组成的复杂网络。例如，我可能"看到"一组楼梯在我面前，然而，我观察到有 16 个台阶，上面覆盖着颜色和质量独特的地毯。此外，地毯是脏的并且地毯上杂乱地堆着各种特殊的玩具和衣物，暗示着相应年龄的孩子的出现。地毯的状况以及衣服和玩具的混乱状态可能表明主人的清洁习惯，甚至暗示一种经济阶层。正是这个准备阶段赋予了（犯罪）行为和行为人意义和根据。有了这个增强的理解，第四个步骤就被应用了。

理论

理论承担的是确定犯罪思维过程背后的动机和重构犯罪的挑战。它试图明确犯罪心理，以对犯罪行为和一般行为做出解释。

在一个成功的询问中，准备阶段是很重要的。这一原则是无可替代的，它绝不应该为了方便或权宜之计而牺牲。成功等于准备。

在开始的时候，有人指出，规定的访谈程序与犯罪分类的衔接是最重要的。对犯罪的分类（利用手册）整合了采访的所有准备步骤。它是揭示罪犯思维过程的先驱。它包括对在调查阶段收集的数据的积累和同化，以便进行刑事调查分析（也称为心理剖绘）。在这里，刑事调查分析人员将审查和分析地区照片、地图、素描、犯罪现场照片、受害者研究，以及所有与事件相关的报告，以形成对犯罪人格的侧写。对这些信息的仔细检查将开始揭示犯罪者的行为特征，从而使其暴露出主要的人格特征。

刑事调查分析人员运用的程序也许能表明犯罪的原因或动机，并暗示犯罪者的人格，正如所选择的犯罪方法所暗示的那样。对罪犯行为模式的评估可以揭示出情感缺陷和需求的潜在影响。更好地理解这些情感缺陷和需求可以为询问者提供一个坚实的基础。这个基础将为方法的战略性建设提供支持并呼吁为罪犯量身定制询问策略。下文关于谋杀类型的研究和审讯策略的部分将会展示其中一些是如何浮出水面的。

例如，当询问者已经掌握了从分析无组织的欲望谋杀中提取的罪犯的以下性格特征的时候，可考虑其因而会有的优势：

- 智力一般并且高中或大学辍学
- 可能失业或是蓝领，非技术职业
- 经济上依赖一个颐指气使的女性
- 以前的与攻击相关罪行的犯罪记录
- 可能的偷窥活动
- 可能的色情兴趣和收集行为
- 他的行为表现出的酒精或药物依赖
- 幻想
- 无法实施预先计划的活动
- 与女性在较长时间内保持个人关系的困难
- 主导和控制关系的需要
- 性经验
- 从未结婚或有短暂的、充满争吵的婚姻关系
- 施虐倾向
- 扼制住侵略但愤怒或仇恨
- 困惑的思考过程

· 感觉他的行为合理而没有悔恨和内疚

· 挑衅权威

· 低自尊

· 无法掌控生活方向而产生的挫折

· 易暴躁的脾气

· 冲动

· 深深的焦虑

　　道格拉斯等人继续写道，考虑到这些与调查活动相呼应的特征证实了一些生物学和描述性信息，一个询问者可以开始观察罪犯。询问者可能认识并利用某些性格特征和相关的情感缺陷。将罪犯的行为、思维过程以及与之一致的情绪纳入考量范围，询问者能更好地设计各种方法来顺应罪犯的性格。

　　这个过程能帮助询问者走出他的世界，进入他的对手的领地。罪犯决定合作，是因为他可以从他的角度来解释自己的决定。在罪犯的决策过程中，只有一种参照框架是重要的——他自己的。如果询问者成功地影响了罪犯，使其遵从他的看法，那是因为在罪犯的领地内建立了一个联盟。

　　虽然规定性访谈并不是在获得供述时应对挑战的灵丹妙药，但它仍然是一种更精确的工具，可以社会的利益来平衡正义。一个规定性访谈将加强执法人员的努力，去说服那些严重的罪犯护送我们进入他们涌动的思想的洞穴，说出他们的秘密，并暴露他们的罪责。道格拉斯等人总结道，希望这种方法的成功运用既能促进正义的事业，又能抑制再犯的影响。

谋杀类型研究和审讯策略[12]

作为谋杀类型研究和审讯策略的前奏，当涉及询问和审讯时，热案和冷案调查之间是有区别的。每个全面的询问都应该有尽可能多的被询问人的背景信息，当涉及嫌疑人时，这更为重要。在一个热案中，如果在询问受害者和证人之前，对背景信息了解得很少，会让询问者处于不利地位。对于嫌疑人，询问者在审讯前通常知道得多一点，但在很多情况下都不足以进行一个适当的审讯。时间总是有限的，审讯和得到供认的压力很大。因此，许多审讯都是在没有充分了解嫌疑人及其背景、信仰、行为特征或能被挑战的坚强和脆弱的领域的情况下进行的。

冷案与热案相比有一些优势，但也有不同的问题。由于时间已经过去，对调查人员来说，目击者的采访是一个挑战，因为他们试图让这些人回忆过去几年发生的事情。然而，他们的优势在于，随着时间的推移，现在这些证人似乎比几年前更可能讨论这个事件。人际关系发生了变化，人们已经迁移，现在的威胁更小，更容易交谈。在对嫌疑人的审讯中，时间的流逝对侦探来说是一个很大的好处。在这里，只有当侦探准备好时才进行审讯，侦探将获得可能存在的所有背景资料，他将会知道嫌疑人的长处和弱点，也将会知道如何接近嫌疑人，所有这些都没有需要承担的压力，而压力是一个需要立即解决的热案所具有的。此外，由于时间的流逝，嫌疑人可能会感到更加自信和舒适，因为你没有怀疑他是嫌疑人，而当你审讯他时，这种安慰就消失了。所以，在冷案调查时，时间站在你这边。

在第 10 章中，我们处理了与嫌疑人识别相关的嫌疑人研究和前、中、后犯罪行为问题，提出了由凯佩尔和沃尔特设计的关于性谋杀案的修订分类模型（同样的模型可以并且已经成功地被用于非性类型谋杀案；事实上，本书中提供的两个案例研究都是非性类型的）：权力—自信型、权力—安抚型、愤怒—报复型、愤怒—激励型。建议使用这些技术，以便在对这些类型的杀人犯进行审讯时能得到最好的结果。由于这些都是冷案，侦探们有足够的时间来开发一个好的嫌疑人研究，并设计出关于嫌疑人的前、中、后犯罪行为模型，这反过来又会导致一种富有成效的审讯。利用他们的设计并记住前面描述的规定性访谈方法，建议采用以下程序。

权力—自信型

特征：强奸是有计划的，而谋杀不是。罪犯使用攻击和需求来证明他的男子气概，并使用恐吓的方法来维持男子气概的外观。他以自己的年龄群体为目标，并留下一个有组织的犯罪现场。他会把武器带到现场，然后带着它离开。他还会为自己的行为设定界限（如，他不会完全移除头部）。没有肢解尸体，但殴打、切割、勒死的迹象可能是明显的。

他是谁？他喜欢支配别人。他以自己作为一个男人的形象为傲，而且很可能外形良好。他可以开一辆皮卡车或运动车。他是反社会的，也是一个辍学者。如果他有军事记录，很可能是不好的。他会在酒吧里吹嘘自己的罪行，以获得荣耀感。他害怕被贴上"变态"的标签。他会使用枪、刀子和绳子等武器。

审讯策略/方法：沉默、钓鱼、直接、共犯、可耻、责备、骄傲。审讯人员应建立对嫌疑人的控制并保持控制。挑战嫌疑人的男子气概。暗示真正的男人承认他们的错误；像个男人一样进入监狱。允许嫌疑人自吹自擂。也许你可以为嫌疑人提供一把比你的椅子低的椅子。

权力—自信型的阿喀琉斯之踵是权力形象的获取和展示。也就是说，他希望被视为一种约翰·韦恩式的角色。根据询问过程中所呈现的威胁程度，他可能会试图用夸张的代表男子气概的行为来虚张声势。相反，如果他被环境所吓倒，就会隐藏声势，服从于警察的权力。当你开始询问时，你应该问他为什么会被询问或被测谎。请他解释一下对他的指控是什么。询问他的背景，包括年龄、工作经历、友谊模式、团体忠诚、价值观、信仰、性取向和行为。尽管一个人需要控制夸大和夸张，但是让他吹嘘他的男子气概。

向他承诺稍后你将会更详细地回顾这些问题，让他简要地概述一下。在完成审查之后，有了嫌疑人给出的完整细节，你应当再次从头到尾梳理这个故事。在这样做的时候，你应该按顺序和不按顺序地转换问题（在这种情况下撒谎要困难得多）。开始向他展示他的故事中的不一致。指出你想要诚恳地相信他，但他的角色受到了挑战。因此，如果他能解释这个或那个，就有可能被解救。（简而言之，你在通过挑战他的男子气概来玩自尊心游戏。也就是说，通过将他锁定在先前暗示同意的男性标准中，把他塞进一个小的围栏里。下一件事是只打开一扇门，让他毫发无损地走出去。也就是说，他需要说实话，像一个真正的男人！）

当嫌疑人变弱并被发现在挽救他的权力形象时，可以用几种方法迫使他进入最后的大门。

沉默的方法——没有言语的简单的眼神交流。

钓鱼的方法——"我想听听你是怎么计划的。"

直接的方法——"你不是有意要射杀杂货店老板，还是你是有意的？""你在做爱，不是想把她掐死，还是你是有意的？"

共犯的方法——罪犯恐惧于伙伴会达成协议；把指责转移到他们身上。

责备的方法——共犯的愚蠢的错误。

骄傲的方法——"聪明的犯罪；这需要大脑去做。"

可耻的方法——"必须有人不得不为你思考。"

我们都会犯错误的方法——"然而，在一天结束的时候，你会是一个男人还是一只老鼠？"有时，一个人犯错误，站起来服药。至少在这种情况下，他仍然保留了他的男子气概。

注意：通常，好警察—坏警察的日常是与这种类型的罪犯一起工作。然而，一个单一询问者肯定能成功。

权力—安抚型

特征：犯罪分子生活在一个脚本化的幻想世界里，如果现实打破幻想，他们就会感到被威胁。他对来自受害者的口头安慰表现出幻想。强奸是有计划的，而谋杀不是。谋杀通常是强奸未遂的结果，导致了过度杀戮和死后毁损。性行为通常发生在死后。胸部、腹股沟和大腿部位经常有伤口。身体可能有插入。他不是选择自己年龄组里的女性，而是针对那些年龄较大或更年轻的女性，并选择熟悉的地点。他在夜间发动袭击，留下一个混乱的犯罪现场。

他是谁？他是一个孤独的人，是一个"怪人"。他很可能在袭击之前进行跟踪活动。他关心自己的性能力，寻求安慰和证明他的能力的需求。如果他有军事记录的话，很可能是一名服从命令的消极的士兵。选择的武器可能是衣服、拳头和刀子。

审讯策略/方法：陈述、认同、社会、宗教。嫌疑人关心权力并且冲动。他谴责受害者，以此来为犯罪辩护。你可以试着移动椅子来接近嫌疑人。就像权力—自信型罪犯一样，权力—安抚型罪犯关心的是权力。然而，他想通过幻想驱动的行为来获得无条件的肯定。一般来说，这种类型的罪犯往往是混乱和冲动的。（尽管他心中可能有犯罪的计划，但具体的时刻和受害者可能是随机选择的。）通常情况下，因为罪犯在自己的思想中已经证明了罪行的正当性，当它出错时，它就变成了受害者的过错。（然而，不要认为犯罪对他来说是不成功的。)

对于权力—安抚型罪犯来说，应该安排好椅子，这样询问者就可以接近和接触到罪犯。也就是说，在缓和罪犯的情绪后，对事实的审查准备就绪，询问者可能需要对罪犯表现出关心和理解。在这样做的过程中，罪犯可以对受害者是如何误导他并使他陷入这种情形表现出理解。以下方法可能有助于促使权力—安抚型罪犯承认有罪：

陈述方法——"你只是借用了这些东西，而不是真正地窃取它们。"这听起来像是（受害者）来了，折磨了你。

认同方法——"我也会做同样的事情！"男人，当一个女孩来到你身边的时候！

社会方法——"很多人都做你做的事。研究表明，97%的男性认为女性领导他们……需要和应该被打！"

宗教方法——"宽恕是没有限制的。"

愤怒—报复型

特征：强奸和谋杀是有计划的。通常情况下，罪犯会在一个熟悉的地方发动袭击。这一犯罪行为是受寻求对一名权力女性（或替代者）的报复这种需求驱动的，往往通过愤怒和引发一场暴力做出。他针对的是同一年龄段的女性或稍年长的女性。这是一场疯狂的袭击。他留下一个混乱的现场。

他是谁？他冲动，以自我为中心，病态地依附于女性。他通常有肤浅的关系，婚姻关系疏远，或有家庭虐待史。如果他有军事记录，就会显示出其因行为问题而退伍。他经常在他熟悉的地方发动袭击。

审讯策略/方法：了解他的历史和过去的关系。允许嫌疑人谈论自己，用问题打断他。谈到过去可能控制他的女人，他会怨恨她。嫌疑人感觉就像是女性错误地伤害了他；寻求报复，并不感到内疚。他可能用一个女人做替代品，而不是攻击那个让他受委屈的实际女性形象。

这种类型的关键因素是将情感宣泄在预先选定（或替代）的受害者身上。行凶者认为他已经被过度地"伤害"，这证明报复性的反应是合理的。实施犯罪时，愤怒的量在某种程度上可以由前和后活动衡量。当欲望被满足时，他的情绪冷却并使受害者处于表示最终的蔑视和征服的位置。在拿了一个纪念品后，他将会带着胜利、平静和良好的感觉走出犯罪现场。此后不久，他可能很会社交；他可能表现出一种依附于受害者的伤感并显示不恰当的悲伤。这是可以做到的，因为他没有感到任何愧疚。

当你准备采访这种类型的犯罪者时，你应该找出那些过去曾惹怒他的女性。在开始询问的时候，让罪犯描述自己。大多数情况下，他会美化男子气概和他与女性的关系。再一次，问一下身份的所有不同方面（那些先前在权力—自信型下面列出的）。在概述中，让他解释一下他与犯罪的关系。当详细地进行第二次询问时，询问者应该以一种无顺序的方式来转换问题，这将打破准备好的故事。这也会让罪犯感到沮丧。此外，询问者可以开始挑战他的可信度，并通过引入生活中控制他的女性所做出的矛盾和挑战性的评论，来威胁他塑造的自我形象。例如："你妈妈说你从来没有做过什么，因为你喝了酒并到处乱转。她声称你是一个从来没有长大的暴徒。"这些现实点将开始激怒他，让他再次对她生气。这种愤怒应该被建立起来。最终，他会再次感到被轻视和陷入困境。这使得他更容易从内部爆发，挽回自己的面子，并宣称自己犯了罪。在愤怒—报复型中，询问者绝不能相信罪犯会感到内疚。尽管罪犯表现出情感和合理化，但他是好斗的，而不会感到羞耻。

愤怒—激励型

特征：强奸和谋杀是有计划的。犯罪在本质上是残忍的。延长的折磨和杀戮可能是仪式性的。满足感来自于制造恐惧和痛苦，而不是死亡本身。这是一种奢侈的罪行。尸体可能会在一个陌生的地方被处理掉。可以用一个骗局或诡计来引诱受害者。可能有切割、擦伤和勒痕的迹象。

他是谁？他可能以一般人的身份出现，过着正常的生活。他很可能受过良好的教育，经济稳定。他可以将正常的生活方式与他的犯罪活动分离。他寻求统治和掌控。可能有性或非性的情绪。幻想助长了仪式性的攻击。他做事有条不紊。

审讯策略/方法：最难得到供认。嫌疑人会设法伤害你。他智商很高，会玩游戏。他会设法估量审讯者。因此，你必须证明你自己。以某种方式彻底调查嫌疑人以寻求事实，来让他感到聪明。

嫌疑人是虐待狂并为他所做的事感到高兴。他觉得好像自己比你强，因此你应该敬畏他。他会揭露部分真相。

在询问时，愤怒—激励型是迄今为止最烦人的。简而言之，通过管理依赖、恐惧和堕落的过程，他感到"满意"。与行凶者的老练程度无关，他的目标是获得一种掌握、控制和统治的感觉。（这也延伸到了审讯室。它经常表现为与询问者玩游戏。因为他觉得天生比你强，你是老鼠，他是猫。因此，只有当你开始欣赏他的伟大时，他才会用部分真相和零碎的简要说明来回报你。）

当你准备询问愤怒—激励型罪犯时，要做功课和练习询问。你可能想咨询一个专家。（即便如此，完全坦白的可能性几乎为零。）如果你能识别出情感上的盲点，那你就是幸运的。因为尽管他们的成长经历不美好，但这些罪犯学会了在情绪上钝化情感感受，这可能会使一些犹豫被充分表现出来。由于精神变态者只能假装与他人有普通的社会关系，所以他必须"理解"他所交往的人，并给予适当的习得反应。他在真空中并不感到自然和舒适。他需要反馈来操纵预定的目标。因此，在询问中，你就是预定受害者。他会阅读你的肢体语言、语言和逻辑，以超越你的预定目标。此外，他先天的弱点是超越和掌握一切的病态需要。因此，使用他的高智商（愤怒—激励型罪犯的平均值是 119）来对付他。

总　　结

不能保证使用了上述策略你就会得到承认和供述，但没有它们，要得到招供是极不可能的。应该将这些策略作为应对审讯室中发生的事情的一个指南。通过受害者研究报告，人们开始理解受害者并寻找这个特定的受害者被选择的原因；了解你的受害者就是熟悉你的嫌疑人。同样的理论适用于嫌疑人研究以及前、中、后犯罪行为模型。这一切都达到了审讯前的准备水平，而热案通常不允许这样。冷案是谋杀案的例外，应当以有利于侦探的方式被使用。

尾注

1. Shepherd, Eric, *Investigative Interviewing, the Conversation Management Approach*, Oxford University Press：New York, 2007.

2. Innocence Project, www. innocenceproject. org, accessed January 8, 2014.

3. Reid, John E. & Associates, Inc. , www. reid. com, accessed August 25, 2009.

4. Reid, John E., et al., "Motives for False Confessions", *Investigator Tips*, July–August, 2009.

5. 2006 年 7 月，爱德考克参加了为期 3 天的询问和审讯瑞德技术课程和 1 天的高级课程。除了预先区分询问和审讯（非指控与指控）之间的差异之外，这两门课程几乎都专注于审讯嫌疑人，包括如何检测欺骗的行为（言语和身体）指标。虽然这些指标对受害者和证人的询问者来说很重要，但他们没有被教过如何进行适当的非控诉性询问，这种询问旨在获取所发生的事情、地点、时间、人物、方式和原因的信息。我只能猜测，与会者知道如何进行一个适当的询问。

6. Zulawski, David, and Douglas E. Wicklander, *Practical Aspects of Interview and Interrogation*, CRC Press: Boca Raton, FL, 1993, pp. 160–161.

7. Vriji, Aldert, *Detecting Lies and Deceit*, *Pitfalls and Opportunities*, 2nd ed., John Wiley & Sons: West Sussex, UK, 2008.

8. Reid, John E., et al., The Reid Technique of Interviewing and Interrogation, Handouts provided at the Reid Interviews and Interrogations course, July, 2006.

9. Horvath, Frank, J. P. Blair, and Joseph P. Buckley, "The behavioral analysis interview clarifying the practice, theory and understanding of its use and effectiveness", 2008 *International Journal of Police*, *Science and Management* 10 (1), 101.

10. Reid, John E., et al., From the Reid Technique of Interviewing and Interrogation Workbook provided at their seminar in July, 2006, p. 33.

11. Douglas, John E., Ann W. Burgess, Allen G. Burgess, and Robert K. Ressler, *Crime Classification Manual*, 2nd ed., Jossey–Bass: Hoboken, NJ, 2004. All of the information in this book relating to the prescriptive interview is referenced and reprinted with permission by John Wiley & Sons, Inc.

12. Keppel, Robert, and Richard Walter, "Profiling killers: A revised classification model for understanding sexual murders", 1999 *International Journal of Offender Therapy and Comparative Criminology* 43 (4), 417–437. Obtained from Richard Walter with permission in 2007.

12. 冷案和被掩饰的犯罪现场[1]

亚瑟·S. 钱塞勒   格兰特·D. 格雷厄姆

介　绍

在对一个冷案进行初步筛选并且作出重新调查的决定之后，第一步是阅读文件，要特别注意尸检报告和法医分析报告，犯罪现场的照片和调查结果，以及警察、嫌疑人、证人和受害者的陈述，尤其是谁发现了尸体或者最初向警方报告。

在审查这些特别报告时，我们有几个主要目标：第一个目标是标准审查，以了解事件本身和犯罪现场，以及它是如何根据照片、草图、各种技术报告及所有被识别和收集的物理和法医证据的清单建立起来的。第二个目标是通过罪犯展示的动作和行为来检查现场，并确定他们在事件发生之前、期间和之后做了什么。这些事件前、事件中和事件后行为可以提供重要的调查信息，这些信息是关于陈述、物证、条件、时间、偶然行为或声称的巧合事件之间的一致性。任何不一致都应该得到证实，并可能提供罪犯试图改变或掩饰犯罪现场的重要证据。这包括增加、移除或

改变任何物证，并可能包括死后致残、摆弄尸体，或在现场与受害者的其他类似互动。改变或更改现场，或死后与受害者的互动，都是掩饰的例子；如果在初步调查过程中，现场改变没有被识别，则可能完全改变对犯罪的解读，并使侦探产生错误的理论，进入被误导的方向。

大多数侦探可能接触过那些改变了现场的罪犯，然而，大多数警察文献、案例研究以及在这一领域的培训，都局限于凶杀案的例子，格伯思将其定义为"行凶者改变现场元素，使死亡看起来像是自杀或意外，以掩盖谋杀"。[1]虽然其关于罪犯试图误导凶杀调查的说法是正确的，但掩饰可以包括其他活动和不同的罪行，其中可能包括用来掩盖犯罪现场证据的纵火，或者以性程式化的方式摆弄尸体，以贬低或羞辱受害者或冲击社会。掩饰实际上可以多种形式呈现，并有许多不同的原因；现场发生的争吵实际上只依赖于罪犯和每个个体事件或场景的动态。为了更好地理解掩饰的犯罪现场和掩饰的概念，本章第二次审视了一个被掩饰的犯罪现场的一般定义，并根据罪犯的动机和一般意图将这些事件定性为不同的类别。

一般定义

对于被掩饰的犯罪现场的概念，一个问题是，究竟是什么构成了掩饰或被掩饰的犯罪现场。在目前的专业文献中有几种变化。例如，格伯思提供了一个一般的定义："掩饰是一种有意识的犯罪行为，是罪犯阻止调查的一部分。"[2]《犯罪分类手册》[3]提供了一个更详细、更具体的定义："有人故意在警察到来之前改变犯罪现场。"掩饰有两个原因：使调查偏离最合乎逻辑的嫌疑人，或者保护受害者或受害者的家庭。

虽然之前的两个定义通常都是正确的，但作者认为它们也过于宽泛，没有充分地界定或解释掩饰行为本身，以及所有潜在的犯罪场景的改变，与误导警方调查没有任何关系。为了使调查人员能够更好地认识和理解犯罪现场掩饰行为，本章提供了一种新的术语，可以根据罪犯的动机和行为对不同类型的掩饰进行定义和分类。罪犯的行为和动机将犯罪者分为两类，即初级掩饰和二级掩饰。另一种单独的现场变更是由除罪犯以外的其他人进行的，并不是为了误导警方的调查，它被定义为三级现场改变。

一个初级掩饰现场被定义为：

故意和有目的地改变物证或犯罪现场的其他方面，和/或向警方提供关于事件的虚假信息，有特定的犯罪意图来误导或转移警察调查，使其远离真实的犯罪事实和情况。

新定义和其他先前更宽泛的定义之间的重要区别是"故意和有目的地"和"有特定的犯罪意图来误导或转移警察调查"。这个新定义的重点是罪犯及现场争吵背后的动机，并应该被视为和理解为罪犯驱动的活动。与之前的定义不同的第二个重要变化涉及对警察调查方向的误导这一非常重要的方面，即罪犯向警察提供虚假信息。几乎在所有掩饰的犯罪现场中，这都是一个重要的元素，因为很多时候，实际上是罪犯向警方报告犯罪，并必须对发生了什么提供一个解释，给他们一个机会来增强或补充任何可能存在虚假信息的现场改变，他们相信这将进一步证明或解释他们想让调查人员看到和相信的事件的掩饰版本。从本质上讲，罪犯为虚假的现实设定了舞台，这是基于他们对现场应该像什么样子的幻想，以此来代表他们的事件版本。例如指出可能存在或失踪的任何物证，或提供关于犯罪实际是如何发生的其他解释。黑泽尔伍德和纳皮尔[4]已经将这些虚假陈述和向警方撒谎以开始或继续误导调查的努力定义为口头掩饰。

基于每个犯罪现场的个别情况，初级掩饰现场可以进一步被分为临时的和有预谋的两个子类别。

临时的初级掩饰现场

一个临时掩饰的犯罪现场就如这个名称所暗示的那样，是一种故意误导警察的努力，由罪犯承担或完成，但没有预先考虑和预先计划。换句话说，掩饰发生在某些犯罪或事件之后。这种掩饰的犯罪现场和本章后面提到的其他现场有一些基本的区别。这种现场与其他现场的主要区别是明显缺乏预谋或事先计划，以及掩饰涉及的冲动，或现场的实际改变。一个临时掩饰的犯罪现场通常是罪犯掩盖犯罪行为、疏漏或疏忽行为的结果，罪犯通过掩饰现场，为真正发生的事情提供另一种解释。因此，改变或变化的物证，以及由罪犯提供的随后的陈述或解释，几乎总是与某种自我保护的努力有关，使警方的注意力远离自己而转向其他人或其他地方。

这些类型的掩饰现场并不一定反映额外的证据，但它差不多反映了缺失的证据或其他改变的现场。常见的临时掩饰的例子包括虐待儿童致死，在这类案件中，罪犯突然和彻底清理住所；在警察到达前临时移走其他儿童；受害者在洗澡、换衣服或在床上被重新放置，以改变现场和孩子被警察看到的方式。在滥用药物致死的案件中，现场可能会被清理干净，所有的非法物质也会被清除。受害者可能会被重新放置，类似于意外或自然的死亡，比如在浴缸里意外溺水。在不止一个场合中，一名女性受害者被移出现场，脱下衣服，遗弃在公共场所，并摆出性感的姿势，类似于性谋杀。

下面是说明临时掩饰的犯罪现场的一个较好的例子。

案例研究 1

一对发狂的年轻夫妇报告说，在前一天晚上，有陌生人进入他们的公寓，并从卧室里绑架了他们 4 个月大的孩子。这对父母声称，父亲在外轮班工作，母亲在孩子被绑架的那天晚上 9 点左右把孩子放到了床上。母亲早上醒来时，发现孩子不见了，前门是关上的，但没有上锁。她立刻打电话给她丈夫，她丈夫立即回家并报警。这对父母声称不知道他们的孩子发生了什么，也想不出任何可能的嫌疑人。绑架报告引起了当地所有警察机构的反应。

一项详细的犯罪现场搜查开始了，但没有发现任何强行闯入的迹象，也没有发现与这对父母所称相一致的其他物证。在对这个家庭的背景调查中，亲戚和朋友报告说，妻子不知道如何使房子保持干净，而且对他们所有孩子的福利有实际的担忧。然而，在处理现场的时候，警方发现房子整齐、干净并且显然是最近打扫过的。母亲在对警方的声明中称，前几天，家庭活动都是正常度过的，并把自己描绘成一个正常的、有爱心的母亲。然而，这并不是朋友和邻居的普遍感觉，他们把这个母亲描绘成对她的所有孩子漠不关心和漫不经心的人。最终，这对父母面对着相互矛盾的信息，并且母亲承认孩子实际上是死于疏忽。这位母亲几乎不间断地玩了将近整整一个星期的电脑，从未检查过孩子。很有可能孩子真的饿死了，而母亲则在网上玩。她在前一天晚上发现了孩子死在婴儿床上，并给她丈夫打电话，他设法从工作中溜走回家。他抱起孩子，裹在毯子里，然后把孩子带到一个开阔的农村地区，把孩子的尸体扔到附近的一个池塘里。后来在那里找到了孩子的尸体。丈夫和妻子后来供认了他们的种种罪行。

就像许多其他临时掩饰的现场一样，这个母亲并没有谋杀她的孩子的意图。但是，当她发现时，她却不知道如何解释孩子的死亡。母亲和父亲冲动地制定了一个临时的计划来解释孩子的失踪和死亡，而不是承认自己有一些不当行为。丈夫控制着孩子的尸体，而妻子认真检查并彻底打扫了他们的房子。他们的决定是试图将警方的注意力转移到一个未知的入侵者身上，从而逃避或转移对他们行为的怀疑、指责和责任。

对于所发生的事情，他们并没有被强迫提供任何细节、信息或解释，而是声称对事件周围的确切情况不了解。通过坚持母亲睡着了，而父亲不在家这种说法，他们相信自己创造了一个易于控制的事件解释。在这类事件中，我们通常发现原告不了解或无法记住到底发生了什么，因为如果他们不需要重新讲述任何细节，那么有罪的一方就更容易维持他们的故事。

然而，由于对事件的解释基本上是在运行中创建的，而没有详细地计划好，因此对于调查者来说，识别和发现不一致通常要容易得多。这种类型的掩饰现场的一个关键特征是，事件描述的性质和在现场留下的或展示给调查人员看的"证据"。有趣的是，临时掩饰犯罪现场的罪犯似乎非常有必要用最积极的方式描绘他们自己，方式如下：指出他们是多么负责任，他们可能采取了什么预防措施来防止这样的事故，或因为在事件发生时，他们没有在周围做些什么来防止事件发生而感到沮丧。那些在事件发生时置身现场的罪犯声称自己对一个不知名的攻击者进行有力但不成功的身体抵抗，这种说法并不罕见，但不知何故，他们被制服或受伤，无法再抵抗。

案例研究 2

一名 16 岁的女孩报告说，她的男友在她原定最晚回家时间的前几分钟把她送到家门口。当她走向房子的时候，一个年轻男人从后面走近她，捂住她的嘴巴以阻止她喊叫，然后强迫她回到街上。一辆由另一个陌生男人驾驶的皮卡车停了下来，她被迫进入皮卡车的后座，她的头部被某种类型的衣物覆盖。车开到一个公寓大楼，在那里，她被迫从皮卡车上下来，然后进入其中一间公寓并被强奸。

受害者声称用身体反抗了袭击，但被两名罪犯压倒了。后来，她被迫回到皮卡车里，罪犯开车去了城镇的一个偏远地区，在那里她被带出皮卡车并再次被强奸。然而这次，受害者声称她试图逃跑，但很快在一个空旷地带被抓回，那两个男人嘲笑并折磨她，拽着她通过一些草地和泥土，然后两次用香烟灼烧她的胃部，作为对她试图逃脱这一行为的"惩罚"。她最终在一家便利店附近被释放，在那里她给父母打了电话并报了案。

作为初步调查的一部分，警方联系了她的男友，仅仅几分钟后，他就承认这件事并不是受害者声称的那样。男友说，他们实际上在晚上早些时候就在一起进行了双方自愿的性交。后来，男友发现他戴的避孕套破了，女孩立即断定她怀孕了。女孩无法面对告诉她的父母她怀孕了这种情况，在思考了几分钟后，她制定了一项计划来假装被强奸。为了假装被强奸，她相信她需要的证据不止一个男人的精液。女孩说服男友跟着自己，两人开始寻找另一个男人与女孩发生性关系，以获得额外的精液。他们和在酒吧外一辆皮卡车内等待的两个男人取得了联系。男友提供女孩和他们发生性关系。男人们欣然同意并护送他们到他们的公寓，"受害者"心甘情愿地走进房间，脱下衣服，开始与其中一名男子发生性关系。然而，这个过程对女孩来说太长了，她要求男人停止。他停止了。女孩穿好衣服，回到停车场，男友在车里等着，他们开车走了。然而，因为那个男人没有达到高潮，女孩仍然没有必要证据来支撑她对事件的叙述。

　　结果，两人回到镇上寻找其他可能的"候选人"。另一个人最终在一家便利店外被找到。女孩接近他，提供性服务，然后两人进入附近的灌木丛，进行了性行为，男人在她的体内达到了高潮。现在"受害者"有了必要的物证，男友拖着她穿过一些泥土和草地，她用香烟灼烧自己的胃部，以证实嫌疑人对她的"折磨"。男友在一家便利店放她下车，她给父母打了电话，声称自己被强奸了。她向警方报告了绑架案和强奸案，并能够详细描述男人驾驶的车辆，但只能提供对嫌疑人的基本描述，而且并不认为她在未来能够辨认出他们。根据对车辆的描述和男友的陈述，警方找到了两名在俱乐部外被接触的男子，并且在一次询问中证实了这个不同寻常的故事。

　　前面的案例展示了临时掩饰的犯罪现场的冲动和非预谋的性质。虽然比许多计划更复杂，但是受害者的计划仍在进行，意图转移受害者的责任，转移人们对真实事件的注意力。然而，"受害者"并不是犯罪的真正受害者，她不得不在有限的时间里基于有限的生活经验编造一个故事，并且这个故事要她认为是可信的。在这种情况下，我们可以看到一个临时掩饰场景的许多其他标记，包括受害者在尽可能最好的光线下描绘她自己，无论发生什么，都超出了她控制或避免的能力范围。根据受害者的说法，她在应该回家的最晚时间之前就已经回来了；她差不多在自己的房子旁边遭到了两个更强壮的男人的攻击；尽管她身体上反抗，甚至试图逃跑，但她被制服了，并不可能抗拒最终发生在她身上的事情。这种情况不同寻常，因为受害者不能使用她获得的证据，所以不得不通过与其他男人的自愿性行为来制造证据。身体上的伤害是自己造成的，并且受害者认为这会证实她的说法。她主要依靠向警方提供的虚假信息来证实她的指控。

　　从调查的角度来看，在这一事件中，"罪犯"的口头、性和身体行为都不合理，并使警方几乎立即对她的主张产生了怀疑。这个案例研究清楚地表明，一个试图制造虚假控诉或掩饰现场的受害者，为了将人们的注意力从他们自身转移到其他人或其他事情上，愿意去做什么事。

有预谋的初级掩饰现场

初级掩饰现场的第二个子类别是有预谋的掩饰现场。与临时掩饰现场相比，有预谋的掩饰现场可能会被罪犯提前精心设计，并从欺诈性盗窃或盗窃报告，到虚假强奸投诉，甚至是凶杀案，贯穿全程。对于有预谋的掩饰现场，重要的特征差异是物证的数量和类型，这些物证经常被提供以确定被描绘的是什么。所提供的证据或现场的改变实际上只受到罪犯的智力、想象力和整体生活经验的限制。临时的初级掩饰往往远离实际行动而转向其他未知的因素或人，而有预谋的初级掩饰往往有明确的证据，将警察集中在被描绘的行为或事件上。在这些案件中，罪犯希望警察对所发生的事情有清楚的认识，不至于让证据不被发现或被误解。在这些情况下，罪犯实际上是向警方指出证据以确保证据被发现的人，这并不罕见。

在接下来的案例研究中，一名罪犯计划上演一场盗窃，意图提出一项欺诈性的保险索赔。

案例研究 3

一名学生在 10 天的学校假期后回到宿舍，报告说在他走后，有人进入他的宿舍，偷了一件昂贵的珠宝和一个音响。"小偷"也打包了其他物品，好像准备偷东西，但显然它们被留下了。警方对现场的检查没有发现强行进入屋内的迹象，但受害者相信有人从二楼窗户进入了他的宿舍。此外，现场检查注意到，在受害者的窗户下方，以及整个建筑周围的任何其他地方，都没有地面扰动的痕迹。

在房间里，有一个空的音响柜和几个大塑料袋，里面装满了属于受害者的个人物品和学校物品，看起来罪犯似乎也要把它们带走。受害者随后拿出了一个小首饰盒，里面仍然有许多高质量的黄金珠宝，但他声称丢失了一枚昂贵的钻石订婚戒指，这枚戒指是给他女友的。警方还检查了装有个人物品的塑料袋，发现里面有一些常见衣物和他的几本教科书。音响和珠宝被盗可以预料到，但偷窃学校教科书根本没有任何意义，因为这些东西既不是贵重的物品，也不是许多其他学生特别感兴趣的东西。

警方调查宿舍里其他人员，最终在另一个学生的房间里找到了"丢失"的音响。另一名学生报告说，他实际上是在学校放假前几天从受害者那里购买了音响。他想把它带到学校外的女朋友家里，但他还没有机会这样做。在审讯过程中，受害者供认其在放假前伪造了现场。他的意图是向珠宝商店提出赔偿损失的要求，在那里他还为戒指购买了保险。这个学生被指控提交了一份虚假的警察报告。

在案例研究 3 中，受害者预期会根据他的投诉生成警方报告，但从未希望任何人真的做跟进调查。因此，他提供了他认为是闯入的证据。他的窗户没有上锁，他的个人财产混乱不堪，一些财产甚至被"预先打包"来偷，并且他报告了一些贵重物品的丢失。在他的脑海里，如果有人真的闯入了他的房间，他是会发现的。被提供的证据是非常基础的，并且往往集中于闯入和罪犯在房间内的行为。

似乎没有对罪犯为支持他们预谋的伪造进攻所用的时间和方法的限制。他们计划的最终结果是基于他们的生活经历，以及对现场和相关证据应该如何达到他们想要的结果的个人解释，这通常是为了逃脱处罚，有时也会从犯罪中获益，如案例研究 4 中所展现的。

案例研究 4

　　一个兄弟姐妹团计划诈骗一个主要的观光游乐园一大笔钱，方法是声称妹妹在游乐园里遭到了袭击和强奸。作为他们计划的一部分，妹妹首先与一个不知情的男性伴侣发生了自愿性行为。兄妹俩随后直接去了游乐园，在那里他们走到一个公众视线之外的地方。然后，哥哥多次用拳头打她的脸，撕扯她的衣服，并殴打她。随后，哥哥离开了现场。妹妹引起了一名公园保安的注意，并报告说，当在卫生间附近走路时，她被绑架了，被拖到一个隐蔽区域，遭到一个不明罪犯的性侵犯。报警后，受害者被带到医院接受检查。在检查过程中发现了精液，这往往能证实受害者声称的攻击。先前自愿发生性关系的伴侣发现这一事件后，该计划被破坏，他向警方报告以避免被牵连。两人都被审判并被判提出虚假报告罪。他们编造整个事件的动机是对游乐园提出有计划的诉讼。

　　上述事件的预谋或计划可以被有意图的受害者利用，其在事件发生几小时前进行自愿性行为，以便在他们去游乐园时准备好物证和法医证据。最后一步只是在报告前立即造成身体创伤。这两名罪犯相信，在体检时她身体里发现的精液和身体创伤会证实他们的说法。正如我们从之前的两个例子中所看到的，一些有预谋的事件比其他事件更好地被计划，但为伪造一个有预谋的现场而提供的证据的数量和类型只取决于罪犯和他们的智力、犯罪经验、成熟度、生活经历和事件背后的动机。

　　由于许多罪犯并不是真正的受害者，而且之前很可能从未真正参与过犯罪行为，因此罪犯经常犯错，在现场出示太多的证据，可以称之为夸张。留下太多的证据往往会导致关于发生了什么的相互矛盾的证据。一个常见并且非常简单的夸张的例子是，一名罪犯计划谋杀一个受害者，然后让现场看起来像是自杀。受害者被击中头部，罪犯总是把枪放到受害者的手中，以让警察很明显地知道是受害者自己开枪的。在现实中，枪并不总是在受害者的手中找到，所以对警察来说，使用的武器在受害者附近的区域内是非常重要的。更重要的是枪支的物理状况：保险开启/关闭，向前滑动或锁定在后方，击锤是竖起的还是向前的，与特定武器操作相关的其他功能属性以及任何相关的微量物证。枪支的状况有时被忽视，并且可以作为伪造现场的一个重要指示。

除了提供过多的物证外，罪犯还可以设计一个场景或解释，试图利用公众知晓的警察和社会偏见以及罪犯模式。在一个被广泛报道的来自南卡罗来纳州的苏珊·史密斯案件中能够看到，利用一个公众知晓的警察偏见的例子，她虚假报告一个不知名的黑人罪犯劫走了她的车和车里的孩子。除了由年轻母亲的孩子被绑架引起的同情之外，苏珊·史密斯还通过认定罪犯是黑人男性，对公众知晓的警察和社会偏见进行利用。事实是，她把载有孩子的车开到湖边，让车潜入湖中，孩子被淹死了。

如前所述，掩饰出现在犯罪的全部范围内，但相比其他犯罪，有三种犯罪或事件更经常地作为主题来误导警察调查，即被打断的入室盗窃或家庭入侵，自杀和性谋杀。因此，当调查人员面对这些犯罪时，应当考虑仔细寻找虚假报告或掩饰事件的任何迹象。

前面提到的所有初级掩饰现场的案例研究，无论是临时的还是有预谋的，都为罪犯对警察调查过程的理解提供了非常重要的线索。因此，嫌疑人的掩饰现场和虚假故事一般不会被设计来混过长期的调查。相反，主要的目标是通过警察对现场的初步观察和初步的刑事调查，而不会引起任何怀疑。如果他们成功了，就是一个很好的机会，不会有后续的调查，他们的事件版本将被接受，因此他们将逍遥法外。

调查冷案时，在审查最初的犯罪现场和初步调查报告之外还有第三个目标，即查明犯罪背后的动机或原因。从调查的角度来看，一旦我们了解了动机，就可以开始识别嫌疑人或缩小可能的嫌疑人范围。无论何时，当犯罪的动机不能被清楚地确定时，我们就会非常仔细地在现场寻找任何证据，证明现场可能已经被掩饰，而从初步调查开始，这项调查就被误导了。

更常见的现场是凶杀案现场，被掩饰的现场类似于住宅入侵或被打断的盗窃。在这些案件中，现场已经被改变成像是某人寻找一些贵重物品一样。在冷案中，经常出现的问题是在调查过程中出现了多个甚至相互冲突的动机。

作为多重动机的一个例子，我们只需要看看琼贝妮特·拉姆齐案。该案中，一个富有商人6岁的女儿在家中被谋杀。但是这对父母根据一张三页的赎金便条首先报告说孩子被绑架了。然而，当警方在几个小时后搜查住处时，发现受害者死在地下室的一个房间里。在房子里发现她的时候很奇怪，因为她被发现时，其中一只手腕上有一个带子，就好像她曾经被捆绑过一样。目前还不清楚罪犯为什么要捆绑一个6岁的孩子以维持对她的控制。她还遭受了颅骨骨折，并被勒死。由于许多其他的掩饰迹象已经存在，因此眼前的问题是，如果这是一起绑架案，为什么要把尸体留下来使其被发现？如果动机是谋杀，甚至是对孩子的性侵犯，为什么要留下手写的便条？这为警方提供了唯一的法医证据。此外，那个罪犯是如此聪明，他在某个时候进入房子（从未被真正证实），走到房子的二楼，把孩子弄走而不会使她醒来或呼叫，然后把孩子带下两层楼梯直到尸体被发现的地方。她在被从卧室移走后的某个时间里，遭受了严重的钝器损伤，并在被勒死后留在地下室。然后，罪犯离开了现场，非常机智，没有在房子里留下任何痕迹。但是，同样的罪犯是如此不知所措以致犯罪中所使用的一切工具都来源于现场。这张手写的便条是用警察在厨房里找到的一支笔写出来的，它也来自厨房里的一个写字便签簿。被用作绞具的带子和一块木头也来自于这所房子。

在这个案件中，我们经常问的最后一个问题是，整个事件背后的动机是什么？性侵犯、绑架还是谋杀？即使在今天，整个事件背后的确切动机仍然不清楚，因此这起案件和其他类似案件应该被视为一个掩饰现场。

黑泽尔伍德和纳皮尔[5]非常清晰地确认了识别动机的问题：在掩饰现场中，调查者面临着确定两种不同行为动机的必要性。两种行为是需要掩饰的原始行为和掩饰本身。黑泽尔伍德和纳皮尔继续说道："在掩饰犯罪中，了解动机往往会引向犯下罪行的人。"因此，确立动机不仅有助于确定被掩饰的现场，还会引导调查人员发现导致罪犯掩饰的动力，最终导致识别罪犯。

因此，从调查的角度来看，第一个任务是认识到现场是掩饰的，或者犯罪没有按照报告的方式发生。然后我们要看最初的犯罪，以及谁最有可能被认为是嫌疑人。例如，如果我们确定受害者没有自杀，正如现场最初显示的，那么我们需要将事件看作谋杀并将我们的注意力转移到确定谋杀背后的动机和谁可能受益或有犯罪的理由。在冷案中，我们多次看到侦探们最初没有意识到现场可能已经被掩饰，或者虽然他们意识到现场是被掩饰的，却没有跟进并专注于最初的犯罪本身。

审查文件的最后目标之一是查看罪犯在犯罪之前、期间和之后表现出来的语言的、身体的或性行为。在观察他们的行为时，我们希望能找到有关罪犯的智力、生活经历、犯罪的复杂性或犯罪经验的许多线索。考虑这些与动机相结合的行为，我们会知道很多关于罪犯的信息，或者将会出现一些不一致的地方，指向用以误导调查的虚假报告或被掩饰的犯罪现场。一个更好的例子是在琼贝妮特·拉姆齐案中，我们有一个对罪犯行为的二分法，通常指向一个被掩饰的犯罪现场或虚假报告。

在琼贝妮特·拉姆齐案中，我们发现了一个嫌疑人，他展示了有组织的罪犯行为。他如此聪明和有组织以至于能够进入住宅，把一个孩子从她的卧室移走，进行谋杀，隐藏她的尸体，然后离开住所，并且可以不留下显示其出现过的任何迹象或证据。然而，同样的罪犯是如此混乱和无准备地犯下罪行，以至于用来犯罪和留便条的所有东西都来自犯罪现场。此外，在所有这些工作和努力下，甚至无法确定真正的犯罪动机。

在犯罪过程中表现出专有利益，这是正常的犯罪行为中的另一个不一致的罪犯行为。罪犯表现出专有利益的一个例子是，在一个谋杀现场，妻子被杀，她的财产扔得到处都是，或被彻底搜查，或被损坏。然而，在同一所房子里，丈夫的个人财产却未受影响。看起来好像这名罪犯只想对妻子的财产进行破坏或几乎没有关心，而小心地不损害甚至扰乱丈夫的财产。许多次，在现场检查或案件审查结束时，一名侦探可能会发现，尽管出现了强行进入或洗劫现场的情况，但罪犯犯下的唯一真正罪行是谋杀受害者。

二级掩饰

在犯罪现场，还有许多其他的罪犯行为，这些行为可以被归类到一般的掩饰概念中，但并不是为了故意误导警察调查或转移人们对罪犯的注意力。这些类型现场的不同之处是没有误导或欺骗的动机，相反，现场改变的动力与罪犯的心理和犯罪现场特征密切相关。在检查现场时，需要采用不同的视角来看待这种类型的掩饰行为中存在的改变，从而得出一个不同的定义，以对这些事件进行分类。所谓的二级掩饰，被定义为：

罪犯所故意实施的改变或操纵犯罪现场或受害者的行为，与误导或转移警察调查无关。

这样的改变以非常广泛的可能的犯罪行为出现，比如把东西放在受害者的头上，把受害者摆到性挑衅或尴尬的位置，用外来的物体插入到尸体中，或者是对受害者尸体实施其他死后残害行为。这些行动可能是实现罪犯的幻想的一部分，或者是为了冲击和冒犯社会，羞辱或贬低受害者，甚至是其他一些只有加害人才理解的仪式或象征意义。在二级掩饰中，现场的改变是为了罪犯的利益而严格实施的。二级掩饰的三个常见例子被称为人格解体、尸体姿势、象征性/仪式性。

人格解体

也许最常见、最容易辨认的二级掩饰的例子就是人格解体，格伯思[6]将其定义为"谋杀者所采取的掩盖受害者个人身份的行为。脸部可能被打得面目全非，或者受害者的脸可能被遮住"。由于头部和脸部是我们的外表中最容易辨认的地方，当被遮盖时，受害者从一个罪犯可能认识的人转变成其他人，爱人或者与之有私人关系的人转变为一具匿名的尸体。在现场用某些物品掩盖受害者脸部的行为，已经在专业的文学表演、人格解体或心理的毁灭中被交替使用。

其他更极端的人格解体的例子包括对受害者身体进行死后残害，通常涉及面部，或者在某些情况下，女性的乳房或生殖器被实际切除，这也被称为非女性化，格伯思[7]将其定义为"对女性品质或特征的剥离"。这些更极端的行为被看作一种从根本上将受害者变成非人或者使他们失去个性的方式。

尸体姿势

尸体姿势可能是最广为人知、最容易辨认的，并且可能是记录得最多的犯罪现场掩饰的例子，绝大多数有关犯罪调查分析、罪犯剖析和犯罪现场特征分析的专业文章都涉及这种类型的犯罪行为。尽管它们被很好地记录和研究，但它们其实只占所有凶杀案的一小部分。凯佩尔和韦斯[8]，黑泽尔伍德和纳皮尔[9]，格伯思[10]为确定这些事件发生的频率做出了不同的努力，都认为它们实际上是非常罕见的事件。一般来说，这些事件往往发生在性谋杀的背景下，格伯思[11]将其定义为"在犯罪现场或受害者的身体上发现性行为的证据"。格伯思进一步强调："性杀人不是只带有性色彩的案件，死亡往往是压倒一切的动机。性杀人背景下的'摆姿势'是罪犯故意的行为，以在犯罪现场操纵或摆放受害者，使其处于性挑衅的位置。"犯罪的性质包括将受害者摆在性挑衅的位置，并可能包括束缚、异物插入或死后残害的因素，它们往往会被广为宣传和研究。

突出的摆放位置或受害者尸体的展示、姿势是二级掩饰现场的另一个例子。其中著名的例子之一就是 20 世纪 70 年代发生于洛杉矶的山腰扼杀者连环谋杀案。在这些案件中，女性受害者被绑架、强奸、残酷折磨，然后被杀害。她们的尸体随后被运送到居民区，在公共区域被社区居民发现时赤身裸体。罪犯留下这些尸体显然是为了羞辱和贬低受害者，并展示罪犯的权力和警察的无能。每个受害者的后续安置都提高了罪犯的权力感和成就感，同时继续强调警察无法抓住他们。

在与犯罪现场掩饰有关的这些行为中，普遍存在的共同线索是，掩饰活动无意误导警方的调查；更值得注意的是，如前所述，他们这么做是要通过一些内部或心理的动机来冲击和冒犯社会，羞辱或贬低受害者，或者其他一些仅由罪犯理解的象征性原因。

象征性/仪式性

二级掩饰的第三个常见的例子是，罪犯因某些象征性/仪式性的原因而掩饰或改变现场，而不是为了实现幻想或误导警察调查。一个例子就是著名的约翰·李斯特案。

约翰·李斯特案

1971 年 11 月 9 日，约翰·李斯特有条不紊地杀了他所有的家人——他的妻子、母亲和他的三个孩子。他最初开枪打死了他的妻子和母亲，当他的孩子从学校回家时，他杀害了每一个孩子。约翰·李斯特去了银行，关闭了他自己和他母亲的银行账户，然后把他妻子和孩子们的尸体一个挨着另一个放在一个睡袋上，用抹布/毛巾遮住脸，放在一间屋子里，并试图清理现场。他还给他的牧师写了一封长达五页的信，解释他为什么杀害他的家人，为他们的火葬和宗教服务留下了指示。约翰·李斯特正在遭受财务困难，当年只赚了 5000 美元，他家已经开始止赎程序。在他的其他笔记中，他承认杀害了他的家人，以使他们免于遭受贫困，同时也使他们免于因世界上的邪恶势力而失去灵魂。为了推迟警察发现尸体和他的罪行的时间，他已经停止了牛奶、报纸和邮件的递送，称这个家庭将会去北卡罗来纳州待上几个星期。尸体最终在将近一个月后被发现，所有的尸体都相互挨着躺在一起，家里的对讲机系统上播放着宗教音乐。

在该案中，受害者被杀后，现场被改变，他们都被移动到一个房间，然后象征性地相互挨着躺在一起，在背景中播放着宗教音乐，而罪犯则写笔记承认谋杀。但是，这个掩饰与误导后续调查无关；更确切地说，这是一个象征性的掩饰的例子，约翰·李斯特觉得个人原因使他有必要做出安排。

　　在讨论仪式性的犯罪现场时，很多时候，我们倾向于将它们与神秘、邪恶的仪式或其他宗教原因联系在一起。然而，仪式性也指这样的情况：罪犯的犯罪现场行为是重复的和著名的，从一个现场到另一个现场。这种仪式性行为的例子也被称为犯罪现场特征，即罪犯通过自己的重复行为将他的个性植入现场。这种重复的行为可以通过受害者被放置的方式和地点来实现，并通过在现场的各种类型的死后犯罪行为和罪犯与受害者的互动来实现。因此，认识到二级掩饰的存在，可以帮助警方识别出一些最好的个人主义的犯罪行为证据。在任何其他犯罪中重复出现的类似行为，可能是识别或确认罪犯的特定犯罪现场特征，并将案件联系在一起的基础。

　　重要的是，要考虑到，并非所有性掩饰的现场都属于二级掩饰，"性内涵"的主题可能被犯罪者用作策略来掩盖犯罪的真实性质，以至于把我们带回到具体犯罪意图，误导在初级掩饰中的调查。因此，将一个谋杀现场掩饰得像某种性谋杀一样是一个非常好的主题，这可以通过将受害者的一些衣服脱下，把他们摆成一种性风格的姿势，或者把一个外来物体插入尸体而实现。因此，在死亡似乎是出于性动机的情况下，应该仔细检查是否有掩饰的迹象。在许多情况下，当审查一个侦探最初认为是一种性动机犯罪的冷案时，可能有明显的掩饰迹象，主要是由于缺乏相应的与真正的性动机犯罪一致的犯罪行为。

　　在那些被掩饰得类似于性杀人案的现场中，正确的分类将是一个临时的或有预谋的现场，而不是性的或象征性的掩饰现场，因为目的是误导警察，而不是羞辱或贬低受害者。

三级现场改变

　　当现场改变由家庭成员或其他人进行时，他们可能会在一个尴尬或有辱人格的情况下发现一具尸体，此时，现场改变的最后一个一般方面需要被考虑：试图让家庭或受害者感到不那么尴尬。格伯思在这一点上非常明确："掩饰不应该被用来描述一个家庭成员的行为，他们可能无辜地掩盖或纠正一个被发现裸体的爱人或在另一个尴尬情况下死亡的人。"[12]

虽然无意的和非犯罪动机的行为可能会改变现场的性质，但他们不会落入初级或二级掩饰的范围，除非在现场改变背后有特定的犯罪意图或目的。这种潜在的犯罪意图可能会成立，例如，当一个自杀现场被故意改变成类似凶杀或事故的时候，"受害者的"带有自杀条款的人寿保险单仍然会得到偿付。

另一项非犯罪的改变，即由家庭成员或其他证人对原犯罪现场进行的意外的、偶然的或无辜的变更，宜被称为人工制品。在这里，人工制品可能是在事后被修改或添加到现场中的，但没有真正的证据或行为价值，没有误导的犯罪意图或二级掩饰动机。这些类型的行为术语是三级现场改变，它被定义为：某人而不是罪犯对现场所做的改变或者变化，对犯罪是偶然的并且没有特别的犯罪目的或误导警察调查的意图。

由于三级现场改变一般不会由罪犯完成，这样的活动应该被识别和澄清，但一般没有其他真正的证据或行为重要性。识别这种类型掩饰的重要性在于去发现实际犯罪的真实性质，并确保调查不会偏离目标。

总　结

目前很少有统计数据可以用来确定试图掩饰现场的实际数量，而且由于这些类型的事件的性质，很难收集数据。因此，本课题所收集的大部分信息，主要是基于侦探或专业文献作者的个人经验或相反经验。然而，施莱辛格等人（2012 年）完成了对美国联邦调查局行为科学部门提供的来自全国的 946 起凶杀案的审查，发现 79 起案件或 8.35%的案件是为了误导刑事调查而掩饰的，或者是初级掩饰。另外，被审查的 91.65%（867 起）的案件没有被掩饰以误导警察。

在此项研究的初级掩饰现场中，25.32%（20 起）的案件使用纵火作为掩饰方法。在研究中定义的口头掩饰，即提出一份虚假的失踪人员警察报告以掩盖谋杀，发生在 21.52%（17 起）的案件中。该研究进一步将 17.72%（14 起）的案件分类为入室盗窃、抢劫、破门而入等主题，13.92%（11 起）的案件为意外事故，7.59%（6 起）的案件为自杀，5.06 %（4 起）的案件为凶杀-自杀，1 例（1.26%）案件初级掩饰为"通过暴露受害者的生殖器而进行的性谋杀"。

尽管这项研究使我们对掩饰的普遍性有了很大的了解，但它仅限于凶杀调查。非常清楚的是，掩饰现场现在是并且以后会继续是影响刑事调查事实发现结果的一个调查问题。

在犯罪或初步调查的最初阶段，识别出误导警察的企图，能使我们对可能实际发生的事情有更深入的了解。这种类型的信息对于调查人员开发案件来说是非常宝贵的。在研究冷案时，我们总是审查这样的可能性，即犯罪的原始理论和案件如何被调查是建立在一个掩饰的或者改变的现场以及支持这种改变的虚假信息基础之上的。

尾注

1. Geberth, Vernon J., "The staged crime scene", 1996 *Law and Order Magazine* 44（2）.

2. Geberth, Vernon J., *Practical Homicide Investigation*, 4th ed., CRC Press/

Taylor & Francis: Boca Raton, FL, 2006.

3. Douglas, John E. , Burgess, Ann W. , Burgess, Alen G. , and Ressler, Robert K. , *Crime Classification Manual: A Standard System for Investigating and Classifying Violent Crimes*, 2nd ed. , Jossey-Bass: San Francisco, CA, 2006.

4. Palerma, George B. , and Kocsis, Richard N. , *Offender Profiling: An Introduction to the Sociopsychological Analysis of Violent Crime*, Charles C. Thomas: Springfield, IL, 2005.

5. Palerma, George B. , and Kocsis, Richard N. , *Offender Profiling: An Introduction to the Sociopsychological Analysis of Violent Crime*, Charles C. Thomas: Springfield, IL, 2005.

6. Geberth, Vernon J. , *Practical Homicide Investigation*, 4th ed. , CRC Press/ Taylor & Francis: Boca Raton, FL, 2006.

7. Geberth, Vernon J. , *Practical Homicide Investigation*, 4th ed. , CRC Press/ Taylor & Francis: Boca Raton, FL, 2006.

8. Keppel, Robert D. , and Weis, Joseph G. , "The rarity of 'unusual' dispositions of victim bodies: Staging and posing", 2004 *Journal of Forensic Science* 49 (6), 1308-1312.

9. As quoted by Palerma and Kocsis, Offender Profiling.

10. Geberth, Vernon, "Crime scene staging: An exploratory study of the frequency and characteristics of sexual posing in homicides", 2010 *Investigative Science Journal* 2 (2).

11. Geberth, Vernon J. , *Practical Homicide Investigation*, 4th ed. , CRC Press/ Taylor & Francis: Boca Raton, FL, 2006.

12. Geberth, Vernon J. , "The staged crime scene", 1996 *Law and Order Magazine* 44 (2).

13. 评估报告和法律注意事项

詹姆斯·M. 爱德考克　莎拉·L. 斯坦

介　绍

在本章中，我们首先讨论在案件文档评估过程中发现的信息的官方报告，然后再讨论必须做出的法律考虑。根据调查人员或检察官的目标受众，评估团队基本上可能准备两种类型的报告。侦探报告通常更倾向于以调查为导向，因为它涉及侦探们所关心的领域，这将帮助他们获得证据的所有要素。它还将包含一个关于准确的解决方案的详细调查计划。另一种类型的报告通常是为检察官做出的，因为你需要一个检察官的决定。对后者的利用取决于检察官是否已被指派到该小组，并充分了解调查的复杂性，因此充分地准备相应的起诉。

报告格式

根据可用信息的数量和类型，侦探报告的格式在每个案件中将会不同。同时记住，你的责任是审查文档以寻找可解性因素，确定证人和犯罪嫌疑人，定位和识别所有的证据，发展犯罪理论，并准备一个战略调查计划。你必须彻底地记录你的发现，并用与你的信息来源直接相关的脚注证实他们。每一个类别都应该在报告中加以体现，最好是在对你的发现进行基本回顾之后作为标签部分。

本概览报告作为支持文件的附函，可能有下列标题（具体将在下文解释）：

评估依据
背景信息
结果简介
方法
附件

"评估依据"部分将反映你是在何时何地如何来审查这个特定案件的。下一个部分将讨论案件的背景信息，可能包括绑架、随后的谋杀和尸体的发现。如果知道的话，应当遵循"是谁，是什么，何地，何时，如何，为什么"撰写简短摘要。在本报告的"结果简介"部分，一个人可能会先说些什么来达到这样的效果，即"除非收到额外的信息和/或相反的证据，否则评估团队提供以下犯罪理论"。说出你认为发生的事情，回答所有的相关问题。所陈述的事实应得到直接引用自案件文档的脚注的支持。

接下来，描述你的团队评估这个案件的方法。报告应以所有附件的清单作为结束，包括受害者研究摘要，时间线，证据问题，证人名单，附有赞成和反对理由的嫌疑人，前、中、后犯罪行为，审讯策略，以及一个全面的调查计划。对于侦探们而言，关键因素将是全面的调查计划，在该计划中，要确定线索，划分优先顺序，并有来自案例文件的脚注的支持。虽然这完全超出了你的控制，但事实仍然是，有些人可能不喜欢让局外人（非警察）审查他们的案件档案，而其他人可能会因为其他原因而决定不进行追查。这只是我们不得不忍受的事情之一。据我所知，我们在康涅狄格州纽黑文接触的 12 个案子中，目前只有 4 个正被各部门进一步追查。

冷案审查的目标是获得对嫌疑人的定罪，而不仅仅是逮捕。因此，如果你不是足够幸运，不能让你的团队中有一名检察官为你的调查行动提供相应建议，那么考虑和关注报告将会有所改变。这让你不得不向地区检察官简要介绍案件的优点，让他相信这是可以起诉的。因此，向地区检察官报告的格式需要与给侦探的评估报告有所不同。

检察官

检察官要做的第一件事是检查犯罪的证据要素是否得到充分满足。能够证明这一点至关重要。如前所述，由于冷案审查的目标是获得定罪，而不仅仅是逮捕，我们提出了两项建议：（1）利用科学的方法，探究所有可能的犯罪理论，确保调查的完整性和准确性；（2）以一种有组织的方式，证明案件的证据要素，并充分记录案件档案信息，将案件交给检察官。检察官越容易理解，就越有可能进行起诉。

第一个，利用科学的方法。这点已经被描述过，但是我们将重申使用这个方法的重要性。通过否认所有其他的犯罪理论，你可以从辩护中去掉所有可能的动机，它们可能会使陪审团感到困惑。

第二个，以律师可以使用的格式组织数据。律师通过正确的信息来处理他们的案件，这些信息证明了所指控罪行的要素。这可以以案例书或报告的形式进行，它们由执法机构特别设计，提交给检察官，确保提供所有的证据要素。为了本章的写作目的，我们将以谋杀作为例子，并参考来自新泽西州的法令［N. J. S. A. 2C：11-3a（1）和3a（2），2004年6月14日修订］。

被告人被控谋杀（插入受害人的姓名）。起诉书的内容如下（宣读起诉书）：

一个人犯有谋杀罪，如果（他/她）：（1）造成被害人的死亡或者导致被害人死亡的严重身体伤害；（2）被告人这样做是故意的或明知的。为了使你判决被告人犯有谋杀罪，国家需要排除合理怀疑，以证明以下要素：（1）被告人造成（插入受害者的名字）死亡或者导致（插入受害者的名字）死亡的严重身体伤害；（2）被告人这样做是故意的或明知的。

国家必须排除合理怀疑证明的一个因素是，被告人故意地或明知地行为。

当一个人的意识目标是导致死亡或会导致死亡的严重身体伤害时，他就是故意地行为。

当一个人几乎可以肯定他的行为会导致死亡或者造成导致死亡的严重身体伤害时，他就是明知地行为。

现在，让我们来看看这个法令，并看看证据的三个主要元素和动机。正是在这里，你将能够充分地说明用来支持你的结论的文档。

死亡发生。由死亡证明书、验尸官或法医报告、死者照片等支持。

由被指控者完成。由承认或供述支持，随后由证人陈述、物证和其他所有指向被指控者作为杀人者的资料支持。

故意地或明知地。许多法规要求故意地和明知地实施这一行为。因此，所有有关这部分故事的声明和描述都应该在这个标题下被收集并整理。

动机。虽然动机一直是一个非常重要的信息，但在调查过程中并不总是清晰的。你记录的信息越多，案件就越完善。

在这些标题下被提供的信息的强度将对检察官是否会出庭受审产生影响。你在这些类别中所拥有的信息量，证明你使用了科学方法并否定了所有其他犯罪理论，从而保证你的努力可能以一个可靠定罪的形式取得成功。

一旦充分记录了证据要素，你给检察官的报告就应该遵循合乎逻辑的顺序，因为它可能会在法律程序中被提出。对此可遵循我的同事史蒂夫·钱塞勒[2]设计的格式。在康涅狄格州纽黑文举行的冷案研讨会中，史蒂夫·钱塞勒展现了他评估的不同案件，并提供了演示文稿的报告格式，充分和有逻辑地记录了所讨论的事件。他的报告格式非常适合向检察官做简要汇报。在准备这些报告时，史蒂夫·钱塞勒利用了以下模板。

审查和分析

本报告是在审查所有相关案件文件的基础上编写的，包括个别警察报告、声明、调查说明和在调查过程中积累的其他证据，例如请求机构提供的资料。在这个案件中，所得到的分析和意见完全是基于这一材料，并结合合理的调查原则。若收到先前未提供的补充资料、证据和/或信息，可能会导致调查结果和意见出现变化。

意见

根据现有的信息，这起凶杀案最好被归类为一种个人原因类型，其中，谋杀直接与受害者和罪犯之间的某种人际互动、冲突或其他"个人"动机有关。这种类型的凶杀案经常发生在家系间的谋杀中，如家庭内的、弑母或同族互杀的事件。这一观点主要是基于缺乏其他任何证据或信息，这些证据或信息表明任何其他潜在动机，如入室盗窃、入室抢劫或性侵犯的存在。

犯罪分析

受害者研究评估

审查和分析过程的第一步是进行一项受害者研究评估。受害者研究评估的目的是确定是什么提高了一个人成为暴力犯罪受害者的可能性，然后将受害者置于一个由低到中到高的风险连续体中。这个评估以受害者的事实和主观标准为基础，但一般来说，受害者的整体生活方式和在犯罪时呈现的情境动态，是评估时的主要焦点。

受害者研究评估是基于这样一些因素：受害者的年龄、整体健康和身体特征、婚姻状况、成熟水平、教育、工作和就业历史、社会经济水平、童年和家庭背景、现在的家庭生活条件、与当地社区或小区的联系、住宅类型和位置、一般的整体生活经验、他们处理压力状况的能力和其他个性特征。

犯罪现场勘查（描述犯罪现场勘查结果）

任何凶杀案调查和分析的一部分都是识别可能的嫌疑人。在这一分析中，我们使用了三个因素来确定可能的嫌疑人。这些因素被称为动机、机会和手段。简而言之，我们正在寻找谁有谋杀的理由或动机，谁有机会犯下罪行，谁有犯下罪行所必需的能力或工具。下面将详细讨论这些领域中的每一个。

动机

动机主要是受害者死亡背后的实际根本原因或理由。行凶者的行为背后总有原因（动机）。一些更常见的杀人动机包括金钱收益、报复、嫉妒、爱、性、婚姻和/或受害者与罪犯之间的一些其他人际冲突。通常情况下，特别是在个人冲突类型的凶杀案中，有多种动机在起作用。（注：有些犯罪的实际或潜在动机只能被犯罪者自己理解，在他们被捕之前可能永远不会被澄清。臭名昭著的例子包括众所周知的山姆的儿子谋杀案，曼森家族犯下的泰特拉–拉比卡谋杀案，以及十二生肖谋杀案。)

机会

机会只是指实际犯罪的机会或能力。例如，如果凶杀案发生在某一特定时间和地点，但已知嫌疑人是在另一个地点，因此没有犯罪的机会，那么他们必须被排除在嫌疑人之外，无论其动机如何。唯一的另一种可能是，嫌疑人和一名同谋共同参与了犯罪，后者同意杀死受害者，而主要嫌疑人则有不在场证明。

手段

谋杀的手段或能力，例如用一件谋杀武器、室外门锁的钥匙或者密码锁来接触受害者。

建议的行动方针

我们向你的机构提出下列建议作为行动方针，以协助这项调查的成功解决。它只是作为指导，并不意味着你所在的机构要承担任何法律义务。如果/当你的机构没有为实际的审查和分析提供额外的信息或证据（时），那么这些建议和意见可能会改变，被证明是不必要的，或者将被认为是不适当的。

调查计划应该被认为是一份活的文件，这意味着，随着调查过程中情况的发展，它可能会发生变化或改变。

下列调查线索已经被确认，并被建议用来成功解决调查问题。除非另有说明，否则这些线索没有被列入任何特别的顺序或优先级列表中。

· 法医证据（列出所有物证、实验室结果等）
· 其他调查线索（所有需要被完成的线索）

利用这种方法得到的样本报告可以在附录 D 中找到。

法律方面的注意事项

关于冷案小组初始化概念的第 3 章建议将一名检察官纳入一个冷案小组之中作为成员和法律顾问。在冷案情况下，会有大量的法律问题需要解决，以确保获得定罪。这些将因案件而异，因司法管辖范围而不同，而且随着时间的推移，法规也可能会发生变化。在上一节中，我们解释了在没有指派律师的情况下，一个冷案单位如何通过使用不同的报告格式，提高其向检察官提交确凿案件的可能性。在这一节中，我们将假设检察官对你的报告感到满意，认为你的报告表明案件可能是可起诉的，他需要探索如何起诉。作为背景，我们将用来自康涅狄格州格林威治的玛莎·莫克斯利案（下称"玛莎案"）来说明在大约 25 年后，起诉迈克尔·斯卡科尔（下称"迈克尔"）谋杀玛莎·莫克斯利（下称"玛莎"）过程中遇到的法律上的障碍。

一般注意事项

为了起诉，要完成的任务在管辖权上将是具体的。因此，我们提醒读者在进行后续调查之前，与各自的检察官充分讨论所有可能的问题。在任何情况下，都需要作出具体的考虑，其中第一个问题是，案件卷宗提供的信息是否已经符合犯罪要素的要求。为了这本书的研究目的，让我们假设犯罪要素得到充分满足。接下来要考虑的是是否有物证：它在哪里？它有什么潜力？随着时间的流逝，物证的保管链是否保持完好？你的检察官在法庭上不希望遇到任何可能影响证据价值的处理不当或错误标识问题。

像侦探们一样，对于律师来说，有必要亲自观察因调查而被保存下来的证据。在这个阶段，利用评估模型将是非常有用的，因为每一项物证都已经被记录下来，并且关于每一项物证的数据都是相关的。例如，记录将明确物品何时被收集，保管链，是否被检查以及由谁检查，是否被送到犯罪实验室，所有测试的结果，以及随着法医科学技术的进展，最终什么样的测试可能被完成。请记住，新技术可能会给起诉带来更多的法律障碍，而在向那个方向冒险之前，新技术需要被充分地研究。

正如舒伯特[3]所指出的那样，不要仅仅因为证据管理者找不到一个特定的证据，就认为证据实际上是丢失的，因为它可能只是被错放，实际上仍然在安全的证据保管范围内。侦探如果进行彻底搜查，可能会发现任何被错放的证据的位置。此外，在可能的情况下（如果还没有完成的话），考虑用今天的法医技术重新评估证据，因为这可以产生新的结果，并帮助驳斥任何关于犯罪的辩护理论。

当检察官认为有相当的理由认定特定的人犯了特定的罪，并且有足够的证据表明，如果控告是被迫做出的，他们能排除合理怀疑地证明每个犯罪要素时，检察官在道德层面和法律层面均有义务将案件提交给大陪审团。这是适用于每一个案件的标准，但在冷案中要困难得多，因为必要的证据和证人可能不再存在或难以找到。

冷案通常是非常复杂的案件，因为（1）最初没有得到解决；（2）已被许多调查人员重复调查，各有不同的案件理论；（3）经常有对不同的嫌疑人的识别，由于某种原因，他们没有被起诉。这些因素可能导致最终被指控的人辩解其无罪，并可能会使陪审团产生合理怀疑。

非凶杀冷案可能会遇到诉讼时效的问题。在美国大多数州，谋杀并没有法定时效，但与凶杀有关的其他罪行可能被禁止起诉。除时效外，法律也随着时间的推移而改变，必须依据犯罪发生时关于凶杀的法律起诉。这是玛莎案的一个主要问题。该案发生于 1975 年，当时康涅狄格州的凶杀案诉讼时效为 5 年。此外，在死刑案件中，关于将谋杀罪的量刑加重至死刑的加重因素的法律可能会改变，只有犯罪时的那些加重因素可以被考虑。最后，在一些罕见的案件中，被告在犯罪时可能是未成年人，而现在是成年人。虽然并不一定要禁止起诉作为成年人的被告，但决定这个人是作为未成年人还是作为成年人被审判，是一个复杂的法律问题。

检察官需要研究、评估和考虑与案件有关的任何较轻的罪行。这是为可能通过辩护曝光的每种可能的场景准备起诉工作的一部分。在调查中，使用所有的理论都被识别和确认的科学方法，将对确保定罪大有帮助。

一般来说，冷案都有可能对起诉案件有重大影响的证据问题。

保管链

证据规则要求在审判时出示的物证与在犯罪现场收集的物证相同。证明这一点的证据是每一次证据易手的书面记录。保管链中的任何缺失环节都将使辩方对证据的完整性提出质疑，导致在某些案件中完全排除该项证据的使用。

证人的记忆

如果一个证人证明他记不住有关案件的一个事实，那么其可以通过阅读先前记录的陈述来刷新记忆。然而，在冷案中，目击者可能不再记得关于这件事的任何信息，因此警方的记录不能用来创造一段不存在的记忆。在某些情况下，证人对警察做的先前陈述可以被用作记录下来的过去的记忆；然而，最近最高法院的判决大大限制了证词的传闻陈述的使用（克劳福德诉华盛顿，

541U. S. 36［2004］）。

证据的丢失

随着时间的流逝，证据有时会丢失或被毁坏。证据的丢失对排除合理怀疑地证明犯罪的每一个要素有明显的影响。然而，被故意毁坏的证据为被告人创造了辩护理由，即证据对被告人来说本可以被用来辩明无罪，因此被告人的正当程序权利受到了侵犯。在一些案件中，故意破坏证据可能导致指控被驳回。

其他

你的证人怎么样？与他们最初接受询问时相比，他们今天有多可靠？他们最初的陈述是书面的吗？他们是否签署了声明？他们的陈述是否可能以电子设备记录下来？正如前面所提到的，时间的流逝经常有助于冷案调查，这应该对你有利。可以考虑利用催眠来帮助重要的证人回忆他们所看到的东西，或者试图让证人参与认知询问的过程，作为帮助他们回忆的一种手段。

谋杀案发生时被告人的年龄与现在相比如何？正如玛莎案所反映的那样，迈克尔在谋杀案发生时才15岁，但他在39岁时被捕。你把他当作一个少年还是成年人来审判？迈克尔的辩护律师提出动议，声称1975年生效的法律只规定了5年的诉讼时效，但法庭否决了这一动议。许多法律决定必须被作出，而且检察官在寻找这些可能性的时候越彻底，被告人越有可能获得定罪。

玛莎案（案例研究）

为了说明冷案中的一些法律方面的注意事项，我们将1975年10月30日发生在康涅狄格州格林威治的玛莎案作为背景。大约 27 年后，迈克尔被判谋杀罪成立。此案和审判引起了全国的关注，但是将这个非常困难的案件提交给陪审团的法律障碍和法律准备却没有引起多大的注意。代表州的一名检察官是克里斯托弗·L. 莫拉诺，他以前在康涅狄格州检察官办公室工作。

多年来，甚至在此案审理之前，克里斯托弗·L. 莫拉诺就曾在李昌钰法医科学研究所发表过演讲，讲述一名检察官应该如何准备和起诉一个冷案。他的演讲集中讨论了检察官在两方面的作用：(1) 在谋杀发生的时候有什么样的法律存在；(2) 今天存在什么样的法律可能会在起诉中带来问题。阅读"玛莎的故事"，了解此案遇到的法律障碍，以及检察官在本案中使用的审判程序。

玛莎的故事[4]

1975 年 10 月 30 日，康涅狄格州的格林威治镇，在通常被称为"恶作剧之夜"或"门铃之夜"的万圣节前夜，15 岁的玛莎和她的朋友们开始了一晚的无害恶作剧——在附近街区喷洒剃须膏，扔鸡蛋和厕纸，然后在汤米和迈克尔家门前停了下来。

斯卡科尔兄弟不仅因为他们的行为和缺乏纪律而闻名于附近街区，还因为他们是埃塞尔·斯卡科尔-肯尼迪的侄子。埃塞尔·斯卡科尔-肯尼迪是已故参议员罗伯特·肯尼迪的遗孀。莫克斯利和斯卡科尔两家生活在贝尔港，格林威治的一个封闭社区，这是好莱坞演员生活和前总统乔治·布什成长的富裕地区。

那天晚上 9 点 30 分到 11 点之间的某一时刻，玛莎离开了斯卡科尔家。她的家只有 150 码远，但玛莎没有回到家。第二天，玛莎的尸体在她家后院的一棵树下被发现。她的牛仔裤和内衣已经被拉下，但没有性侵犯的明显证据。她被一根铁棍打得很猛，以至于棍柄被打得粉碎。铁棍的一个锯齿状的碎片被用来刺穿她的脖子。警方后来了解到，该铁棍是一套昂贵的托尼·佩纳的一部分，它属于汤米和迈克尔的母亲安妮。斯卡科尔夫人在两年前死于癌症，留下她的丈夫拉什顿去抚养他们庞大的据说是不守规矩的家庭。他们的儿子汤米，那时 17 岁，据说是被看到与玛莎在一起的最后一个人。根据玛莎的日记，她已经避开了几次斯卡科尔"到达第一垒和第二垒"的尝试。发现玛莎被摧残的尸体的那天，格林威治警方在拉什顿的许可下对房子做了粗略的搜查，但他们从未得到进行彻底搜查的许可。在调查中缺乏许可，导致了对这个人脉广泛、有影响力的家庭的"特殊待遇"的指控。

1976 年初，斯卡科尔家停止与警方合作，此后拒绝接受询问。伊曼纽尔·马戈利斯是该家族的律师，他说，汤米现在 40 岁出头，住在马萨诸塞州，一直坚称自己与这起谋杀案无关。但除了斯卡科尔之外，警方还有其他嫌疑人。他们怀疑莫克斯利夫妇的一个年轻邻居和与斯科克尔一起生活的一个 24 岁的家庭教师。他们还考虑了离开 95 号州际公路的过往旅客。州特别检察官唐纳德·布朗说："我们有一个间接证据案件，但没有证人。""不幸的是，我们有指向几个不同方向的情况，"他说，"也许对来自玛莎衣服的证据进行新的 DNA 测试，会将调查人员指向一个特定的方向。"

多年来，没有公开提到过关于这个案件的任何事情。格林威治的居民并没有谈到那桩没有解决的可怕案件。与此同时，在 1983 年，《格林威治时间/斯坦福倡导者报》雇用了一位名叫莱恩·莱维特的自由作家，让其撰写一篇关于此案的文章。这篇文章在那时似乎"太有争议"，以至于出版商一直把它搁置到 1991 年。一个谣言开始在格林威治流传开来：威廉·肯尼迪·史密斯（那时他在佛罗里达州棕榈滩面临强奸指控而被宣告无罪）知道关于谋杀的一些事情。这个谣言被证明是不真实的，但却激起了公众对未被解决的玛莎案的好奇心。这篇文章激起了公众新的兴趣。

该案于 1993 年重新获得了全国的关注，当时多米尼克·邓恩出版了一本以这起谋杀案为基础的畅销小说——《炼狱的季节》。多米尼克·邓恩后来写了大量关于辛普森审判的文章，鼓励马克·富尔曼调查此案。在过去的几年里，格林威治警方和州检察官从未停止寻找线索。但线索很少并且时间久远，调查似乎毫无进展。

1994 年 9 月，弗兰克·加尔侦探从格林威治警察局退休。他离开警察局之后，去了州检察官办公室工作。他作为一名调查人员，随身带着玛莎案文件，全身心地投入到这个案件中。几年后，洛杉矶前警探马克·富尔曼开始写一本关于这个案子的书。他因有争议的证词败坏了针对辛普森的案件而声名狼藉。通过对玛莎案的调查，马克·富尔曼承诺他的书《格林威治谋杀案》会说出凶手的名字。但格林威治当局并不欢迎这位"局外人"。"我没有理由和马克·富尔曼交谈，"一位拒绝了富尔曼采访请求的调查人员厉声说。当局告诉马克·富尔曼他们不会合作，因为他们不想破坏正在进行的调查。马克·富尔曼说："他们实际在做的事情是在掩盖过去的错误。"他接着说："如果你明知道有一个错误，但是你就这样离开了，因为你不允许自己说或承认你犯了错误，那是一个灾难性的错误。"

退休警探斯蒂芬·卡罗尔是少数几个与马克·富尔曼合作的人之一，他同意调查人员犯了错误这一说法，但坚持认为斯卡科尔家没有得到特殊待遇。"错误发生了，"卡罗尔说，"因为经验不足。"该部门在 30 年内没有处理过一起谋杀案。"我认为从第一刻起它就是拙劣的，"作者多米尼克·邓恩说，"当时这是一个小社区。这是一个非常富有的家庭。"

马克·富尔曼对这起案件的兴趣给了莫克斯利家新的希望——凶手最终能被绳之以法。受害者的母亲多萝西·莫克斯利说："他真的激起了希望，如果他能把注意力集中在这个案子上，我们很感激他。""这就是我的生活，这些日子，"她说，"希望有一天我们能知道是谁干的。"马克·富尔曼的书《格林威治谋杀案》在1998年出版，并公开指明汤米的弟弟迈克尔为头号嫌疑人。

与此同时，另一本书《格林敦》出版了。该书由格林威治本地人蒂莫西·杜马斯撰写，他也指出斯卡科尔的一个兄弟可能参与了犯罪。1998年5月，一个由三名法官组成的小组批准了检察官要求进行大陪审团调查的请求。州最高法院的行政长官随后任命布里奇波特高级法院法官乔治·N. 蒂姆调查由格林威治警方和州检察官办公室收集的证据。应当注意的是，这种大陪审团在康涅狄格州很少见，只有在其他调查程序失败时才会使用。在这样的大陪审团案件中，乔治·N. 蒂姆法官能够传唤证人为谋杀案作证。康涅狄格州的检察官没有传唤权，并抱怨他们在玛莎案中感到无力，因为他们无法强迫证人和嫌疑人与他们交谈。

大陪审团询问了50多名与此案有关的证人。据缅因州伊兰学校的原居民和工作人员说，迈克尔在那里接受康复治疗时承认了谋杀。大陪审团秘密举行了18个月的听证会，并于1999年12月10日正式结束。乔治·N. 蒂姆法官随后有60天的时间来决定他是否认为有足够的证据来作出逮捕决定。

2000年1月19日，上午9点，在康涅狄格州布里奇波特举行的会议上，检察官宣布对"一名未透露姓名的少年"发出逮捕令。律师米奇·谢尔曼告诉记者，他的当事人迈克尔是被质疑的人，迈克尔正在前往康涅狄格州向当局自首的路上。当天晚些时候，迈克尔向在格林威治警察局的州检察官办公室的弗兰克·加尔自首。迈克尔被指控谋杀（作为一个未成年人），并在被释放之前交纳了 50 万美元的保释金。

2002 年 5 月 4 日，审判在康涅狄格州诺沃克开始，历时 4 周。2002 年 6 月 7 日，经过 4 天的商议，陪审团认定迈克尔有罪。保释被撤销，迈克尔被关押在康涅狄格州纽镇的加纳惩教所，等待 2002 年 8 月 9 日的宣判。米奇·谢尔曼立即宣布他将上诉。

2002 年 8 月 29 日，在法庭上两天后，迈克尔被判处 20 年监禁。2006 年 1 月 14 日，康涅狄格州最高法院一致支持对迈克尔的谋杀罪判决。

主要障碍是谋杀案发生时迈克尔的年龄（15 岁）。他应当作为成年人还是未成年人被审判？控方赢得了争论，认为他应该作为成年人受审。彻底地评估犯罪发生时的法律，以及随着时间的推移它们可能怎样改变，再加上评估可能作出的各种决定的利与弊，对一个好的起诉来说都是最重要的。

社会上的许多人似乎都是视觉人，因为我们能更好地将事情与我们所看到的联系起来，而不是我们所听到的。因此，具备向陪审团提供演示型证据的能力，将有助于说服陪审团相信本案的价值。在前面的章节中，我们提到了说明前、中、后犯罪行为的图表的价值。在这一章中，我们讨论了报告的形式是全面的和有说服力的。在玛莎案中，康涅狄格州的检察官走上了一条新的道路，提出了一个之前从未见过的交互式多媒体演示。"在证人作证时，检察官在大屏幕上展示拍摄的证据照片、地图、谋杀案现场的图解、其他他们能够从光盘中获得的展示性证据。"[5] 展示从调查开始到结束时的证据的过程，不仅使它看上去更引人注目，而且使它更可信，因为陪审团被展示迷住了，能够看到提供给他们的是什么。

辩方不成功地主张，多媒体演示，特别是在控方总结陈词期间的多媒体演示，宣布迈克尔有罪。控方辩称，与迈克尔自己的话相结合的间接证据，在陪审团看来是能宣告他有罪的。然而，毫无疑问，交互式多媒体演示是至关重要的，因为它以所有人都能看到和理解的展示性的方式提供了案件的证据。[1]

总　结

最根本的是，冷案并不像热案一样容易被起诉，因为热案中的证据和证人的记忆都很新鲜。冷案对我们所有人，尤其是对那些当时和现在负责在法律范围内进行调查和起诉的人来说，都提出了一个挑战。最好的办法是让一名检察官参与到冷案小组中，并且当这样做不可能的时候，检察官应该尽快被带到法庭，以确保得到一个可起诉的案件，而不仅仅是一个可能永远不会进入法庭的逮捕。

尾注

1. www. judiciary. state. nj. us/criminal/charges/homicide2. doc. Accessed September 1, 2009.

2. 史蒂夫·钱塞勒是一名退役的美国陆军刑事调查司令部（CID）特工，前密西西比州警局侦探，密西西比州贝茨维尔调查局冷案组的负责人。在写这篇文章的时候，他被位于亚特兰大的 CID 雇用为该组织的文职顾问。

3. Schubert, Anne Marie, *In Cold Case Homicides*, Chapter 5, Richard H.

---

〔1〕 2013 年 11 月 21 日，《纽约时报》报道称，康涅狄格州一名法官下令释放迈克尔并将其保释，等待可能的再审。法官认为，由于迈克尔的律师未能充分代表他，因此他在 2002 年 5 月没有接受公正的审判。不管最近的这些动议和听证会结果如何，事实仍然是，冷案对我们的法律制度提出了挑战。

Walton, ed. , CRC Press: Boca Raton, FL, 2004.

4. http://www. marthamoxley. com. Accessed August 31, 2009. Courtesy of marthamoxley. com and Tom Alessi.

5. Carney, Brian, and Neal Feigenson, "Visual persuasion in the Michael Skakel trial: Enhancing advocacy through interactive media presentations", 2004 *Criminal Justice Magazine* 19 (1).

14. 结　论

詹姆斯·M. 爱德考克　莎拉·L. 斯坦

在这本书中，我们向读者提供了一些概念，它们是关于自1980年以来我们如何以及为什么处于185 000起未解决的谋杀案中间的。作为一种可能的补救办法，我们已经提出利用三种冷案评估模型作为指导，来帮助解决一些尚未解决的案件。毫无疑问，如果我们要减少未解决的谋杀案的数量，有监督的组织对调查这些犯罪的过程来说绝对是至关重要的。在冷案中，科学方法的组织和使用，对进行良好的评估和后续调查是最重要的，这将会导致对罪犯的定罪。

在《死亡调查》中，爱德考克和钱塞勒介绍了关于利用科学方法的内容，但也意识到这种方法几乎完全适用于以科学为基础的项目。因此，他为调查人员开发了科学方法。[1] 虽然这一过程针对的是正在进行的案件或热案，但是如果被遵循，也可以非常有效地应用于冷案。

调查人员的科学方法

1. 从证人那里得到所发生事情的描述。

2. 根据这些描述，预测你将会被其他人问到的问题，这样你就可以正确地收集和记录物证。

3. 收集并记录物证。

4. 对发生的事件提出假设，并预测你将被问到的问题。

5. 确定证人陈述是否与物证相符，根据需要收集更多的信息或证据。

6. 通过验证证人陈述和供认/坦白的过程，考虑手头的证据，并反驳尽可能多的假设。

7. 将评估（最终的假设）制定到确定性的合理程度，认识到现有的局限性。

我们从这里去向哪里？我们期待着会见和给来自不同司法管辖区的侦探们讲课，教他们并向他们学习如何应对冷案问题。我们感到有必要不断地交换信息和想法，以便我们能改进目前使用的程序。我们必须继续努力解决这些案件，希望从他们那里了解到为什么这些问题在开始时没有得到解决，为今后的培训奠定基础，从而有助于减少冷案的数量。虽然有些案件由于缺乏证据或证人而永远无法得到解决，但许多案件都充满了有价值的信息，这将导致案件的解决和定罪。这些线索必须超越物证能力被探索。关键是信息组织和经验丰富的主管的充分指导。

作为一个拾零，在福尔摩斯的许多历险记中，有几条评论和引述对今天的刑事调查的艺术和科学来说非常中肯。所以，在结束的时候，我们愿意为你留下精神食粮，提供福尔摩斯的七个至关重要的教训，[2] 再加上我们对每一个教训的评论：

"人们应该总是寻找一种可能的选择，并提出反对。这是刑事调查的第一条规则。"（华生博士在《黑彼得》中所说，故事设定于1895年。）

·寻找"替代"不仅可以验证你的犯罪理论，为起诉提供更好的理由，还有助于排除被告在审判中可能提出的理论。

"我从不猜测。在有数据之前建立理论是一个重要的错误。

这样就会不知不觉地开始歪曲事实以适应理论，而不是用理论来适应事实。"（来自《四签名》和《波西米亚丑闻》中的声明，故事设定于 1888 年。）

·哦，多么真实！不要猜测，让证据告诉你发生了什么，并且总是寻找"替代"。拼图的碎片必须合适。

"节约你的时间。确定你拥有什么。然后确定你需要什么。然后在它必定存在的地方寻找你所需要的。"（华生的编年史没有提供这一公理，并且他可能从未听说过这一点，直到在他与福尔摩斯最后一次记录的冒险经历之后。然而，在密歇根州尤宁城的维多利亚别墅的"神探夏洛克的神秘周末"期间，经常有这种说法。）

·我们的时间是宝贵的并且有时是昂贵的，所以如果你合适地并且充分地组织，你将会节约时间。

"没有什么比琐事更重要的了。永远不要相信一般印象，而要专注于细节上。"（源自于 1889 年的《歪唇男人》以及 1888 年的《身份问题》中的陈述。）

·有时，调查的细微差别是"小事"，应该被充分探索。这些细节共同构成了这个案件。

"奇特几乎总是一个线索。"（《博斯库姆溪谷谜案》，故事设定于 1888 年。）

·我把这解释为，当某个特定的东西本身突出时，它很可能是一个重要的"线索"，需要被评估和进一步解释。如果你不使用它，辩护律师则会。

"把奇怪与神秘混为一谈是错误的。最常见的犯罪往往是最神秘的，因为它没有任何新的或特别的特征，可以从中得出结论。"（来自《血字的研究》，华生与福尔摩斯的第一次有记录的案件，故事设定于 1881 年。）

·许多这种情况是由调查人员通过他们的偏见、不恰当的技术或缺乏对细节的关注而自我强加的。不要让它成为它不是的东西。不要只见森林，不见树木。

"当你排除了不可能的事情后，无论剩下什么，无论多么不可思议，都一定是事实。"（来自《四签名》，华生与福尔摩斯的第二次有记录的案件，故事设定于 1888 年。）

·啊，工作中的科学方法。我一再声明，你必须将科学方法应用于你的调查和/或评估。当你排除了其他可能的犯罪理论时，你的理论作为真实发生的事情的真相，就会变得突出和最重要。

记住，对所有这些案件，都应该不遗余力，不应该让家人怀疑他们所爱的人发生了什么事。

尾注

1. Adcock, James, and Arthur S. Chancellor, *Death Investigation*, Jones & Bartlett Learning: Boston, MA, 2013.

2. 改编自 John C. Sherwood 的文章 "Sherlock Holmes's Vital Lessons" (2009)。Dean Jones 的论文是刑事司法研究所警察科学与管理硕士学位授予的部分要求，论文题目为 "Reviewing the Reviewers, The Review of Homicides in the United Kingdom"。

成立警察灰色小组解决未决凶杀案[1]

快速地盘点一下你所在的地区，想想那些新闻报道出来的凶杀案。它们都有被逮捕、起诉和审判的嫌疑人吗？在案件早期没有发现嫌疑人，是否有任何漏洞？你们县有多少未解决的凶杀案？如果你的清查击中了一个或多个案件，你可能会对俄克拉荷马州塔尔萨警察局的实验项目感兴趣，那个项目向一群选定的公民提出挑战，以得出答案。

在看这个项目之前，你可能想继续评估一下形势。未决案件的量是否超出了你的人员能够合理工作的范围？是否所有未解决的案件每年都被审查，以确定证人和证据是否仍然可用？如果你处于事情顶端，你会发现所有的案件都是开放的，而且仍然在继续。你可能会发现一些未解决的凶杀案仍然被分配给那些已经退休的侦探或被重新分配。你可能无法在你的案件中找到案件文档的硬拷贝。

如果任务清单把你放在处理丢失文件和陈旧工作的第二种情况下，你能做些什么？首先，你需要确定你是否真的想要展开解决冷案的工作。如果你是决策者，你可能会认为这仅仅是太多的工作。你可能是在领导的命令下工作，以推动旧的案件或对要求

---

〔1〕 2010 年 11 月，由俄克拉荷马州塔尔萨警察局灰色小组（冷案）的侦探埃迪·梅杰斯提供。

行动的外界影响作出反应。不管是什么原因让你来做这个决定，你必须衡量对项目的投入程度。它将是耗费时间的，而且在某些情况下，还会对旧的调查产生伤害。

希望你能选择重新评估你所在地区的未解决的凶杀案，以解决一些案件。让它们提出不作为的一些不愉快的描述。那么，依靠你目前所有的工作人员，你能对冷案做些什么呢？你可以把鞭子在空中甩得噼啪作响，让加班费的桶子不停转动，或者看看其他的资源。塔尔萨警察局选择了这三种方法的组合，重点是第三种选择。

该部门的目标是组建一支由志愿者组成的专门小组，在宽松的监督下为未解决的案件而工作。小组成员因为他们的个人技能和适应能力而被挑选。只要首席调查员批准，他们就有权审查任何未解决的凶杀案。并且，在某些情况下，他们有权联系有关案件的其他机构和证人。

挑选小组成员相对容易。当有关志愿者项目的消息在城里传播时，申请书纷至沓来。这不是一个档案管理者、文件复制小组，尽管有时似乎每个人都这么做，而更像是一个智囊团。这个部门很快就有了一个退休的商人志愿者，他很乐意把案件档案整理成一个有序的系统。他不止一次地挠过头，因为侦探们带来了未解决的凶杀案件档案，有的在箱子里，有的在文件柜的抽屉里，有的是活页文件的混合。

通过默默地仔细检查几箱子的报告和图表，他成为小组的一员。他在小组中扮演的角色比一个组织者重要得多。他悄悄地从外面打开门，进入凶杀案侦探的半秘密的圈。几个月后，他才真正被小组接纳。被接受的第一个标志是被邀请与小组一起吃午餐。从那天起，障碍就倒下了，其他人会跟随他的步伐。

通向小组的大门被打开后，其他人就从不断增长的志愿者名单中被挑选出来。团队协调员可以对不同寻常的申请者开放。一位执业的外科医生表示他愿意和这个小组一起工作。他给凶杀案侦探带来了一个新术语：肛门克制型的。

一位退休工程师/土地测量师提交了申请，并很快被选中。他的计算机绘图技术很快使他受到犯罪现场侦探的喜爱。一位从俄克拉荷马大学荣誉退休的中世纪历史教授，用他的多页个人履历吸引了这个小组的注意。他在写作出版方面颇有成就。这个教授对一个复杂案件的第一次总结引起了侦探部门主管的注意。他使用脚注来引起大家对犯罪现场照片和报告的注意。

新的小组成员的选拔过程应该保持开放。你永远不知道什么时候会在表面发现珠宝。塔尔萨警察局的三名新的灰色小组成员也因其独特的技能而被选中。一个患有失眠症的退休邮递员创造和建立了塔尔萨所有凶杀案件的数据库。一个政府机构的图形和绘图主管开始在部门和外部组织之间交换数字图形和照片。一家大型石油公司的一个能源营销人员对从 1970 年开始所有未解决的案件按时间顺序进行了审查，壮大了这个小组。

随着新队员选拔过程的继续，公众对他们与普通的凶杀案小组成员和主管人员的混合给予了相当多的关注。工作分配和任务配对是关键，因为一个小的失误可能会使项目倒退几年。在小组中，对于只是为了满足兴奋的追星族来说没有任何余地。每个人，有偿的或者志愿者，都必须有一份工作并坚持下去。

灰色小组成员因他们在解决问题时的自主性和创造性而被选中，与普通的凶杀案侦探一样。当志愿者比其他任何时候都需要更多的监督或伙伴关系时，在项目中出现了更浓的紧张氛围。当他们悄悄地进来，做他们的工作，然后离开时，他们被大多数人接受了。这个工作从对案件的有限接触发展到他们与普通侦探之间真正的伙伴关系。随着他们参与的增加，对他们的初始背景的审查和豁免的需求对主管来说也变得更加明显。他们成为调查小组的一员，并在街上被穿制服的警察认出来。

许多部门代表对灰色小组概念提出的一个问题是"你们如何处理工作时间？"塔尔萨警察局的志愿者指南对每个月最低数量的工时提出了建议。灰色小组的主管发现工作时间更灵活是更容易的，这可能是由于凶杀案小组成员的有弹性的生活。在半夜、周末和节假日呼叫他们是规则，而不是例外。

当他们可以在家或在自己的办公室工作时，小组的志愿者们会更舒服。他们通常有自己的计算机系统和专门的程序来帮助他们完成任务。一些志愿者在分析多年前发生的事件的复杂细节时，更喜欢在他们自己的地方，与他人隔绝起来，陷入沉思。不管他们的选择是出于什么原因，灵活性似乎都是他们幸福的关键。退休的小组成员们不想打卡，但他们确实想要一些纪律来约束他们工作的时间。也许这能让他们每周从房子里出来一两天。

当成员们向整个小组展示他们的案件或项目时，小组会议非常鼓舞人心。有些成员只在会议期间见到彼此，尽管他们在新闻简报和月度报告中读到了这些成就。当他们已经在处理被讨论或审查的特别案件时，灰色小组成员也应当被邀请参加指挥人员简介会。

小组会议和指挥人员简介会也是在处理未解决案件时提出新想法或新概念的一个论坛。塔尔萨警察局的凶杀案小组发现，灰色小组成员开发的许多新技术可以适用于新案件。侦破凶杀案现在由一个组织、标签和陈述的系统开始，这是由灰色小组为未解决案件所开发的。使用该系统可以让主管或小组的其他人员从任何侦探的办公桌上拿起一个案件文档，并迅速有效地找到报告。

在处理未解决案件时，一些灰色小组成员正在向另一层次的案件管理和演示推进。他们已经开始使用旧犯罪现场照片、航空照片、地图和草图的数字复制品，并结合书面材料，来组织大量的信息。他们的目标是为整个凶杀案调查做好准备，将其储存在个人小型的电脑磁盘上。这个任务，如果从外部提出，可能会被凶杀案小组嘲笑为不可行。但是这些想法是由与他们一起工作和信任的人提出的，并开始呈现出优点。

对新概念和新方法的开放态度，并不会很快或很容易地表现出来。这是因为灰色小组的管理者们愿意从外面引进思想自由的人，告诉他们有一份工作要做。他们没有描述如何做这项工作，因为那只会克隆另一名凶杀案侦探，与之前接受过同样训练的人一样。灰色小组项目的管理者们也应该敞开大门，让小组进行互动。

灰色小组项目的管理者和主管们将想看到他们投资的回报。这群外面的人值得我们付出时间和精力吗？观察灰色小组最简单的方法是看他们已经解决或者将解决的案件数量。当然，这是大多数管理者会选择采取的路径，因为它很容易量化。

将会有其他的案件被审查，并被发现在可用的信息和人力下是无法被解决的。这个案件可能需要漫游或测试，超出了部门预算的范围。然后，当已知嫌疑人死亡时，有些案件被列为未解决案件。如果没有起诉的可能，管理人可能选择结束案件。管理人可能在审查未解决的或已经解决的案件时感到满意。将会有大量的自豪和尊重附属于一个项目，这个项目显示了一个想要记住凶杀案的受害者的家人和朋友的真诚的愿望。

除此之外，还有其他理由成立警察灰色小组。每个人，每个团体，都渴望在未来留下自己的印记。通过将新的思想和想法引入执法机构，我们可以扩大技术和过程的使用，以取得新的突破性进展。

参考

Heim, Roy, Concepts for the Gray Squad, Tulsa Police Department Homicide Squad Report, 1991.

Huff, Mike, Homicide Squad Annual Report, Tulsa Police Department, 1998.

荷兰受害者评估表——受害者研究

警察

单位名称

地区/部门/服务名称

受害者评估表

1. 常规

姓名：
性别：男/女

昵称：
出生日期：
出生地点：
出生国家：
国籍：
地址和住所：
受害者在此地居住了多久：
受害者和谁一起住在这里：
受害者与其他居民的关系：
谁有住所的钥匙：
列出并附上描述表：是/否
先前的逮捕/前科：是（附件）/否
BPS 中的任何报告：是（附件）/否
告密者 CIE：是/否

2. 童年和成长

谁在童年时期照顾受害者：
家庭的社会经济地位：
抚养方式引人注目的方面：
家庭内部关系：
这些关系中值得注意的变化：
童年时期的重大事件（离婚、乱伦、亲人死亡等）：
与儿童保护服务的关系：
受害者成长的社区环境：
（宗教）信仰或文化背景：受害者有什么理想吗？受害者是否积极实现这些理想？

3. 婚姻状况和（家庭）关系

制作及附呈的家庭关系图：是/否
制作及附呈的与家庭和伴侣有关的事件时间表：是/否
制作及附呈的受害者（亲密）关系的时间线：是/否
结婚/同居/单身？结婚了吗？离婚原因（如适用）？孩子？由谁抚养？如何抚养？与伴侣互动如何？家庭暴力？
受害者有婚外情吗？与谁以及什么时候？这是别人知道的吗？这个家庭有某些习惯吗？他们是如何被感染的（探亲日期、出生日期、家庭、假期、郊游、团聚等）？受害者是否与家人有过多接触？与谁？受害者住在哪里？受害者现在住在什么样的社区？

4. 已知的朋友/熟人

受害者和朋友/熟人之间的关系和联系？
受害者与朋友/熟人的接触频率？
受害者有很多朋友吗？
这些是松散的联系吗？
朋友有同样的生活方式吗？
受害者如何与同事互动？
受害者是否容易接触到陌生人？
受害者是否有与之分享秘密的朋友/熟人？
受害者使用手机吗？用法是什么？
受害者是否使用过聊天室？哪一个？
受害者经常使用电子邮件吗？电子邮件地址？
受害者是否因为最近或之前的冲突而有敌人？
参与任何形式的犯罪行为？
有同伙犯罪嫌疑人吗？有来自监狱的关系吗？
受害者是犯罪网络的一部分吗？

5. 性

性别认同：男性/女性
性取向：异性恋/同性恋/双性恋
性偏向：
描述受害者的性行为：
受害者对异性的态度如何？
受害者在案发前是否有性行为？以何种方式？

续表

受害者是否有性挑衅行为？在什么情况下？
受害者使用了性别歧视的语言吗？在什么情况下？

6. 体格检查

描述受害者的外貌：
有什么不寻常的身体特征？描述它们：
身体异常、限制或残疾？描述：
明显的身体特征，如疤痕、文身、穿孔、胎记等？描述它们：
受害者通常在工作、业余时间、外出、睡觉和锻炼时穿什么衣服？
受害者喜欢什么类型的衣服？
对于受害者的外表，周围的人有什么普遍的看法？
受害者喜欢穿引人注目的衣服吗？
受害者喜欢穿挑逗的衣服吗？
受害者有没有穿过昂贵品牌的衣服？
有关于受害者护理外貌的具体情况吗？
左或右撇子？

7. 健康状况

受害者的身体状况如何？
受害者有什么特别的疾病吗？
最近健康方面有什么变化吗？
有明显的体重减轻或增加吗？
概述过去 5 年的所有疾病/医疗状况：

续表

受害者经常光顾哪些卫生机构?
睡眠习惯? 最近有变化吗?
饮酒吗? 什么类型、数量、频率?
吸毒吗? 什么类型、数量、频率?
使用药物吗? 什么类型、剂量、频率?

8. 心理背景

受害者有过性行为吗?
他们是否积极喜爱/追求?
有担忧或恐惧吗?
受害者最近有害怕/恐惧什么吗?
显著的性格特征?
受害者是否曾被诊断有任何精神缺陷/疾病?
受害者是否曾因精神疾病住院?
受害者是否接受过精神病医生或心理医生的治疗?
自毁行为的倾向?
受害者谈及过自杀吗?
受害者如何处理自己的情绪?
受害者是否向周围的人表达情感?
受害者是否有过抑郁、沮丧或明显消极的经历?

9. 教育

受害者参加了哪些教育项目？
受害者在教育过程中表现如何？
有完成的研究吗？为什么（不)？
受害者与同伴互动怎样？
受害者是否曾服兵役？
如果是，在哪里，什么时候，什么级别，在什么位置？
有创伤性经历吗？
受害者是精英部队的一员吗？
受害者拒绝参军吗？基于什么理由？
有开除军籍吗？
受害者在权威方面有问题吗？描述是怎样的？

10. 流动性

受害者的交通方式（和类型)？
描述交通方式的状况？
描述受害者使用公共交通工具的情况？

11. 工作

受害者的就业经历如何？
目前的职业是什么？
受害者喜欢匹配这些职业的培训/教育/学习吗？
受害者在工作中表现如何？

受害者需要和同事互动吗？
受害者是否参与工作中的社会活动？扮演什么角色？
失业对受害者意味着什么？
在当前的职业生涯中，受害者多久会生病在家？
上次受害者生病在家是什么时候？为什么？

12. 业余时间

描述爱好/技能：
描述受害者的夜生活/外出习惯：模式和频率
受害者运动吗？什么运动？受害者在这里执行了哪些任务？
受害者是否作为志愿者工作？描述：
受害者经常光顾哪些商店或公司？
哪些地方与受害者的生活方式有关？

13. 财务状况

受害者有收入来源吗？哪一个？多少钱？
受害者的开支是什么？他把钱花在了什么地方？这和受害者的收入相符吗？
受害者随身携带钱吗？描述受害者携带的数量和方式：
受害者有债务吗？和谁，多少钱？
受害者有人寿保险吗？
受害者有未偿还的贷款吗？
受害者有遗产吗？

受害者最近的收入和支出有什么引人注目的方面吗？
受害者有储蓄倾向吗？受害者有多少储蓄？
受害者在某件物品上花了很多钱？物品（们）是什么？

14. 行为和人格特质

受害者以前是否受害（与被调查犯罪有关吗)？
被陌生人袭击时受害者会作何反应？
其他人如何描述受害者的行为？
其他人如何描述受害者的性格？
受害者有野心吗？它们是什么？
受害者崇拜谁/什么？
受害者遇到了什么挫折？
对受害者来说，什么是重要的？
受害者重视隐私吗？
受害者有冲动的个性吗？这怎么体现？
受害者有竞争/争论的倾向吗？
受害表现出了情绪吗？在什么场合？
受害者有冒险吗？
受害者有说谎的倾向吗？
受害者在压力下表现如何？
受害者是信任他人，还是主要信任自己？
受害者是否有不同的情绪（高兴、害怕、难过或生气)？
受害者是否坚持原则？
受害者认为规范和价值观重要吗？

受害者是否有日常的或经常性的活动？
受害者有什么不寻常或引人注目的习惯吗？
受害者是否有特定的仪式？
受害者的生活方式有什么惊人之处吗？
受害者是否做了轻率的决定？
受害者是否进行了轻率的购买？
受害者是否做了轻率的陈述？
受害者经常提高嗓门说话吗？在什么情况下？
受害者使用粗俗的语言吗？在什么情况下？
受害者如何处理暴力？
受害者是暴力的还是柔和的？
在什么情况下，以什么方式？
估计受害者的社交技能水平是多少？
受害者允许自己被轻易摆布吗？在什么情况下？
受害者很自信吗？
受害者顺从吗？在什么情况下？
受害者有一定的名声吗？
受害者天生好奇吗？
受害者有特别的恐惧吗？
受害者是否对个人或机构表示不信任？
受害者喜欢成为焦点吗？在什么情况下？
受害人经常负责吗？在什么情况下？
受害者相对于对受害者行使的任何权力如何定位自己？
受害者是否对某一种族持消极态度？哪一种族？

受害者对某一性别持消极态度吗？什么性别？
受害者对某一年龄有消极态度吗？什么年龄？
受害者喜欢哪种音乐？
受害者读过文学作品吗？什么文学作品？
受害者是否有任何技术知识/技能？有多少？

15. 犯罪现场

对受害者来说有什么特别重要的约会吗？哪一次约会？为什么？
受害者应该在犯罪现场吗？为什么？
受害者经常在犯罪现场吗？
这是受害者日常生活的一部分吗？为什么？
受害者在犯罪现场有什么特殊原因吗？什么原因？
受害者的物品/货物是否丢失？什么物品/货物？
受害者经常使用相同的路线吗？描述路线：
受害者在犯罪当天有交通工具吗？描述手段：
案发前还有其他值得注意的细节吗？

以下问题只与设计者有关。

方法、攻击和风险评估

受害者被发现时穿什么衣服？
案发当天受害者使用的路线是什么？
接近的阶段/时刻是什么？

在这个过程中行凶者的显著特征是什么？受害者注意到了吗？
行凶者在接近的过程中采取了哪些行动？
是否有任何迹象（等）证实了这种接近的方法？
这是行凶者熟悉的地点还是未知的领域？
受害者是如何被行凶者袭击的？
行凶者使用了多少暴力？
攻击期间是否使用了任何工具/设备/其他手段？
行凶者有没有采取任何手段来控制受害者？
有没有在犯罪现场发现使用的材料？
受害者对袭击有何反应？
受害者有抵抗的迹象吗？
有迹象表明行凶者熟悉犯罪现场吗？
有证据表明行凶者让受害者做了某些行为吗？
有对话吗？它由什么组成？
行凶者使用的确切词语是什么？
基于生活方式的受害者风险评估？
基于事件风险的受害者风险评估？
基于 MO 风险的行凶者风险评估？
行凶者的技能水平？
受害者的风险水平？

附录 C
嫌疑人研究：案例研究 2

案例简介

1991 年 12 月 10 日，布莱恩·P. 鲁夫的消防安全主管迈克尔·法恩斯沃斯报告说，鲁夫从他在肯尼科特冶炼厂的工作地点到盐湖县警长办公室的途中失踪。法恩斯沃斯告诉当局，鲁夫在18 点 30 分被警官托德·法洛斯和香农·休斯检查过。20 点时，法洛斯警官联系了贝基·韦斯特伍德女士，告诉她贝塔门的警卫室是无人看守的，她需要顶替鲁夫先生值班；韦斯特伍德女士在大约 20 点 50 分来到了警卫室。

在警卫室，盐湖县警局的调查人员发现了以下情况：一瓶打开的苏打水，一袋打开的椒盐脆饼，还有一杯冷汤。没有任何挣扎的迹象。此外，鲁夫先生把他的安全帽留在了警卫室，如果他离开警卫室，在冶炼厂走动，他会被要求戴上这顶帽子，这表明他离开可能不是基于他自己的意志。当警局的调查人员仔细查看警卫室以获得进一步证据时，一个声称自己是鲁夫妻子的女人，詹妮弗，打电话过来，问鲁夫是否没事以及他们是否找到了他。当局能够追踪这名女子打来的电话号码到一个叫戴尔·布拉德利的人，他是鲁夫的一个同事和朋友。当这个女人假扮鲁夫先生的妻子再次打电话时，警察问她是否是戴尔·布拉德利的妻子克里斯蒂·布拉德利。她证实她是，她认为如果她使用真名，她就无法获得任何信息。警察最终联系了真正的詹妮弗，她说她的丈夫应该在工作，不知道在哪里可能会找到他。

随着对鲁夫失踪案的调查继续进行，警方与布拉德利先生联系，确定他在鲁夫失踪当晚的行踪。布拉德利先生说，他和克里斯蒂以及一个乐队的成员们待在自己的公寓里，他的妻子做头发和化妆，因为布拉德利先生说克里斯蒂在接下来的一天将要去得克萨斯州的奥斯丁旅行，他非常沮丧。因此，布拉德利先生离开了公寓，决定在婚姻咨询之前开车兜风。布拉德利先生声称，他去了婚姻咨询办公室，但是门被锁住了，于是他去了犹他大学的图书馆，听了一些关于改善关系和婚姻的鼓舞人心的磁带。布拉德利先生随后声称，他开着他的红色科迈罗发生了一场小车祸，并打电话让他的朋友比尔来接他。在等比尔的时候，布拉德利先生病了，在他的车子旁边呕吐起来。比尔接了布拉德利之后，布拉德利声称他回家了。

进一步调查发现，克里斯蒂与鲁夫先生有婚外情。布拉德利先生和鲁夫先生的配偶都怀疑他们不忠；布拉德利先生显然向比尔透露，他看到了克里斯蒂和鲁夫先生之间的情书。

遗憾的是，没有受害人的尸体以及充分的旁证和物证将戴尔·布拉德利和/或克里斯蒂·布拉德利与犯罪联系在一起，警察几乎没有什么可继续的。然而，幸运的是，1993 年 7 月 10 日（犯罪后 2 年），在犹他州被称为"五英里通行"的区域，露营者发现了一个似乎是人的尸体的东西。盐湖城县警长办公室作出反应并发现，露营者发现的遗骸确实是人类的，穿着牛仔裤，一件衬衫，没有鞋子，有一件安全夹克，上面有鲁夫先生的徽章号码，在他被埋时应当盖在受害者的头部（在被露营者打扰之前）。尸检发现受害者胸部和左前臂被击中五次。用来杀死鲁夫先生的武器估计是一把 22 口径的枪。通过家人提供的牙科记录，以及和尸体一起被发现的个人物品，如鲁夫先生的钱包和一个鲁夫太太认为属于她丈夫的牛仔靴，我们确认了尸体。

2005 年初，帕克侦探对鲁夫先生被绑架和杀害事件展开了一场冷案调查。帕克侦探重新询问了这个案件中的几个关键证人，包括布拉德利先生现在的前妻克里斯蒂。自从犯罪事件发生后，14 年过去了，前布拉德利夫人对她的前夫有一些恶意，她更愿意向调查人员谈论布拉德利先生那天在哪里，在鲁夫先生失踪前，她和鲁夫先生在电话里讨论了什么。克里斯蒂称布拉德利先生在鲁夫先生失踪的那天晚上清理了他的车，但他从来没有这样做过。此外，克里斯蒂说，当她和鲁夫先生通电话的时候，鲁夫先生突然说有一个员工出现了，他需要去看一下。克里斯蒂反复说，鲁夫先生说这句话时听起来很害怕。从那一刻起，克里斯蒂就相信布拉德利先生对鲁夫先生做了一些事。后来，鲁夫太太证实了这一点，她说，在鲁夫先生失踪当晚，克里斯蒂曾很恐慌地给她打过电话，一遍又一遍地说："我知道是戴尔干的！我知道是戴尔干的！"帕克侦探检查的另一个重要的过去做出的询问是与布拉德利先生进行的，关于被谈论的那个晚上的故事，他对其进行了很随意的改编。

至于案件中的法医证据，帕克侦探明智地选择了查看和检查在最初调查期间以及在"五英里通行"区域的尸体处置地点收集的每一件物证。在检查被鲁夫先生的妻子确认属于他的靴子时，帕克侦探注意到大量的红色油漆碎片和污迹附着在鲁夫先生死亡当晚穿着的靴子上。通过法医分析确定，在鲁夫先生的靴子上发现的油漆残留物与布拉德利的汽车表面所涂的红色油漆匹配。此外，通过对布拉德利先生的 22 口径的枪支中的一支（他有几支）进行弹道检查，将其与从现场发现的弹壳和其他子弹射弹进行对比，发现与布拉德利先生的一支枪相匹配。

所有证据都对布拉德利先生不利，他因绑架和谋杀鲁夫先生被审判和定罪。下文将对犯罪本身的类型进行分类，然后进一步深入研究，并提供前、中、后犯罪行为，证明布拉德利先生实际上是故意绑架并谋杀鲁夫先生的，以作为对鲁夫先生与他的妻子克里斯蒂婚外情的报复。

分类和总结

基于表 C.1 中描述的中犯罪行为，这种犯罪被归类为权力—自信型。考虑到以下因素，这个凶杀案被归入权力—自信型是合理的：死者的胸部被射中了五次，表明攻击的唯一目的是杀死受害者，而不是伤害或折磨他，正如我们在愤怒—报复型或愤怒—激发型犯罪的情况下会看到的。此外，死者的尸体没有受到额外的伤害，这再次表明这次攻击是有目的的，并没有涉及什么情绪。我们接下来要做的是为读者提供一个图表，图解这个案件中的前、中、后犯罪行为，表明布拉德利参与了对鲁夫先生的谋杀。然而，在我们开始之前，必须对这个案件进行附加说明。在大多数冷案档案中，有大量的犯罪嫌疑人，最理想的情况是，这一过程将嫌疑人的范围缩小到那些符合犯罪分类的人（如权力—自信型、权力—安抚型等）。对于这个案件来说，我们从一开始就很清楚嫌疑人是戴尔·布拉德利；也就是说，尽管我们不能缩小嫌疑人的范围，但在通过将他的行为和从犯罪现场找到的证据结合起来以确定行凶者时，这一点仍然很有用。现在，让我们继续进行对前、中、后犯罪行为的分析，这将击垮布拉德利先生。

表 C.1　案例研究 2 中的中犯罪行为结果

1. 20 点 50 分，鲁夫先生被报告在肯尼科特冶炼厂失踪。

2. 警卫室里什么东西都没有被打扰——午餐和安全帽。

3. 鲁夫在电话里对克里斯蒂说，他必须走，有人在那里并且听起来很害怕。

4. 证据：受害者的靴子上发现的红色油漆碎片与布拉德利的科迈罗相匹配。

5. 证据：来自布拉德利汽车的土壤样本与在"五英里通行"区域收集到的土壤样本相匹配。

6. 证据：22 口径的枪支与杀死鲁夫的子弹相匹配。克里斯蒂打电话给詹妮弗。

7. 被埋葬在"五英里通行"区域之前，鲁夫的脸被他的外套覆盖着。

犯罪的理论

　　基于在案件文档中所发现材料中的前、中、后犯罪行为图表所表明的上述相关性，我们可以推测犯罪过程如下：鲁夫先生作为一名在肯尼科特冶炼厂负责燃烧安全的警卫，当晚是他的轮班时间。电话记录显示那天晚上他和克里斯蒂通过几次电话。在轮班过程中，鲁夫先生打开了一包椒盐卷饼、一瓶苏打汽水和一杯汤作为他的晚饭。18 点 30 分，警官法洛斯和休斯确认他在他的岗位上。大约在 20 点，法洛斯中士报告说，岗亭是无人看守的。鲁夫先生在他的岗位上打出的最后一个电话是 18 点 24 分打给布拉德利家的，而报告鲁夫先生失踪的电话也打自这个岗位，并于 19 点 52 分被记录下来。因此，我们可以推测在 18 点 30 分到 20 点之间，一个半小时的时间窗口里，鲁夫先生消失了。

从犯罪现场来看，我们可以假设发生了两件事中的其中一件：鲁夫先生自愿和攻击者离开，或者他被武器威胁而被强迫离开。在任何一种情况下，都很有可能是鲁夫先生认识攻击者，因为在傍晚的时候，一个乡村冶炼厂的警卫室很少会遭遇随机的抢劫。人们注意到，在文档里，从警卫室到被埋葬地的里程数是 54 分钟（46.4 英里）。布拉德利先生向吉诺酒吧的比尔·伊斯顿打去的电话被记录在 22 点 29 分，持续了 2 分 52 秒，布拉德利先生有足够的时间去谋杀，丢弃尸体，并回到冶炼厂附近。

至于本案中的法医证据，洛卡德交换原则似乎从来没有失效过，因为在受害者的鞋上发现了布拉德利先生车上的油漆。来自布拉德利先生的 22 口径枪支的弹壳与受害者遗体上发现的那些相吻合，而从布拉德利先生汽车车尾的行李箱采集的土壤样本与"五英里通行"区域附近的土壤的化学成分相吻合。

表 C.2　案例研究 2 中的前犯罪行为结果

---

1. 鲁夫和布拉德利最初是好朋友——骑山地自行车等。

2. 布拉德利怀疑克里斯蒂和鲁夫有婚外情。

3. 布拉德利获得了包括 22 口径枪支在内的数种枪械。

4. 据说，布拉德利向比尔展示了克里斯蒂和鲁夫之间的情书。

5. 在鲁夫失踪几个月后，詹妮弗通过通话记录发现，鲁夫和克里斯蒂曾一起在加利福尼亚和拉斯维加斯度假。

6. 嫌疑车辆被认定为布拉德利所有的一辆红色科迈罗。

表 C.3 案例研究 2 中的后犯罪行为结果

1. 布拉德利说他们不是好朋友，只是偶尔出去玩。

2. 布拉德利喝醉了，在他的科迈罗外面呕吐。

3. 克里斯蒂打电话给詹妮弗，一直说："我知道是戴尔做的！"

4. 布拉德利反复改变他关于鲁夫失踪那晚的供述（后来承认他在警卫室里）。

5. 布拉德利在鲁夫消失那晚清理了他的车。

最可能发生的事情是，布拉德利发现鲁夫与他的妻子克里斯蒂有婚外情（很可能是通过早先他与比尔先生讨论过的情书）。布拉德利离开他的家，去找鲁夫解决问题。克里斯蒂和她的乐队成员留在家里。布拉德利最有可能用枪迫使鲁夫先生到他的车里（红色的科迈罗），可能有挣扎的现象，因为受害者的鞋在驾驶员的侧门留下了凹痕（布拉德利试图辩解为，他倒车时碰到一个加油站的杆子而使门凹进去）。当两人到达"五英里通行"区域时，布拉德利向鲁夫的胸部和手臂射击了五次。有趣的是，布拉德利在掩埋前把鲁夫的外套盖在了他的头上。这可能表明了两件事中的一件：布拉德利表现出来的懊悔或震惊。或者，与愤怒—报复型的犯罪保持一致，这种行为可能表明布拉德利不希望鲁夫在他离开时看着他，也就是说，他想要对他的受害者拥有最终的控制权，即使受害者死了。埋葬了死亡的鲁夫后，布拉德利开车回去，但他病了，并叫比尔来接他，然后他就回家了。

前、中、后犯罪行为之间的关系

现在让我们来研究一下前、中、后犯罪行为之间的关系是如何表明布拉德利对鲁夫实施的杀害行为的。对于前犯罪行为，让我们从第一个开始："鲁夫和布拉德利最初是好朋友——骑山地自行车等。"这种行为与后犯罪行为 1、中犯罪行为 2、中犯罪行为 7 相关。至于后犯罪行为 1，布拉德利说他和鲁夫不是好朋友，只是偶尔出去玩。这一陈述与前犯罪行为是矛盾的，表明他试图在情感上与受害者保持距离。中犯罪行为 2 与前犯罪行为 1 相关，因为受害者和凶手是好朋友——意味着现场没有东西被打扰，因为鲁夫表面上可能已经与他面对的任何人自愿地离开（或者这个人拥有武器）。中犯罪行为 7，在掩埋之前，鲁夫的夹克遮住他的脸，这表明凶手有一定程度的悔恨，暗示了在谋杀之前，受害者和攻击者之间可能存在一种个人关系。

表 C.4　整合案例研究 2 的前、中、后犯罪行为结果

前犯罪行为	中犯罪行为	后犯罪行为
1. 鲁夫和布拉德利最初是好朋友——骑山地自行车等。 2. 布拉德利怀疑克里斯蒂和鲁夫有婚外情。 3. 布拉德利获得了包括 22 口径枪支的数种枪械。 4. 据说，布拉德利向比尔展示了克里斯蒂和鲁夫之间的情书。 5. 在鲁夫失踪几个月后，詹妮弗通过通话记录发现，鲁夫和克里斯蒂曾一起在加利福尼亚和拉斯维加斯度假。 6. 嫌疑车辆被认定为布拉德利所有的一辆红色科迈罗。	1. 20 点 50 分，鲁夫被报告在肯尼科特冶炼厂失踪。 2. 警卫室里什么东西都没有被打扰——午餐和安全帽。 3. 鲁夫在电话里对克里斯蒂说，他必须走，有人在那里并且听起来很害怕。 4. 证据：受害者的靴子上发现的红色油漆碎片与布拉德利的科迈罗相匹配。 5. 证据：来自布拉德利汽车的土壤样本与在"五英里通行"区域收集到的土壤样本相匹配。 6. 证据：22 口径的枪支与杀死鲁夫的子弹相匹配。克里斯蒂打电话给詹妮弗。 7. 被埋葬在"五英里通行"区域之前，鲁夫的脸被他的外套覆盖着。	1. 布拉德利说他们不是好朋友，只是偶尔出去玩。 2. 布拉德利喝醉了，在他的科迈罗外面呕吐。 3. 克里斯蒂打电话给詹妮弗，一直说："我知道是戴尔做的！" 4. 布拉德利反复改变他关于鲁夫失踪那晚的供述（后来承认他在警卫室里）。 5. 布拉德利在鲁夫消失那晚清理了他的车。

现在移动到前犯罪行为2，布拉德利怀疑克里斯蒂和鲁夫有婚外情，这是与后犯罪行为3有关的。克里斯蒂给受害者的妻子打电话，多次说她知道是戴尔干的，即克里斯蒂知道杀人动机。关于前犯罪行为3，布拉德利拥有几支枪，包括一支22口径的，这与中犯罪行为6相关，在犯罪现场发现的22口径的射弹与布拉德利的枪相匹配。最后，前犯罪行为6，嫌疑车辆被确认为布拉德利所有的红色科迈罗，与中犯罪行为4有关——在受害者的靴子上发现的红色油漆碎片属于布拉德利的科迈罗。

鲁夫凶杀案
嫌疑人：戴尔·布拉德利

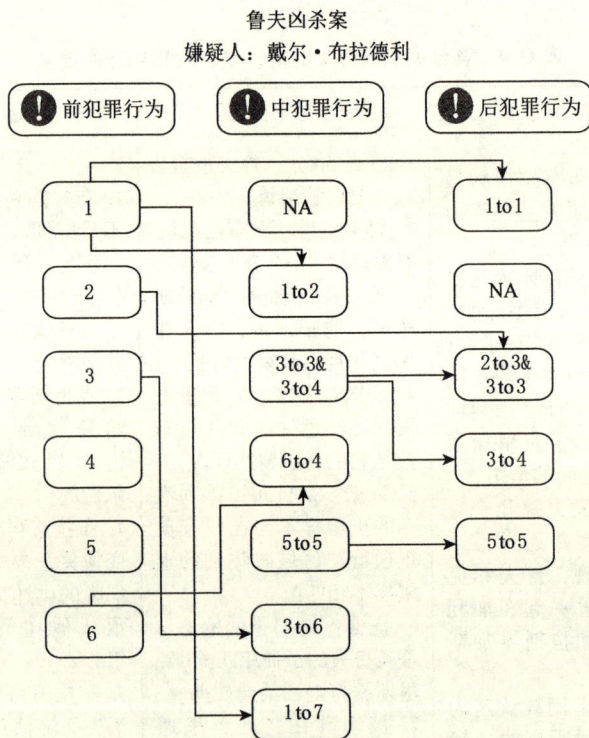

图 C.1　案例研究 2 的犯罪行为关联

接下来，我们将研究中犯罪行为与前、后犯罪行为之间的关系。记住，中犯罪行为是直接与犯罪本身相关的，与任何一个特定的个体无关，尽管在这个案件中，从最初的报告来看，行凶者是谁很明显。第一个是中犯罪行为 3，鲁夫对克里斯蒂说他必须离开并且他听起来很害怕，这与后犯罪行为 3（克里斯蒂打电话给鲁夫先生的妻子，说她知道是戴尔干的）以及后犯罪行为 4（布拉德利先生多次改变了他关于被谈论的那天晚上的陈述，最后承认他在警卫室）相关。这些行为是相互关联的，因为鲁夫先生似乎已经认识攻击者，而且在电话里听起来很害怕。你可以推断他知道为什么那个人在那里。移动到中犯罪行为 5，从布拉德利的车辆中采集到的土壤样本与在丢弃地点收集到的土壤样本相吻合，这个行为与后犯罪行为 5 有关，布拉德利先生在谋杀案发生的那天晚上已经清理了他的车，这表明了有罪意识和试图毁灭证据。

结　论

虽然物证让某人显得有罪，但我们并不总是如此幸运，可以用银弹来锁定一个特定的嫌疑人或行凶者。事实上，正如前面所提到的，几乎 70% 的案件都是在没有重要因素的情况下，最终通过间接证据来解决的，这些证据累积起来指向一个特定的人，并经常获得对行凶者的定罪。但收集这些间接证据是耗时的，需要大量的努力。

正是出于这个原因，在这本书中，我们把重点放在了存在于一个给定的谋杀案调查中的"其他"证据上。通过适当的努力，调查人员可以通过仔细评估前犯罪行为、（中）犯罪行为和后犯罪行为的方式获得足够的信息来定罪。最后，它为调查人员提供了一个工具，来进行适当的嫌疑人询问，并揭示了许多可以组合在一起的拼图的间接碎片。这一过程虽不是解决凶杀案调查的唯一方法，但是调查人员工具箱中应该被充分探索的一个有价值的工具。

附录 D
冷案评估报告样本

200_ 年 4 月 6 日

审查和分析

本报告是基于对所有相关案件文档的全面审查而准备的，这些文档包括警察报告、陈述、现场图片、调查笔记，以及其他在调查过程中积累的由请求机构提供的证据。在这个案件中所得到的分析和意见仅仅是基于这些材料和合理的调查原则。收到的额外材料、证据和/或先前未提供的信息可能导致发生改变的结果和意见。

背景

这一审查和分析是基于 54 岁的白人女性莎莉·史密斯的谋杀案调查，这一调查在 1993 年由米切尔县治安官办公室和州警察局发起。莎丽·史密斯，在之后被称为简，在她位于米切尔县文森特路 61 号的住宅内，被一支 12 口径的霰弹枪击中两枪身亡。

在 2006 年 4 月 5 日，为了更多的场景设置照片和可能的重建类型的活动，在下面签过名的人重新访问了这个现场。图 D.1 是 1993 年发现的犯罪现场。图 D.2 是 2006 年 4 月的现场。房屋结构与犯罪现场检查中所指出的基本相同；然而，前面封闭的区域已经被移除，外部已被重新粉刷。

图 D. 1

图 D. 2

意见

在这个调查中积累的物理的、证明的和间接证据都表明这是一桩被掩饰的内部凶杀案，其中罪犯谋杀了受害者，然后掩饰现场，使其像一个"被打断的入室盗窃的情景"，试图误导调查远离真正的谋杀行为。

在仔细审查和分析该事件的所有方面后，包括受害者、犯罪现场、犯罪本身、可能的动机以及在审查过程中注意到的其他犯罪行为和动态，我们得出了这个意见并在接下来的报告中详细解释。

受害者评估

审查和分析过程的第一步是进行受害者评估。受害者评估的目的是确定是什么提升了一个人成为暴力犯罪的受害者的可能性，然后将受害者置于一个由低等到中等再到高等的风险连续体中。这个评估是以受害者的事实和主观标准为基础的，但一般来说，是受害者的整体生活方式和犯罪发生时呈现的情境动态，它们是进行评估的主要焦点。

受害者评估是基于年龄、整体健康和身体特点、婚姻状况、成熟程度、教育、工作和就业历史、社会经济水平、童年家庭背景、现在的家庭生活条件、与当地社区的牢固联系、住宅类型和位置、一般整体生活经验、应对压力的能力和其他个性特征。她不是药物或酒精的滥用者，没有从事犯罪活动或其他高危险行为，并且被谋杀的时候她在自己的住所，进行日常的生活活动。由于小时候患有小儿麻痹症，她的左臂发育不全，身体有轻微的残疾，但在本案中这似乎并没有任何关系。基于上述所有因素，简应该被评估为低风险类型的受害者。

对于低风险类型的受害者，需要考虑两个重要因素：第一，因为他们在日常生活中很少有机会接触到罪犯，所以低风险的受害者通常是被罪犯专门选定的。第二，受害者的风险等级越低，罪犯的风险等级越高。这意味着罪犯必须冒更大的风险去伤害这个人，而不是其他更容易受到伤害或容易接近的人。

犯罪和犯罪现场

审查和分析过程的下一阶段是对围绕犯罪本身和犯罪现场的所有事实和情况进行彻底和详细的审查。犯罪现场最初似乎是这样的：受害者回到家中，毫无疑问地打断了正在进行的犯罪。在本案中，罪犯所寻求的明显结论是，一旦犯罪被"打断"，"窃贼"一定要谋杀受害者，然后逃离房子。

考虑犯罪然后再掩饰犯罪现场以避免被发现的罪犯，通常认为这是必要的，因为没有它，他们几乎会立即被认为是首要的或最符合逻辑的嫌疑人。掩饰现场有数百种不同的可能性；罪犯使用的大多数方法都依赖于其智力、能力以及其他方法的总体可用性。然而，掩饰犯罪现场的非犯罪分子通常以一种在犯罪方面很简单的方式进行，一般倾向于用一些简单的主题来掩饰现场，比如意外、自杀、被打断的入室行窃或家庭入侵型场景。

犯罪分子通过改变、添加、替换、删除甚至创造某种类型的物证来改变这一现场，这些证据创造了如果掩饰的犯罪行为实际发生了，他们认为应该、可能或会发生的事情或结果。因为他们通常不知道真实的犯罪现场是什么样的，他们的知识仅限于在电视和电影里看到的，在犯罪小说或报纸上读到的。大部分的掩饰现场围绕着非常基本的主题，它们通常都可以和真实的犯罪现场区别开来，因为它与罪犯提供的大量法医和行为证据不一致。在此调查中发现的不一致的间接证据和行为证据的例子如下：

第一，在整个事件中真正完成的唯一犯罪是对受害者的谋杀。只有武器的移除看起来像是对罪犯有利。据说，除了武器的移除之外，现场没有任何其他有价值的东西被带走或被扰乱。一件显然是从房子里偷来的东西是一把猎枪，很有可能被用作凶器。这就意味着"小偷"只从房子里拿走了一件能将他们与犯罪现场联系起来的证据。

第二，罪犯所需要的实际掩饰现场的时间是有限的。因为掩饰只包括获得一条毯子，收集武器，将它们转移到起居室，然后打破窗户，模拟强行进入，整个现场可以在几分钟内被掩饰，罪犯有充足的时间来逃跑和试图建立他的不在场证明。图 D.3 表明，除了破碎的窗户外，在起居室里发现的枪支是表明任何其他人在房子里的唯一迹象，并且是除了凶杀之外的任何犯罪的唯一证据。

图 D.3

第三，就利润型的窃贼而言，其本质上是非对抗性的。他们倾向于在那些人们不太可能在家里或在周围的时间和地方犯下罪行。在他们犯罪的过程中，他们不想面对一个家庭或企业的主人。这就是企业在晚上关门后，或者在没有人的周末，最经常被破门而入的原因。出于同样的原因，大多数入室盗窃实际上是在工作日的白天，当居民去工作或离开家的时候发生，或者在深夜/清晨的时候，在不"面对"居民的情况下发生的。因此，事件发生的一天中的一般时间和一周中的那一天，使这个事件极不可能像掩饰的那样发生。

这是警察所知道的信息类型，但对试图掩饰一个现场的"非犯罪分子"来说，其不一定理解或者这是常识。真正的谋杀也是同样的道理。如果在犯罪期间，窃贼被居民惊吓或挑战，他们可能会以暴力的方式反应。如果可能的话，他们会避免这种个人对抗。如果他们逃出大厦/住宅的路线被阻塞，或者居民以某种方式为他们的逃离提供了一个物理障碍，或者受害者认识罪犯，通常只有诉诸攻击。

根据家庭成员在之前的陈述中所提供的信息，如果简确实碰到他们在行动，她很可能不会对罪犯采取对抗，因此不会对他们或他们的逃跑潜力造成威胁。与这种类型犯罪的中断更一致的是身体上的攻击，即使用限制性措施来固定受害者，甚至强迫性侵犯也是一种可能。在这种情况下，使用火器攻击的"伏击"或执行方式通常与这些类型的攻击不一致。

在这种特殊情况下，简的到来不太可能让犯罪分子"惊讶"。这一推测是基于维姬·史密斯和迈克尔·彼得斯的陈述。他们报告说，在发现简之后，他们可以听到救护车和其他车辆在砾石路上朝房子方向行驶。罪犯（们）如果在房子里，很可能也会注意到简的车，因为它驶往房子，给他们警告并允许他们在简进入房

子之前逃跑。图 D. 4 和图 D. 5 描绘了 2006 年 4 月，调查人员重
新审视现场期间，住所的外貌。这些照片描述了通往房子的砾石
式环形车道。当一辆车进入通往房子的砾石车道时，可以清楚地
听到它的声音。这一点在 2006 年 4 月由签名者证实。

图 D. 4

图 D. 5

如果他们（嫌疑人）没有听到车辆靠近，那么他们肯定会听到她到达房子，下车，和狗互动，然后打开主卧室的门。也就是说，外面的所有活动都应该会提醒罪犯，给他机会避免与房主发生冲突，从后门逃出而不被发现。这将是预期的非对抗性结果。同样很明显的是，简在从她车里搬进来各种包裹和她的行李箱时，已经好几次进出过这所房子。每一次她离开房子时，都会给罪犯另一个逃跑的机会，从而避免任何对抗。同样，这将是预期的行动过程。进去后，简显然在床上放了几件衣服，拿了一些包装纸，可能是包装礼物。直到那时，她才和罪犯"面对面"，并被枪杀。

图 D.6 是一幅描绘主卧室的原始犯罪现场的照片。请注意地板上的行李箱，以及靠近床的塑料袋中最近购买的东西。根据简的身体状况，所有的目击者都证实，受害者会多次进出，把所有东西都带进去。

图 D.6

　　同样重要的是，要考虑到简被谋杀的主卧室并不在通往后门和可能逃跑的路线上。因此，罪犯没有必要"穿过"主卧室，以方便他们逃跑。所以罪犯进入主卧室实际上只有一个目的，那就是杀死受害者。

　　第四，除非窃贼是在对房主/居民的活动有特别了解的基础上行动，否则一个窃贼要接近房子，几乎是不可想象的。特别是在该县的农村地区，在那里大多数居民都有武器，并有外部和内部的灯光照明，而且外部的灯是自动运动传感器类型的（参见图D.7、图D.8和图D.9）。此外，罗伯特·史密斯强调室内的灯是亮着的，并且百叶窗是拉下来的，防止任何人往里面看，又几乎排除了这所房子是被随机选择闯入的情况，因为罪犯不能确定里面没有人。因此，房子里的灯光可能会使这成为一个不太可能的机会目标。

图 D.7

图 D. 8

图 D. 9

第五，很少有真正的窃贼试图闯入有证据表明有狗的房子，除非他们以某种方式进行了特别准备，使它们丧失行为能力或以其它方式处理它们。房子里有狗不仅意味着会被咬伤或身体受伤，而且也意味着吠叫的狗会警告居民或邻居有危险。如果罪犯设法在没有引起狗注意的情况下进入房子，当罪犯在屋里翻找武器时，狗不会对房子里的动静做出反应，这几乎是不可思议的。当然，它们会从房子周围嗅出罪犯的气味，并在简到达房子的时候发现她。根据家人的说法，简通常会在她回家的时候让狗进来。事实上，晚上狗是睡在房子里面的。因此，有理由认为，在那晚她也会让狗在房子里睡。进入室内，狗不会注意到屋里有一个陌生人并做出相应的反应，这是不可思议的。即使简不让它像往常一样很容易地进入这所房子，狗也很可能会坚持进入房子里面寻找它所知道的闯入者，或者一旦简打开门，就会注意到有一个陌生人在房子里面。因此，在这一场景中，仅仅有狗在场，没有任何努力来应对这一威胁，使得这所房子对任何窃贼来说都是极不可能的目标。此外，受害者到家时就让狗进入房子的正常行为，肯定会让一个陌生人立即被"发现"。

同样有趣的是，当他们进入这所房子，发现了简之后，迈克尔·彼得斯和维姬·史密斯确实允许博斯科（罗威狗）进入房子，对房子进行专门保护。没有人提到博斯科在屋里发现任何外来气味，因为它没有试图从一个房间走到另一个房间去跟踪气味，从而找到入侵者。由一只守卫狗来寻找任何奇怪的气味来源是一个正常的反应，通常是一种非常疯狂的、强烈的搜索，但在这一事件中没有出现。图 D.10 是简的狗博斯科，在犯罪现场检查期间它被带到住所外面。博斯科通常不会被放在外面，被链子或皮带锁在外面，而是可以自由地在周围地区游荡。

图 D. 10

第六，有一些与打破后窗以进入房子这一情况有关的重要的不一致、不合理和/或不可能。所谓的打破餐厅窗户的进入方法虽然很有效，但相当业余。大多数有经验的窃贼都知道玻璃破碎的声音很响，而且很清晰。这样的一种声音，如果有人听到，很可能会引起他们的注意，并引起他们的调查。此外，在玻璃被打破后，人必须进入屋内，但其不知道是否有人在家，是否有狗在里面，甚至不知道房主用什么方法锁了前门。当人们通过打破的窗户打开前门时，就会放大百叶窗移动的声音，这也应该考虑进去。

正如犯罪现场笔记所描述的以及在现场照片中可见的那样，窗户本身并没有完全破碎。相反，只有部分较低的窗玻璃被打破，仍留下部分玻璃在窗框内。实际开放的部分，或者说缺失的部分，经测量在底部是 12″，弯曲至开口顶部有 16″。在 2006 年 4 月，调查人员对住所的最近一次访问表明，一名行凶者一旦打破了窗户，就可以穿过窗户，打开滑动螺栓锁，这样就可以进入房子了。这确实要花费不少工夫，但这是可能的。图 D. 11 和 D. 12

描述了该事件的重建过程，模拟嫌疑人进入室内后打开后门。
1993 年 11 月 6 日拍摄的犯罪现场照片显示，一张椅子在窗户前翻过来（图 D.13）。这把椅子的位置可以阻止嫌疑人足够接近窗户，向屋内行进，如图 D.14 所示。这张椅子很可能是被简放在这个位置的。南希·伍兹说，在简死前大约 1 个月，她在窗户下面放了一把椅子，以便在她被锁在外面时可以进入房子。

图 D.11

图 D.12

图 D. 13

图 D. 14

图 D. 15

　　如果后门或其他主入口的门被踢开或撞开，实际上会更像强行入室盗窃的情形。只要声音不是一个因素，这个方法就是确定的，但它也排除了入侵者通过碎玻璃受伤的可能性。这种创建强行进入证据的方法通常不会在掩饰现场时使用，因为罪犯并不真的想对之后他可能需要修复的东西造成严重的损害。

　　当琼斯的观察被考虑在内时，这个窗口是否被用作进入的入口几乎已经变得无足轻重了。琼斯说，在他最初到达现场的时候，他来到了房子的餐厅区，在那里，他观察到地毯上有餐厅窗户上的碎玻璃。琼斯报告说，他把百叶窗拉了回去，查看损坏情况，并且能够看到后院。据琼斯说，那天晚上有大量的露水，但他注意到在通向窗户的草地上没有脚印，也没有明显的痕迹。如果在通向窗户和后门区域的草地上没有脚印或走路的轨迹，那么问题就变成了这个罪犯怎么能不留下这样的痕迹就走到这一点。在露水中没有脚印，使得在这种情况下强行进入现场几乎"不可能"像罪犯掩饰的那样发生。图 D.15 描述了 2006 年 4 月 5 日的后门。在犯罪的时候，这个地区是一片草地，没有台阶，也没有其他植物。图 D.16 描述了 1993 年 11 月 6 日琼斯在后门的情形。还要注意到，百叶窗处于关闭的状态。

图 D.16

在餐厅内发现的窗户玻璃与源自外部的力量将是一致的。然而，在这种特殊的情况下，入侵者也可能通过打开后方餐厅的门，走到外面的小台阶上，然后弯腰打破窗户，而不需要实际先着地。这可能是对窗户是如何从外面被打破的，使得在通向窗户的潮湿草地上没有任何痕迹这一问题的很可能的解释。同样重要的是，除了在该地区没有人的足迹外，也没有迹象表明狗在这一地区走动。同样，即使罪犯闯入的时候那只狗不在，它一旦回到家，也不可能察觉不到那个人的气味并跟随其走到房子的后面。

同样，这经常发生在那些试图掩饰现场的非罪犯身上。打破窗户以提供强行进入的证据，但没有考虑到外面潮湿的草地和通向窗户的路上没有留下痕迹的情况。

第七，使用窗户作为进入点的最后一个证据来自于拉根·史密斯的陈述。她报告说，罗伯特·史密斯到达后，最终从主卧室进入了餐厅，实际上他是第一个发现地板上碎玻璃的人，他拉下百叶窗去查看破碎的窗户。他打开餐厅的门，走到外面的台阶上，然后又回来关上了门。这一行动非常重要，因为维姬·史密斯很清楚地说，她听到她的父亲在开门之前把门锁上了。她对这种声音非常熟悉，并且能在她的陈述中很清楚地描述了这一点。这一点很重要，因为它清楚地表明，在罗伯特·史密斯到达现场时，门插销已经就位和锁上，而维姬·史密斯和迈克尔·彼得斯都没有表示他们在发现简的尸体后就锁上了门。图 D.17 描述了后门上出现的滑动螺栓；随着滑道向左移去解锁，有一个非常明显和响亮的金属咔嗒声，正如维姬·史密斯在她的声明中提到的。当时的居住者报告说，这是和凶杀案发生那晚同样的门和滑动螺栓。

图 D. 17

　　来自罗伯特·史密斯的陈述证实了这一点。他毫不含糊地说，在他离家之前，他确保餐厅的门是锁着的。这一陈述的重要性显而易见。他离开的时候，门锁上了，他在被指控闯入的几小时后回来了，门也是锁上的。然而，一旦罪犯进入了房子，就难以想象罪犯会重新锁上门。这绝对是与正常的"窃贼或攻击者"类型的活动相反的，即四处走动，首先打开所有的入口/出口路径以方便逃跑，以防他们感到意外或被打断。因此，罪犯重新锁上"滑动螺栓"是极不可能的。对于掩饰现场的人不一定知道或想过的事情，这是最好的例子之一，并且这是表现常见错误类型的很好的例子。

　　后来猜测，罗伯特·史密斯打开餐厅门以打破窗户后，又关上了门，"下意识"重新锁门或故意锁门来验证他后来的陈述，即他在离开之前保护了整个房子，而没有思考小偷在自己身后锁上门的明显的不一致。

　　第八，掩饰现场的人实际上是最初找到证据来支持他们的努力的人，这也是很正常的，比如罗伯特·史密斯找到破碎的窗户。这确保了两个重要的事情：第一，他们很肯定证据引起了警察的注意。第二，他们将自己置于一个位置，在这个区域中发现的来自他们的任何物证或者痕迹证据可以归因于这个事实。他们在这个区域是合法的，以及他们自己发现了一些重要的证据。

然而，在真空中不会发生任何事情。总有一些事件会导致凶杀（特别是在有预谋的事件中），然后是在实际的凶杀或谋杀行为中发生的事件，以及后来发生的事件。在凶杀发生前、期间和之后的那些事件，可以用来确定和识别在调查中收集到的间接证据、物证和证词的一致和不一致。

一旦确定现场是掩饰的，下一步就是开始识别可能的嫌疑人。任何凶杀案的调查和分析的一部分都是对可能的嫌疑人的识别。在此分析中，我们使用了三个因素来确定可能的嫌疑人，即动机、机会和手段。简单地说，我们正在寻找一个人，有谋杀的理由或动机，他有机会犯下罪行，有犯下罪行所必需的能力或工具。下面我们将详细讨论每一个部分。

动机

动机是受害者死亡的根本原因。犯罪者的行为背后总有一个原因（动机）。一些更常见的杀人动机包括金钱利益、报复、嫉妒、爱情、性、婚姻，以及/或受害者与罪犯之间的其他人际冲突。通常情况下，特别是在个人冲突类型的凶杀案中，有多种动机在起作用。

（注：有些罪行的真实或潜在的动机只能由罪犯自己理解，并且在他被捕之前，这些动机可能永远不会被澄清。这样的比较知名的例子包括广为人知的山姆之子案，由曼森家族犯下的泰特拉–拉比卡谋杀案，以及十二生肖谋杀案。）

罗伯特·史密斯作为本案可能的嫌疑人，有几个明显的动机，如下所示：

1．罗伯特·史密斯几年前与妻子分居，目前住在另一个地方。尽管他们被认为仍在公开交流，但是他们多次提到两人之间的问题，尤其是在金钱和受害者的消费习惯上的问题。（注：调查报告未完全涵盖问题的确切性质和范围。）看来史密斯夫妇是因为孩子才维持婚姻的。

2．罗伯特·史密斯与一位年轻的女性维吉尼亚·保罗有婚外情，她早先在前者的药店工作过。目前还不清楚这种"友谊"何时变得更加亲密，但在凶杀案发生时，这是一种积极的、亲密的、肉体的和性的关系。潜在动机的重要性在于，当这段关系还在继续的时候，罗伯特·史密斯仍然与受害者处于婚姻状态。一个年轻女人的爱慕、喜爱和注意可能会对一个年长的中年男人产生相当大的影响。

3．年轻女子维吉尼亚·保罗在上州立大学，并正在考虑毕业后去一家海外的酒店工作。这种类型的工作将使她留在海外，从而在相当长的一段时间内与罗伯特·史密斯失去联系。还要注意的是，在她1993年提供的详细陈述中，她表明她真的没有将罗伯特·史密斯包括在内的长期计划，很可能是因为当时他已经结婚了。基本上，在可预见的未来，这种关系即将结束，因为她即将毕业，然后离开。

4．罗伯特·史密斯是他妻子的几项大型保险的保单持有人。他的妻子仍然是他人寿保险的受益人，但在她死后，他从几个不同的政策中得到了利益。罗伯特·史密斯收到的确切金额还没有完全被确定。据估计，各种保单的金额超过50万美元。此外，通过西尔斯，我们知道还有一个更小的保单。她的退休基金是从她的私立学校得到的，还有通过出售在她去世时他们共同拥有的各种不动产而得到的钱。为了充分建立这方面的动机，对所有的保险、退休金和房地产销售都必须进行充分的核算，但有迹象表明，这将是一个相当大的数目，足以让他在没有简的新生活中站稳脚跟。

5. 有几个未成年的孩子仍然和他的妻子住在一起，如果罗伯特·史密斯试图提出离婚，他肯定会损失一大笔钱。他将负担孩子的抚养费，可能的扶养或配偶赡养费，以及其他婚姻财产的分割。这当然包括出售药店和其他共有资产的款项。此外，如果他提出离婚，他和维吉尼亚·保罗的关系将会被揭露，根据她自己的说法，这对她自己的家庭来说可能是麻烦的。

6. 报告也简短地提到，不管出于何种原因，简都可能不愿意离婚。在离婚能被充分接纳为她的谋杀案动机的一部分之前，这一点需要进一步探索以得到验证。

与一个年轻女人的婚外情，大量潜在的保险金，以及一段垂死的婚姻，可以成为一个人谋杀的强大动机。在很多情况下，这些因素中只有一个是存在的。

其他可能的罪犯/动机

正如之前所指出的那样，在客厅里强行进入和布置武器的现场，显然是被掩饰为类似谋利的入室盗窃。因此，罪犯的动机是偷取一些有价值的物品以出售或者自己保留它们。然而，让现场不那么像实际的谋利盗窃的是，除了用来谋杀受害者的武器之外，实际上没有任何东西被盗。一旦受害者被谋杀或被消灭，什么将阻止罪犯真正完成他们开始的犯罪呢？

机会

机会指的是实际犯罪的机会或能力。例如，凶杀案发生在某一特定地点和特定时间，但如果我们知道嫌疑人在另一个地点，因此其没有机会犯罪，那么他们必须被排除在犯罪嫌疑人之外，无论动机如何。唯一的可能是，嫌疑人与一名共谋者有关，共谋者同意杀死受害者，而主要嫌疑人则建立了不在场证明。

对于这个案件，罗伯特·史密斯有足够的机会作案，并且返回他的房子试图建立一个不在场证明，或者证实在犯罪的过程中他的存在。他的机会可以在以下方面建立：

1. 将罗伯特·史密斯的活动与其他事件结合在一起，有助于建立犯下这一罪行的一个实质性的机会窗口。在他们从城里回来后，大约21点，简回到了迈克尔·彼得斯的住所。所有的目击者都赞同这一观点：简立即把包裹从迈克尔·彼得斯的车装进她自己的车里，然后启程回家。迈克尔·彼得斯估计她大约在21点15分就到家了。

2. 罗伯特·史密斯进一步承认，那天晚上，他待在他女儿的家里直到21点20分至21点30分，然后离开去他居住的药店的公寓。

3. 最年长的女儿特蕾西·巴特勒表示，她在21点45分给她母亲家打电话，准备把她的小妹妹带回家，但没有人接听。由于简应该在大约21点15分回家，她没有接电话的事实与她在21点45分之前的死亡时间是一致的。

4. 在22点4分，罗伯特·史密斯从他的公寓打电话给维吉尼亚·保罗，这可以通过电话记录被证实；然而，他仍然下落不明，也没有21点20分至22点4分之间（超过45分钟）的实际的不在场证明。

5. 即使我们对每个相关的人从一个地方到另一个地方的到达、离开或开车的时间采取最佳估计，在罗伯特·史密斯没有独立的不在场证明的时间里，受害者仍然在犯罪现场。罗伯特·史密斯也没有证明在谋杀案发生期间他在哪里。

6. 根据罗伯特·史密斯和简之间的关系，罗伯特直接走进房子，和简互动几分钟，这很可能是没有问题的。这将使他有机会确保没有其他人在家里，找到并装载武器，然后向她射击。似乎没有任何斗争的迹象，也没有用来控制或威胁的中间手段的迹象，或对简的身体的任何伤害。根据她手臂和胸部受伤的位置，很可能简从来没有看到袭击发生，也没有机会做出反应，逃跑，甚至在她被杀之前无法保护自己。

7. 此外，在现场发现的临时搭建物的数量将需要几分钟的时间来安排，然后罗伯特·史密斯可能会在回家的路上，试图通过长途电话来表明他的下落和建立不在场证明。从犯罪现场（住宅）到公寓药房的距离只有 5 英里。因此，这与大约 5 分钟或更少的驾驶时间是一致的。

8. 罗伯特·史密斯很有可能在那天晚上早些时候已经到房子里去了，也许是去看看简是否在家。罗伯特·史密斯说他在女儿的房子里，他最初是在 20 点 30 分左右回家的，因为他患有腹泻。在使用完洗手间后，他给维吉尼亚·保罗打了个电话（电话记录表明是在 20 点 34 分）。她不在家，所以他回到了女儿的家。请注意，他回来了，但在他再次离开前，他只待了不到 30 分钟。这可能被解释为试图为他建立一个不在场证明。

9. 此外，因为简按照惯例工作，然后回到家里，她通常和她的孩子们在一起，没有太多的机会被谋杀。正是出于这个原因，1993 年 11 月 6 日不一定是罗伯特·史密斯第一次去她家以便杀了她。还有一件事与 1993 年早些时候发生的事情非常相似，当时简正在一场比赛中，本应该晚一点回家。罗伯特·史密斯于 1993 年给侦探的被记录下来的陈述描述了这些事件。以下是对那次访谈部分内容的直接引用：

史密斯：啊，那是在一个星期五的晚上，学院在城里演出的时候。

格兰特：好的。

史密斯：啊……简曾告诉我，你知道的，像往常一样检查房子等啊，比利和道格要过夜。这就是我的理解。大概在那天晚上9点或10点左右，我在房子旁边停车。我发现比利的卡车停在车棚下，我想道格来接比利了。然后我看到房子里有一些灯变了，我知道有人在房子里。我打开我的控制台……我在我的车里。我打开我的控制台。我拿了45美分和一个额外的夹子，把它放在我的口袋里。有时我的后备厢里有枪，有时没有。然后我打开后备厢，猎枪就在后备厢里。我不知道它在那里多久了。比利说他可能把它放在那里了，你知道的，在9月的某个时候。

格兰特：嗯哼。

史密斯：我们……我们出去打猎了。啊……你看到我的车的后备厢，就可以知道太久没有任何人注意到它了，但反正我……我……我搬了一些东西，它在那里，我拿起了它，拆开它，它是被装好的，我关上后备厢，走向车库门，卧室的门。

格兰特：你还记得你装的是什么样子的子弹吗？

史密斯：我只知道两枚炮弹。

格兰特：好的。

史密斯：我的意思是……啊……换句话说，我没有把它们带出去看或干其他什么事情……

史密斯：我走到门口，门被锁了。因为我在检查房子，那天晚上我带着我的钥匙。我打开门，当我走进卧室时，比利的女朋友菲利斯从餐厅出来又走进去，当她看到我站在那里时，好像心脏病发作了。我的意思是他们知道我在那里，因为他们准备离开，啊……比利落后了几秒钟。菲利斯先走到了外面。换句话说，他们都看到了猎枪（听不清），啊……啊……我告诉比利，我们需要展开长谈，他向我保证他的妈妈知道他在那里与菲利斯一起看电影。在她离开之前他已经问过她了。好吧……我知道这是一个谎言。那个声音……啊，那不是简。

格兰特：是的。

史密斯：我的意思是，她不相信无监护的青少年独立待在任何地方，更不用说在这个房间里。我说好吧，我们将对此进行认真的讨论，我想该是你带这位小姐回家的时候了。他又向我保证：哦是的，她知道我要去录像店……但是不管怎样……啊……我……检查房子的其余部分，我把枪留在那里，因为它真的是比利的枪。几年前我给了比利……啊……但是……

格兰特：所以你留下了猎枪……这是……他们玩了……你谈论在过去的两个月里玩球。

史密斯：大概在上个月吧。

格兰特：好的。那是你最后一次看到它？

史密斯：它……无论那是哪个晚上。我的意思是，就像我说的，我要看一下日程表，但我啊……

格兰特：但是是在城里有大比赛的那个夜晚？

史密斯：你知道，那是简唯一一个不在城里的晚上。我在房子外面，你知道的，太晚了。啊……它……

格兰特：在那天晚上，比利有回来住在那里吗？

史密斯：是的。

格兰特：你和他一起回去的吗？

史密斯：啊……

格兰特：倾向于……

史密斯：那天晚上简没有回家。

格兰特：哦，好的。好吧。

史密斯：我的意思是，她是……但是她告诉我他们可能在午夜之后离开，在他们回家之前，然后他们确实在那之前就回家了。啊……但是……比利的宵禁时间是午夜。啊啊……那天晚上简在家里不见了，那天晚上她在家，我进入房子的同时检查了一下，你知道的，比利。就像我说的，当她出城的时候，那是我的工作……

格兰特：嗯哼。

史密斯：我在家……我检查比……事实上，如果我不在家，她会让比利与其他人在一起，你知道的。

基于事实和情况，我们推测这可能并不是罗伯特·史密斯第一次企图谋杀他的妻子。

手段

在这个特别调查中，"手段"或犯下谋杀罪行和掩饰现场的能力集中在几个非常重要的因素上。正如先前在报告中所述的，真空中什么也不会发生。每件事都有一个之前、期间和之后的阶段。没有人会在某天早上醒来，突然决定杀死他的妻子，抢劫银行，或者犯下任何其他罪行。在他们的一生中，通常会发生一系列的事情，把他们带到那个特定的点。

这种情况下的"手段"指的是用来造成致命伤害的实际武器。这是最难评估的因素，因为实际使用的武器在事件发生后从未被发现。据推测，本案中使用的武器是失踪的 12 口径左右的布朗宁猎枪。如前所述，据说这实际上是唯一一件从房子里失踪的物品。该武器来自这个房子，而罗伯特·史密斯知道它的位置和弹药的位置，很明显，他将有办法实施谋杀。

失踪的武器在事件发生之前在比利的房间里。目击者称，在同一间卧室里的梳妆台上也发现了猎枪弹壳。罗伯特·史密斯承认他最近把猎枪放在比利的卧室里。当猎枪被视为"环境的整体"的一部分，特别是当解释枪支是怎样来到房子里时，罗伯特·史密斯在录音中的这一承认是非常重要的。图 D.18 是一张犯罪现场照片，展示了在房子里很容易获得的一些弹药。

图 D. 18

调查文件中包含的其他被认为是"手段"的信息，记录了史密斯可能参与犯罪行为并"掩饰"犯罪的一些其他事例。例子包括：

1. 来自国家禁毒单位的情报报告显示，罗伯特·史密斯被认为在他的药店里精心布置了盗窃场景，以解释大约 13 000 个"药丸"或受控物质的失踪。这份完整的报告没有得到审查，但有一份来自药店董事会的投诉，他们怀疑这件事在进行。此外，还有其他情报报告表明，罗伯特·史密斯可能参与了他所在地区的受控物质分配。

2. 还有一份在 1987 年完成的报告详细描述了一场纵火的时间，据称烧毁了罗伯特·史密斯的一些建筑。有迹象表明，这些建筑物投保了 5 万美元，在火灾中被完全烧毁。调查文件显示没有继续对初次报告进行后续调查，以确定调查的实际结果。但同样，这样的犯罪行为会伴随一系列"掩饰"的现场，并为罪犯的"手段"方面作出贡献，因为这表明他有经验来安排证据，以适应他试图描述的罪行。

法医证据

作为事件分析的一部分，调查人员还对来自犯罪实验室的各种报告进行了审查，这些报告涵盖了对所发现物证的法医检验。从提供审查的材料来看，没有任何物证或法医证据可以将罗伯特·史密斯与简被谋杀联系在一起。

然而，这并不是或不应该是一件令人惊讶的事情，因为许多家庭内部的凶杀案发生时，大多数传统犯罪现场的证据变得毫无意义。例如，我们在房子里，甚至在起居室里发现的枪支上能找到罗伯特·史密斯的指纹，这都可以得到解释，因为他每天都能正常进出房子，也能接触到枪支。这同样适用于任何毛发和纤维，甚至少量来自罗伯特·史密斯的血液，如果他们在现场发现了这些证据，将是无意义的，因为他可以正常地进入房子。所以任何这样的证据都可以通过正常的生活来解释。

由于周边的环境，虽然检查罗伯特·史密斯在那天晚上穿的衣服后发现玻璃碎片与破碎的窗口相吻合，但这很容易得到解释，因为他被警察允许独自进入房子，最初他被认为是一个嫌疑人。因此，任何类型的证据都将通过嫌疑人自身的行为和事件的整体动态而被否定。

在这个特殊的案件中，甚至潜在的枪支证据都是毫无意义的，因为使用的武器是猎枪。这意味着，射击残留物（GSR）几乎没有机会存留在罗伯特·史密斯的手上，甚至是衣服上，即使我们在事件发生的那天晚上检查他。此外，由于猎枪的物理特性

（即一个光滑的柱型筒）和"射击"或颗粒的使用，不可能真正地将在尸检期间发现的颗粒与任何特定武器相匹配，因为当它们穿过来复枪筒时，不会存在任何标记正常子弹抛射体的光条纹。

因此，在这种情况下，法医证据的使用或重要性将受到限制。在现场发现和记录的物证的重要性表现在很多方面，它将存在于现场本身的一般性质，以及它如何与事件的整体动态联系起来。

事件动态

参与掩饰犯罪现场的罪犯在与警察交谈时往往会走极端，让他们自己处于最好的状态。通常情况下，这将包括关于他们与受害者关系的积极声明，并强调他们在事件发生之前努力保护或照顾受害者。在这个案件中，这类证据在几个方面都有记录：

第一，罗伯特·史密斯在他对警察的书面和口头陈述中都强调，在他离开的他认为只有几个小时的时间里（因为他的妻子在那天晚上某个时候要回家），他尽力确保房子的安全。他还强调说，在他离开之前，每一扇门都被锁上了。在他的书面声明中，他详细列出了房子的每一个入口/出口，以及他做了什么，以确保每个入口都是安全的。

第二，罗伯特·史密斯竭尽全力把自己塑造成一个充满爱心、细心的父亲和一个好丈夫，他强调了在凶杀当晚和最小的女儿共度的时光。这很有趣，因为特蕾西的声明说，她很惊讶地看到她爸爸回到公寓，因为她以为他会回来，按喇叭，到外面去拿书给最小的女儿。

第三，罗伯特·史密斯多次提到他与简的良好关系，包括他每周会来学校两三次，与她共进午餐。这与其他的说法形成了鲜明的对比，即这不是真实的，或者至少是一种新的发展。

第四，罗伯特·史密斯否认与他的妻子有任何身体上的冲突，尽管在报告中有几次提到孩子们对身体暴力的评论。

此外，对伍兹的采访也提供了一些信息，大意是据他们了解，在凶杀案发生之前或之后，房子里没有先前的闯入或企图闯入的迹象。

结论和建议

这是一个极其困难却可以起诉的案子。虽然没有法医证据，但有大量的间接和行为类型的证据，如果被恰当地展示，这些证据将清晰地描绘出 1999 年真正发生的事情。

接受这个前提，即这是一个掩饰犯罪现场，一个人只需要审查文件就可以确定可能参与的一个人。

罗伯特·史密斯谋杀妻子的动机非常强烈。目前还没有任何嫌疑人被证实有谋杀简的动机。

罗伯特·史密斯有办法杀了她。

罗伯特·史密斯有机会谋杀他的妻子。

罗伯特·史密斯是唯一一个能从他妻子的死中实际获益的人。他收集了大量的保险，通过出售房产和其他基金获得了资金，保留了他的孩子的监护权，并且能够和他的女朋友结婚。

目前还没有其他嫌疑人被确认。

在同一地区没有其他类似的案件被报道出来。以前没有闯入的迹象，之后也没有闯入的迹象。

建议

这里介绍了一些基本的建议。（详细的调查计划已单独编写。）

1. 地区检察官、治安官和州警察应做出坚定承诺并完成这项调查。

2. 制定一个任务型的行动计划，包括所有希望参与的机构，由一个机构维护所有的原始文件、证据和信息，以便之后起诉。

3. 安排会议审查调查进度，确保所有线索得到确认。

4. 对罗伯特·史密斯所有的金融意外之财进行全面分析，包括所有的保险、房产的销售、退休金、社会保障以及罗伯特·史密斯的任何其他财务收益。

5. 完成调查计划。

6. 随着新信息的获得，补充调查计划。

审查和分析由以下人员完成：

亚瑟·S. 钱塞勒

冷案小组主管

附录 E

冷案学术来源——参考文献

Addington, L. A., "Hot vs. cold cases: Examining time to clearance for homicides using NIBRS data", 2007 *Justice Research and Police* 9 (2), 87–112. http://jrsa. metapress. com. logon. lynx. lib. usm. edu/content/2r7pk7588p505395/.

摘要：很少有人专注于研究与谋杀案如何被迅速破解有关的因素。缺乏知识主要是由于缺乏可用数据，特别是在国家这一层面。目前，统一犯罪报告项目正在进行大规模的转换，从传统的数据收集系统到国家事件的报告系统（NIBRS）。NIBRS 的一个好处是，它使执法机构能够报告事件级别的破案信息，包括事件和破案日期。本研究利用 NIBRS 的数据，比较了迅速侦破和在较长时间内侦破以及未被侦破的凶杀案的特征。这项探索性研究的结果证实了一种传统观念，即谋杀案能很快被侦破，而在谋杀案发生一周后，被侦破案件的百分比大幅下降。目前的研究还表明，事件特征在预测谋杀案是否能被侦破以及多久能被侦破时起到了能动作用。这些发现为研究破案提供了新的见解，并提出了政策建议。（87 页）

Allsop, C., "Motivations, money and modern policing: Accounting for cold case reviews in an age of austerity", 2013 *Policing and Society: An International Journal of Research and Policy* 23 (3). http://

www. tandfonline. com. logon. lynx. lib. usm. edu/doi/abs/10. 1080/
10439463. 2013. 782211#. Ue1CDo2kpAE.

摘要：在过去的 20 年里，"冷案审查会议"已经成为警察部门应对长期未解决的重大犯罪的一个既定组成部分。这篇文章探讨了在艰苦的环境下，对冷案主要犯罪的审查在英国警察事务中的地位。特别是，它研究警察如何证明在这些审查上花费的资源是合理的，并反过来揭示了现代警务的状况。通过对主要犯罪审查小组进行 8 个月的人种学研究，以及对参与管理和进行冷案审查的关键行动人员的采访，本文使用了一种类型的动机，来证明在审查历史上未解决的重大犯罪时，继续投资是合理的。

Caglia, A. , Stefanoni, P. , and La Rosa, A. , "Cold cases: New technologies for DNA analysis allow the reopening and solution of un-solved cases", 2011 *Forensic Science International*: *Genetics Supplement Series* 3（1），230-231.

Daggett, M. , "Emerging forensic identification technologies: Heat shock for cold cases", 2007. NCSTL. org. http://www. ncstl. org/news/DaggettApril07.

摘要：美国一天有多达 10 万件活跃的失踪人员案件。每年，成千上万的人在可疑的情况下消失。从 20 年的时间来看，失踪人口的数量被估计为几十万。在全国范围内，超过 4 万具无法通过常规手段识别的遗体被保存在医疗检查人员的证据室里。但这些案件中只有 6000 起，或 15%，已经进入联邦调查局的国家犯罪信息中心（NCIC）数据库。定位和识别失踪人员仍然是法医调查最具挑战性的工作之一。一些联邦项目已经为解决失踪人员案件提供了程序、指导方针、执法工具和资源。本文总结了一些主要的项目，包括联合 DNA 索引系统（CODIS）、全国 DNA 索引系统（NDIS）、国家失踪成人中心（NCMA）、NCIC 和集成自动指纹识别系统（IAFIS）。由位于斯泰森大学法学院的科学、技术和法律的国家级交换中心（NCSTL）创建的新编制的冷案工具包，是 NCSTL 网站的交互式组件，包括以下类别的一系列冷案资源的链接：国家司法研究所资源，用于调查冷案的执法技术，警察局网站从访问者那里获取关于冷案、冷案形式、冷案调查培训机会、家庭的心理和医疗资源、区域冷案网络资源、一般冷案网络资源和冷案书目的信息。在冷案工具包中列出的每个资源包括一个直接的网站链接，关于资源内容的信息及其解决冷案的适用性。（第 1 页）

Davis, R. C., Jensen, C. J., and Kitchens, K., *Cold case investigations: An analysis of current practices and factors associated with successful outcomes*, executive summary, Santa Monica, CA: Rand Corporation, 2011. https://www.ncjrs.gov/App/Publications/abstract.aspx? ID = 260008.

摘要：该研究涉及一项全国执法机构的调查，记录了冷案工作进行的方式，以及各种策略如何影响冷案破案率。在这项全国性的调查实施之后，进行了大量的冷案调查的四个司法管辖区展开了研究。在每一个网站上，我们检查了数百个被分配到冷案小组的被解决和未解决的案件档案，以确定影响冷案调查结果的因素。该研究发现了三种不同类型的冷案调查，涉及不同的方法。对有关冷案调查成功的因素的识别，由于机构未能记录有关法院档案、定罪、判决或与获得的破案数量有关的花费在冷案调查上的时间而受到阻碍。记录保存的失败主要是由于侦探们在活跃案件和冷案调查之间来回切换，这样，案件处理的数据不能区分开活跃的案件和冷案调查。这为今后的冷案调查研究提供了两项建议：一项建议是，与新案件相比较，对调查人员花费在冷案上的时间进行成本效益分析；另一项建议是，评估冷案的定罪率，并

确定检察官参与调查是否会导致更高的定罪率。（第 1 页）

Fuller, D. S. ，"New crime-solving technologies help close 'cold cases' ", 1999 *CLU* （*Criminal Law Update*）7 （4），4-7. https：// www. ncjrs. gov/App/abstractdb/AbstractDBDetails. aspx？id=187273.

摘要：一个未解决的案件逐渐变旧的时候，这条线索变冷，而犯罪者则逍遥法外。20 世纪 90 年代以来，解决犯罪的高科技方法被广泛应用，如国家数据库、DNA 测试和互联网。冷案调查的一个好处是有更多的时间追踪证人和审查证据，缺点是，在那些早已过时的案件中，冷案侦探必须找到新的线索。圣安东尼奥警察局在互联网上公布冷案信息，他们的网站通过电子邮件得到线索。至少在一起案件中，这一程序有助于解决杀害两名高中生的案件——在谋杀案发生 1000 多天之后。虽然技术可以帮助解决案例，但在解决冷案方面的许多进展仍然需要对案例文件和经验丰富的调查人员的努力进行艰苦的复审。根据要求，得克萨斯州的冷案部门可以协助和协调地方当局，提供多重管辖的司法资源，并提供有关冷案调查的培训。（第 4 页）

Heurich, C. ，"Helping local police departments solve cold cases", 2009 *Police Chief* 76 （9），42-47. https：//www. ncjrs. gov/App/abstractdb/AbstractDBDetails. aspx？id=250776.

摘要：NIJ 的项目名为"用 DNA 解决冷案"，致力于将 DNA 科学引入到这个领域，以解决缺乏识别嫌疑人和/或建立起诉案件所需证据的冷案。自 2005 年以来，NIJ 向州和地方警察机构颁发了近 5000 万美元的奖金，用于鉴定和重新调查那些可以通过现代 DNA 技术解决的时间久远的、未解决的强奸案和凶杀案。许多寻求 NIJ 资助的机构打算建立一个专门的未解决案件单位，或者，在某些情况下，保持一个现有单位的运作。2007 年，NIJ 资助了兰德公司的一个项目，以确定组建一个成功的冷案小组的关键因素。除了在全国范围内对警察和行政长官部门进行调查，以确定什么样的政策和程序能最有效地解决冷案外，兰德公司还重点关注了四个司法管辖区。研究结果于 2009 年底公布。尽管如此，本文还是提供了一些来自执法机构的建议，这些机构受益于 NIJ 对冷案工作的资助。所提供的建议包括指派侦探们全职到冷案单位工作并开发一个清单，以考虑对哪些冷案要继续调查。在可解决范围内排名靠前的案件包括那些没有被起诉的案件，因为在最初的调查中嫌疑人或证人无法找到或不合作；如果使用新的 DNA 技术，可能产生令人信服的证据的案件；具有可以提交以扩充相关数据库的潜在指纹、弹道或 DNA 证据的案件。（第 42 页）

Innes，M.，and Brookman，F.，"Helping police with their enquiries：International perspectives on homicide investigation"，2013 *Policing and Society：An International Journal of Research and Policy* 23（3）. http://www. tandfonline. com. logon. lynx. lib. usm. edu/doi/abs/10. 1080/10439463. 2013. 771542？journalCode＝gpas20#. Ue1Co42kp AE.

Innes，M.，and Clarke，A.，"Policing the past：Cold case studies，forensic evidence and retroactive social control"，2009 *The British Journal of Sociology* 60（3），543-563. http://onlinelibrary. wiley. com. logon. lynx. lib. usm. edu/doi/ 10. 1111/j. 1468-4446. 2009. 01255. x/full.

摘要：本文通过对冷案审查进行实证研究，阐明了所谓"溯及既往的社会控制"的关键特征。这种社会控制模式通过将过去的事件置于新的描述之下而起作用，是社会控制被想象和实施的一个日益重要的特征，并且是基于能够稳定和改写先前官方定义的能力而断言的。追溯性社会控制包含两个相互交织的层面：集体记忆的社会控制，根据记忆的内容和方式；通过记忆进行的社会控制，过去的塑造影响着现在控制的实施。对冷案审查的研究表明，法医证据和新的调查技术在促进当代警务创新方面发挥了重要作用。因此，作者重点阐明了一个更广泛的趋势，即科学和技术的发展以概念化和实施社会控制的方式提供新的可能性。（第 534 页）

Johns, L. G., Downes, G. F., and Bibles, C. D., "Resurrecting cold case serial homicide investigations", 2005 *FBI Law Enforcement Bulletin* 74 (8), 1-13. http://www. fbi. gov/stats-services/publications/law-enforcement-bulletin/2005-pdfs/august05leb. pdf.

Keel, T. G., Jarvis, J. P., and Muirhead, Y. E., "An exploratory analysis of factors affecting homicide investigations—examining the dynamics of murder clearancerates", 2009 *Homicide Studies* 13 (1), 50-68. http://hsx. sagepub. com. logon. lynx. lib. usm. edu/content/13/1/50. short.

摘要：本研究旨在探讨执法机关侦破凶杀案的实践。作者使用执法机构最近对凶杀调查实践和政策的研究数据对现有文献确定的五个关键维度进行了研究，包括管理实践、调查程序、分析方法、所服务人口的人口统计、可能影响机构侦破凶杀案效率的政治压力。正如预期的那样，结果显示一些因素使机构能够进行有效的调查，而另一些因素阻碍了这一进程。一些结果可以被解释为支持对警察贬低受害者的争论。然而，有人提出了另一种更具可行性的解释，即社区贬低警察也可能有助于解释凶杀案破案率的差异。（第 50 页）

Kirkpatrick, M. D., "Solving cold cases with digital fingerprints", 2001 *Sheriff* 53 (4), 14-17. https://www. ncjrs. gov/App/Publications/abstract. aspx? ID=189295.

　　摘要：IAFIS 于 1989 年开始设想，1993 年由联邦调查局开发，1999 年 7 月投入使用。该系统的 10 个指纹识别服务和犯罪历史记录信息对于使用潜在指纹证据解决冷案特别有用。该系统包括"未解决的潜在文件"和相应的搜索功能。IAFIS 每个月都会查明 8000 多名逃犯，他们是在与原先机构不同的司法管辖区被捕的。这些人原本都有可能获得保释，但现在很多人被引渡回国。文章得出结论，随着越来越多的执法机构获得并使用该技术，将潜在指纹以电子方式提交到数据库中，在犯罪现场提取的潜在指纹可能是解决数百起案件和缩小机构冷案档案的关键因素。（第 14 页）

　　Lord，V. B.，"Implementing a cold case homicide unit"，2005 *FBI Law Enforcement Bulletin* 74 （2），1–8. http：//www. fbi. gov/stats-services/publications/law-enforcement-bulletin/2005-pdfs/feb05leb. pdf.

　　Magni，P. A.，Harvey，M. L.，Saravo，L. and Dadour，I. R.，"Entomological evidence：Lessons to be learnt from a cold case review"，2012 *Forensic Science International* 223 （1），31–34. http：//www. sciencedirect. com. logon. lynx. lib. usm. edu/science/article/pii/S0379073812004380.

　　摘要：昆虫在估计死亡时间方面是有用的，但只有根据最佳实践正确收集和保存样本才能做到这一点。这个报告描述了一个案例：一名 18 岁的女性被发现死亡，第一次医学－法律调查确定本案是一起凶杀案，收集了昆虫样本，但没有考虑。此案随后结案，没有找到嫌疑人。然而，在第一次调查 9 年后，法院决定重新审查此案。在这样做的过程中，新的审查小组认为，尽管现存的昆虫学证据保存得很差，但从它的分析中可以获得一些额外的信息。在对其余的幼虫样本进行检查时，无法进行正常的形态学分析。分子分析与非传统形态学分析相结合，根据昆虫证据对死亡时间进行估计，表明了多学科方法对冷案和当代案件的价值。（第 31 页）

Marks，K.，"New DNA technology for cold cases"，2009 *Law and Order* 57（6），36-43. https：//www. ncjrs. gov/App/Publications/abstract. aspx？ID=249525.

摘要：DNA 分析首次用于破案是在 1986 年。当时，为了进行 DNA 测试，有必要获得一个相对较大的证据样本，而在较早的时候，此测试被称为限制性片段长度多态性（RFLP），该样本常常被使用殆尽。有了较新的技术后，RFLP 由于其局限性而不再被使用。目前的 DNA 检测是通过短串联重复（STR）技术进行的，这是涉及聚合酶链反应（PCR）的大型分析的一部分。PCR 能从生物样本中精确复制数百万份 DNA。这种 DNA 扩增使得 DNA 分析可以在小到只有几个皮肤细胞的生物样本上进行。进一步改善 STR 的 DNA 技术迫在眉睫。Mini-filer 或 Mini-STR 被用于测试以前无法测试的 DNA 样本，它观察 DNA 链上的一到三个位点或位置。能够一次检测一个位置，而不是 DNA 链上的所有 13 个位点，使得微小或降解的 DNA 样本能够产生结果。Y-STR 或 Y 染色体分析仅用于检测男性或女性的 DNA，这通常是性侵犯案件或失踪案中的情况。线粒体 DNA 分析可用于检测不能用 STR 分析的 DNA 样本。尽管缺乏核细胞物质（如头发、骨骼和牙齿）的较久的生物样本不能用 STR 分析，但可以用线粒体 DNA 分析。（第 36 页）

Mouzos，J. and Muller，D.，"Solvability factors of homicide in Australia：An exploratory analysis"，2001 *Australian Institute of Criminology*，1-6. http：//www. aic. gov. au/documents/6/B/8/%7B6B8439DA-5190-441D-8F7C-9DFDF9880D3D%7Dti216. pdf.

Phillips, A., "Praying for a breakthrough: Solving cold case investigations without DNA evidence is not impossible", 2007 *Law Enforcement Technology* 34 (8), 20–25. https://www.ncjrs.gov/App/Publications/abstract.aspx? ID=241842.

摘要：当一个"冷"的案件重新被打开时，通常是由于新的情况出现，为重新审查案件提供了理由。托莱多谋杀案被重新审查，因为 1980 年的一名最初嫌疑人在 2003 年卷入了一起性骚扰案件。案件重新处理时，第一步是去保管室重新检查所有的证据，以获得新的见解。还应当联系每一个还活着的目击者。随着时间的推移，证人与嫌疑人之间的关系发生了变化，证人可能更愿意分享那些在最初调查中被隐瞒的信息。其他选择包括对保留证据中的 DNA 和指纹样本进行检查。在某些情况下，可以在 CODIS（用于 DNA 匹配）和 AFIS（用于指纹匹配）中找到匹配项。这是可能的，因为这些数据库正在不断更新，冷案的嫌疑人可能犯下了新的罪行，他们的可识别 DNA 和指纹被收集并添加到这些全国性数据库中。冷案新方向也可以通过获得冷案专家的帮助来发现，这些专家可能具有与案件中的证据相关的专门知识，例如分析血迹模式和将凶器与犯罪现场联系起来的技术。托莱多冷案是通过这些冷案调查方法的结合而解决的。(第 20 页)

Reese, A. and Prabhaunnithan, N., "Analysis of the cold case survey of law enforcement for the Colorado Bureau of Investigation", 2012, http://cdpsweb. state. co. us/coldcase/doc/Cold%20case%20report%20Updated%202013. pdf.

Regini, C. L., "Cold case concept", 1997 *FBI Law Enforcement Bulletin* 66 (8), 1–6. http://www. fbi. gov/? came_ from=http%3a//www. fbi. gov/stats – services/publications/law – enforcement – bulletin/leb–old.

Scerra, N., "Impact of police cultural knowledge on violent serial crime investigation", 2011 *Policing: An International Journal of Police Strategies & Management* 34 (1), 83-96. http://www. emeraldinsight. com. logon. lynx. lib. usm. edu/journals. htm? articleid = 1912279&show = abstract.

摘要：本文旨在探讨警察文化知识对暴力系列犯罪侦查的影响。具体来说，它的目的是确定这些知识是否会影响调查技术的实施方式。特别令人感兴趣的是针对暴力系列犯罪受害者的警察知识。（第 83 页）

Schuster, B., "Cold cases: Strategies explored at NIJ regional trainings", *NIJ Journal*, 2008, 260. http://www. nij. gov/journals/260/cold-case-strategies. htm. http://www. securitymanagement. com/archive/library/confess_ fbi1105. pdf.

Spraggs, D., "How to...open a cold case", 2003 *Police: The Law Enforcement Magazine* 27 (5), 28-31. https://www. ncjrs. gov/App/Publications/abstract. aspx? ID = 200718.

摘要：美国联邦调查局统一犯罪报告显示，在美国，20%以下的案件是通过逮捕或特殊手段被破获的。暴力犯罪分子面临着更高的统计数字，但是全国几乎一半的谋杀犯和强奸犯仍然在街上游荡。似乎有大量的冷案正在等待重新审查和解决。冷案调查过程包括指派侦探来调查因各种原因而未解决的案件。这些原因包括缺乏可用的技术来分析证据，敌对的证人，以及没有足够的时间来妥善处理案件。各种规模的警察机构都可以组成临时或永久性的冷案小组，对旧案进行调查。没有一个部门有无限的时间、人员和资源，所以仔细选择案件进行审查是很重要的。因为凶杀案和性侵案往往能提供最多的证据，所以它们非常适合进行冷案审查。为选择特定的案件而定义参数是很重要的。犯罪分析人员可以对所有报告的犯罪进行分类和过滤，并给出符合标准的案件列表。一些因素，如物证和现有的证人，可以决定一个案件是否太久而不能被重新审查。重新审查一个冷案需要耐心、勤奋和强大的演绎推理能力。第一步是审查所有现有的案例材料，这是最耗时的步骤。冷案调查最重要的组成部分是人——受害者、证人、嫌疑人以及物证。对现有证据的盘点是冷案调查中最重要的步骤之一。生物证据可能会随着时间的推移而退化，物品储存不当会导致指纹证据被毁，不良的和固定的底片和照片可能会褪色，证据可能被证据技术人员毁坏或丢失。(第 28 页)

Turner, R., and Kosa, R., *Cold case squads: Leaving no stone unturned*, Washington, DC: BJA Bulletins, 2003. https://www.ncjrs.gov/html/bja/coldcasesquads/ 199781. pdf.

摘要：对于一个被大量未侦破的谋杀案困扰的司法管辖区来说，冷案小组可能是一个可行的选择。由于新案件的数量或警方的主动行动阻止了对旧案件的任何工作，一些冷案小组得以成立。当新的凶杀案的减少为各部门提供了开始调查旧案件所必需的人员和其他资源时，一些小组因为方便而成立。各执法机构的冷案小组的具体职责各不相同。几乎所有这些小组都审查和继续调查未解决的凶杀案或可疑的凶杀案，在这些案件中，最初指派的首席侦探已退休、调离或以其他方式离开案件。冷案小组在查找并与过去的证人和潜在证人合作以及审查物证以确定嫌疑人方面很有用。冷案小组还通过在适当情况下协助其他司法管辖区进行凶杀案调查，发挥外联和联络的作用。冷案小组最重要的组成部分是人员，其必须拥有调查和监督人才的正确组合。冷案小组可以由一个全职调查员、临时小组或部门间伙伴组成。冷案小组通常至少包括一名主管或团队管理者、一名协调日常运作的主管和调查人员。小组还可以使用联邦调查局、验尸官办公室或内部和外部专家等机构的服务。并不是所有的冷案小组都位于市警察局。军事部门调查发生在军事基地或涉及军事人员的冷案。冷案调查人员必备的特质包括资历、较强的沟通和人际交往能力、较强的研究能力、耐心、创造力、毅力、较高的激励水平和对工作的热情。审查案件并考虑将其移交给冷案小组的过程各不相同。根据最终解决的可能性对案件进行审查和排序。（第 1 页）

Walton，R. H.，"Evidence issues in cold-case homicide investigation"，2007 *Evidence Technology Magazine* 5（3），36-41. https://www. ncjrs. gov/app/abstractdb/AbstractDBDetails. aspx？id＝240768.

摘要：时间曾被视为凶杀案调查的敌人，现在却成了那些致力于破案的证据小组的朋友。随着时间的推移，亲密关系会发生变化。由于成熟、与以前与宗教有关的人群的距离或宗教经历，对几年前发生的谋杀有所了解的人现在可能会站出来。此外，今天技术的进步提供了从物理和生物证据［如 DNA 技术和 AFIS］中学习更多的能力。现代冷案凶杀案的调查是一个团队的努力。这是一项由专门的调查人员、证据和实验室人员以及作为证据小组联合起来试图解决冷案的检察官共同进行的工作。了解冷案调查事件的先后顺序，有助于深入了解证据人员在调查初期所起的作用以及他们面临的障碍。（第 36 页）

Walton，R. H.，*Cold Case Homicides*：*Practical Investigative Techniques*，Boca Raton，FL：CRC Press，2010.

摘要：本文包括三个部分：调查、技术和调查工具。在第一部分，作者讨论了冷案概念的来源、案件的调查技术、冷案的起诉、协助调查的各种数据库（如 ViCAP、HITS 等）以及各种询问技巧（特别相关的是对老年人的询问，因为他们往往是在审议冷案时所代表的年龄群体）。在第二部分，作者检查了指纹、线粒体 DNA、核 DNA 和弹道学证据在冷案调查中的应用。在第三部分，作者介绍了法医科学的各个领域（如法医人类学、法医牙科学等）以及它们在冷案调查中的价值。

Wellman, A. P. , "Grief in comparison: Use of social comparison among cold case homicide survivors", *Journal of Loss and Trauma: International Perspectives on Stress & Coping*, 2013. http://www. tandfonline. com. logon. lynx. lib. usm. edu/doi/full/10. 1080/15325024. 2013. 801 306#. Ue1Br42kpAE.

摘要：目前的定性研究调查了在冷案凶杀案幸存者中使用社会比较来定义他们的悲痛。24 名凶杀案幸存者完成了关于与未侦破的凶杀案一起生活的创伤的深入访谈。幸存者将自己与非凶杀案死者和其他凶杀案幸存者进行比较。比较的方向和类型可以对幸存者的自我认识和情绪恢复的进展产生积极和消极的影响。

Wexler, S. , "Cold cases are getting hot", 2004 *Law Enforcement Technology* 31 （6）, 18-20, 22, 23. https://www. ncjrs. gov/App/abstractdb/AbstractDBDetails. aspx? id = 206160.

摘要：本文首先介绍了两起谋杀案，一起发生在 1957 年，另一起发生在 1968 年，由于信息收集、传播（数据库）和 DNA 指纹技术的进步，这两件案件最近才得以解决。在过去几年里，由于各种原因，全国各地的警察部门已组成了冷案小组。冷案小组在波士顿、芝加哥、洛杉矶和纽约等地投入使用。据估计，有 30%到 35%的谋杀案没有得到解决，每年还有 6000 起未解决的谋杀案发生。冷案调查人员现在可以使用警察几十年前没有的工具。DNA 指纹技术已经发展到可以从微小证据中获取 DNA 信息。此外，美国联邦调查局的 IAFIS 等国家数据库的发展，使调查人员能够搜索超过 4600 万份指纹，以找到可能的匹配。这篇文章描述了如何识别冷案以便重新进行调查。第一次没有进行适当调查的案件被移到列表的顶部。提供了新信息的冷案也被冷案调查人员优先考虑。虽然包括 STR 检测在内的新 DNA 技术和国家数据库提供了海量的信息，但在调查冷案时，仍然严重依赖老式的侦探工作。询问过去的证人可能会带来新的信息，或者审查旧的案件档案可能会提供新的线索。最后，简单地提醒公众过去的罪行可能有助于唤起那些有信息的人的记忆。(第 18 页)

译者后记

　　这本译著是我博士毕业来到中国人民公安大学任教以来的第一本出版译著，能够翻译完成这本著作，我感到十分幸运。幸运之一，机缘巧合我得到了翻译这本著作的宝贵机会，这要十分感谢王晓伟老师、刘为军师兄的促成，以及学院领导的支持和帮助。幸运之二，作为法学专业的毕业生，来到公安大学后成为刑事侦查教研室的一员，学科领域由法学到侦查学的转变，对我来说是一个很大的挑战，而在翻译这本书的过程中，我慢慢找到了对侦查学的兴趣，也受到了很多启发，帮助我更积极地去应对这一转变。幸运之三，这本著作的研究主题是冷案，聚焦于几种冷案评估模型及侦查员的后续调查策略，关于冷案，国内学者鲜有研究，这给予了我更多思考和研究的空间，更多的机会去发掘问题并深入探讨。今后的生活和工作中，希望我能将这份幸运一直延续。

　　学期伊始，根据学校的工作安排，我来到基层公安部门进行锻炼学习。这段时间以来，在刑侦大队的重案中队，我亲自参与到刑事案件的侦查工作中，接触到第一手的案件资料。同样也接触到了一些"冷案"，切身体会到侦破一件冷案所面临的困难。正如书中所总结的，一个案件由"热"变"冷"，影响因素有很多，包括案件本身复杂程度、案发现场环境、受害者的社会关系、案件目击者和知情人、犯罪嫌疑人、侦查人员以及当时的科学技术发展水平等，而这些影响因素随着时间的发展变化，也许会为侦破冷案提供新的思路、线索与帮助。我们期待，能有一种长效机制和专业队伍，关注这种可能为侦破冷案提供突破的变化，但是，由于时间、人力、物力等资源有限，在侦查实践中，如果没有找到银弹（DNA），办案人员通常不会再返回到案件文档寻找其他可解决的问题，而这些问题是需要通过额外的侦查工作来解决的。在这本译著中，作者为我们提供了除了 DNA 之外的，可以帮助我们去侦破冷案的方法和途径，比如几种冷案评估模型，冷案小组的组成及运行程序，无论是在理论维度还是在实践方面，都值得我们学习借鉴。期待在理论学者和实务部门的推动下，形成适用于我国侦查实践的冷案侦破的长效机制。

最后，再次感谢在这本著作的翻译和出版过程中，给予我帮助的人，可敬的人，可爱的人。

张 赛

2019 年 11 月 18 日于宁波 海曙

致　谢

　　我想对为《冷案：评估模型与侦查员的后续调查策略》一书做出贡献的所有人和他们各自的机构表达我最真挚的谢意。我想感谢每个人以及他们的专业知识、建议、评论等，他们直接为这项工作做出了贡献，或者鼓励我完成了这项非凡的任务。我把这些人按字母顺序列出，如果我无意中遗漏了某些人，请原谅我。

　　在列出所有的人之前，我觉得我必须感谢我的合著者莎拉·L. 斯坦的努力和贡献。在位于纽黑文大学（康涅狄格州）的李昌钰法医科学研究所，她建议我们开始对来自当地警局的冷案进行无偿审查，这是李昌钰法医科学研究所获得的国家司法研究所资助的一部分。对于那些不认识她的人来说，她是一个非常聪明的小姐，她的直觉在这种类型的工作中远远超出预期，而且在许多情况下超出别人的经验。进行案件审查时她是有天赋的，能够挑出别人没有看到的细节信息，更不用提她识别和关联嫌疑人的行为信息的天生的能力。她的经验实际上超越了她的年龄，独一无二，她是任何未侦破的谋杀案件评估团队所必须具有的成员。

　　我也要特别感谢 R. A. M. 赫斯霍夫、H. A. M. 海梅里克斯、J. C. 科诺特和 Y. M. 斯波尔曼及他们的主管亨克·瓦莱斯——我在荷兰警察学院的同事。在过去的几年中，他们一直非常有见地，和我一起研究有关解决全球冷案的问题。在那里教学十分欢乐，每次在他们的侦查课上讲课时我都能学到新的东西。此外，他们撰写第八章，在警察学院教育环境下讨论冷案。最后，我想进一步感谢 Y. M. 斯波尔曼女士在他们的章节写作和随后修改中担任沟通者时所展现的耐心。她的工作做得非常棒。这些都是伟大的人，感谢你们每一个人。

我想感谢以下这些人：

R. A. M. 赫斯霍夫、H. A. M. 海梅里克斯、J. C. 科诺特、Y. M. 斯波尔曼、阿尔伯特·B. 哈珀、理查德·沃尔特、亚瑟·S. 钱塞勒、格兰特·D. 格雷厄姆、Reid & Associates 的首席执行官乔·巴克利。我们通过一个共同的同事相识，当我在撰写询问和审讯部分时，乔·巴克利对我的帮助很大，并且很有耐心。

希瑟·科伊尔博士，康涅狄格州纽黑文大学的教授，在 DNA 领域十分专业，为李昌钰法医科学研究所的冷案研讨会作了很多贡献，是这个项目的一个极大的支持者。

迪利普·K. 达斯博士，在刑事司法和执法部门和位于马里兰州巴尔的摩的寇平州立大学都担任要职。如果没有达斯博士的建议和随后的鼓励，让我为他的"警察理论和实践的进步"系列书籍写这本书，这本书也许就不会产生。

感谢马克·多赛特的设计（www.marcdorsett.com）。在这本书之前，马克对我需要的一些其他设计很有帮助。在这本书中，从所有图表/数据到壮观的封面，他一直都极其有耐心和创意。

吉姆·甘农，以前在新泽西州莫里斯县检察官办公室工作，后来在其中一个协会的冷案研讨会，他非常有帮助地提供了关于建立和运营一个冷案单元的标准操作程序（SOP）。

阿尔伯特·B. 哈珀，法学博士，除了非常支持这个项目之外，他还同意撰写有关法医学和冷案的一章。多年来，他一直是一个伟大的朋友和同事。

罗伯特·凯珀尔博士，他是一个独一无二的人，可能比其他人更了解谋杀和调查过程。尽管他没有直接参与这本书的写作，但是他通过他所做的有关这一主题的所有研究做出了重大贡献。我喜欢和他在纽黑文大学一起工作，希望他在未来幸运和健康。

李昌钰博士，也是那些没有直接参与这本书的人之一，但仅仅是他出席冷案研讨会这件事情就令人欣喜。你不可能参加他的课程而没有学习到什么东西，是他得到了协会给予纽黑文大学冷案项目的资金。没有这个机会和随后的经历，这本书是不可能完成的。

埃迪·梅杰斯，俄克拉荷马州塔尔萨的冷案侦查员，他出席了其中一个研讨会，并且通过提出塔尔萨冷案灰色小组概念极大促进了这一事业。对我来说，他们的灰色小组是一个极为超前的创新性概念方式，应该比在其他司法管辖区被利用得更多。除了众多关于冷案的讨论，他在附录A提供了文档，解释了灰色小组是怎样形成和结构化的。这是另一个成功的故事。

克里斯托弗·L.莫拉诺，法学博士，现在在康涅狄格州的埃塞克斯从事法律实务，但之前是起诉迈克尔·斯卡科尔谋杀玛莎·莫克斯利的州检察官之一。我认识他主要是通过他在冷案研讨会所做的法律考量讲座。

卡罗琳·斯宾塞，她在出版社CRC Press/Taylor & Francis工作，感谢她在我写第一本书时对我的耐心。

梅尔乔·德古斯曼，是《警察理论和实践的进步》一书的图书编辑。

詹姆斯·特拉尼厄姆，华盛顿特区大都会警察局（MPD）暴力犯罪案件审查项目的侦查员。据说他们是最成功的冷案单位之一。我和他进行过很多讨论，关于冷案、难题、DNA等，他提供了一份标准操作程序的复本作为给别人看的例子。

斯蒂芬·威尔逊，在新泽西州莫里斯县检察官办公室工作。他代表包含在检察官办公室内的一个冷案单位的另一角度。斯蒂芬·威尔逊还和我讨论了冷案单位和他们评估的调查所遇到的一些问题。

理查德·沃尔特，一名行为分析师，也是宾夕法尼亚州费城的维多克学会创始人之一。理查德·沃尔特是一个独特的人，在过去的25年里我主要通过美国法医科学学会的会议了解他。除了是第11章的作者，理查德·沃尔特在这些罪行的行为方面教了我很多，我感谢他和他给我的友谊。

理查德·沃尔顿博士（不要与前面的理查德·沃尔特混淆）。他撰写了关于冷案的第一本书，打开了第一扇门，我希望这本书会成为他的补充。这本书中提到了他的许多研究。他一直非常支持和帮助我，我非常感激他的努力和关心。

我使用了在李昌钰法医科学研究所研讨会上讨论案件的不知名的侦查员提供的信息。这是非常棘手的，因为我不想冒犯任何参加了研讨会的人。虽然我可能不记得他们的名字，但我确实清楚地记得他们的真实故事和苦难。十年了，与来自全国各地的侦查人员讨论他们关于冷案和侦查的管辖权问题和难题，是我终生要投入的事情。如果没有它，这本书不可能写成。另外，感谢负责调查这些可怕罪行的侦查人员。

詹姆斯·M. 爱德考克博士